高级财务会计

陈庆保　编著

中国财经出版传媒集团
中国财政经济出版社

图书在版编目（CIP）数据

高级财务会计/陈庆保编著． -- 北京：中国财政经济出版社，2020.7

ISBN 978 – 7 – 5095 – 9736 – 1

Ⅰ.①高… Ⅱ.①陈… Ⅲ.①财务会计－高等学校－教材 Ⅳ.①F234.4

中国版本图书馆 CIP 数据核字（2020）第 049492 号

责任编辑：彭　波　　　　　　责任印制：史大鹏
封面设计：卜建辰　　　　　　责任校对：李　丽

中国财政经济出版社 出版

URL：http://www.cfeph.cn

E – mail：cfeph @ cfemg.cn

（版权所有　翻印必究）

社址：北京市海淀区阜成路甲 28 号　邮政编码：100142

营销中心电话：010 – 88191537

北京密兴印刷有限公司印刷　各地新华书店经销

787 × 1092 毫米　16 开　17.25 印张　345 000 字

2020 年 7 月第 1 版　2020 年 7 月北京第 1 次印刷

定价：58.00 元

ISBN 978 – 7 – 5095 – 9736 – 1

（图书出现印装问题，本社负责调换）

本社质量投诉电话：010 – 88190744

打击盗版举报热线：010 – 88191661　QQ：2242791300

前 言

高级财务会计课程是中级财务会计课程的延伸，主要研究财务会计领域中一些特殊、复杂的经济业务，是会计学专业的核心课程之一。本教材依据我国现行企业会计准则及相关企业会计准则解释文件，并参考最新国际会计准则规范，以及国内外财务会计理论研究成果，在理论阐述和对现行准则分析的基础上，通过大量案例生动、细致、系统、全面地阐述高级财务会计各项业务的核算方法及其理论依据，同时分析了我国相关会计准则与国际标准的趋同及其未来发展趋势。

本教材区分了高级财务会计与中级财务会计的边界，突出对高级财务会计核心内容深入细致的阐述；案例丰富、贴近实际，案例之间关联性较强；阐述流畅清晰，可读性强；紧扣最新发布的会计准则解释公告，实务操作性强；对比国际会计准则的最新发展，反映国内准则的未来趋同方向，具有前瞻性。

本书共十三章，由陈庆保负责全书的统纂、修改和定稿。其中，第一章到第七章为企业合并及合并财务报表的内容，第八章到第十一章分别介绍租赁、职工福利、衍生金融工具、股份支付等内容，第十二章及第十三章分别介绍了外币业务核算及外币财务报表折算。

本书的出版，得到了中国财政经济出版社的大力支持，在此谨表衷心感谢！

本书在编写中参考了较多国内外同类教材以及其他有关文献资料，在此谨向这些教材和文献的作者们表示诚挚的谢意！

本教材可作为会计学、审计学专业本科生以及会计专业硕士教学用书。本书也可作为注册会计师、高级会计师考试的参考用书，还可以作为财会实际工作者的参考用书。

高级财务会计教材的编写是一件极富挑战性的工作，虽然编者力求完美，但由于认知水平的局限，书中难免有不足之处，恳请读者批评指正。

编者
2020 年 1 月

目　　录

第一章　企业合并 ………………………………………………………… 1

　　第一节　企业合并概述 ………………………………………………… 1
　　第二节　企业合并的会计方法 ………………………………………… 10

第二章　合并财务报表的理论基础 ……………………………………… 29

　　第一节　控制及集团内部交易 ………………………………………… 29
　　第二节　编制合并财务报表的理论基础 ……………………………… 38
　　第三节　下推会计 ……………………………………………………… 47

第三章　合并财务报表——合并日 ……………………………………… 53

　　第一节　合并日拥有全部股权 ………………………………………… 53
　　第二节　合并日拥有部分股权 ………………………………………… 63

第四章　合并财务报表——合并日以后 ………………………………… 75

　　第一节　母公司对子公司经营业绩的会计处理方法 ………………… 75
　　第二节　非同一控制下控股合并——拥有全部股权 ………………… 76
　　第三节　非同一控制下控股合并——拥有部分股权 ………………… 85
　　第四节　同一控制下的控股合并——合并日以后 …………………… 93
　　第五节　合并现金流量表 ……………………………………………… 95

第五章　合并财务报表——集团内部交易 ……………………………… 102

　　第一节　集团内部存货交易 …………………………………………… 102
　　第二节　集团内部固定资产交易 ……………………………………… 106

第三节　集团内部债券交易 ··· 112
　　第四节　集团内部往来债权债务 ··· 115
　　第五节　集团内部未实现利润对非控股权益的影响 ················· 118
　　第六节　合并财务报表中的递延所得税问题 ··························· 120

第六章　合并财务报表——复杂股权结构及股权结构变动 ············ 125
　　第一节　间接控股、交叉控股和相互持股 ······························· 125
　　第二节　分期收购和股权结构变动 ··· 132

第七章　合并财务报表——VIE 结构 ·· 142
　　第一节　VIE 结构的含义及其合并 ··· 142
　　第二节　VIE 结构的信息披露 ··· 151
　　第三节　中国企业 VIE 结构的特殊背景 ·································· 155

第八章　离职后福利 ·· 160
　　第一节　职工福利概述 ··· 160
　　第二节　离职后福利的分类和会计处理 ·································· 161

第九章　租赁 ·· 171
　　第一节　租赁概述 ·· 171
　　第二节　承租人会计 ·· 175
　　第三节　出租人会计 ·· 182
　　第四节　售后回租交易 ··· 185
　　第五节　租赁的列报 ·· 186

第十章　股份支付会计 ·· 190
　　第一节　股份支付概述 ··· 190
　　第二节　股份支付的会计处理 ··· 193

第十一章　衍生金融工具及套期保值 ··· 203
　　第一节　衍生金融工具 ··· 203
　　第二节　套期保值 ·· 207

第十二章 外币交易会计 …… 218

第一节 外汇、外币交易及其核算要求 …… 218

第二节 外币交易的会计处理 …… 222

第十三章 外币财务报表折算 …… 231

第一节 外币财务报表折算概述 …… 231

第二节 外币财务报表的折算与合并 …… 239

参考文献 …… 266

第一章 企业合并

【学习目标】

1. 理解企业合并的含义、动机和分类；
2. 掌握同一控制下企业合并和非同一控制下企业合并的会计处理方法；
3. 理解国际会计准则有关企业合并的会计处理规范；
4. 了解企业合并会计处理方法的历史演进。

第一节 企业合并概述

企业合并，是产业发展、企业竞争的必然产物，是现代大公司形成和发展的有效手段，也是世界经济和我国发展社会主义市场经济的热点问题。并购重组是企业外延式发展的主要途径，特别是自20世纪90年代以来，随着我国证券市场的建立和发展以及国有企业的转制，国内企业间收购兼并此起彼伏，并成功地实现了多起跨国并购，不仅国有控股企业参与并购很积极，民营企业也逐渐站到了并购的前台。2007年6月海通证券股份有限公司以换股吸收合并的方式借壳都市股份有限公司成功上市；2008年9月，招商银行控股合并香港永隆银行；2009年12月，唐钢吸收合并邯钢和承德钒钛；2015年3月，浙江民营企业吉利并购福特汽车持有的100% 沃尔沃股权；2012年3月，优酷与土豆合并开创了视频网站并购的先例；2015年4月，作为信息分类行业排名前两位的58同城和赶集网实现了战略合并。2017年8月，中信集团控股收购了麦当劳大陆和香港业务，新麦当劳中国成为麦当劳在美国以外最大规模的特许经营商，运营和管理中国内地约2 500家麦当劳餐厅，以及香港约240家麦当劳餐厅。2017年11月，海信集团旗下海信电器股份有限公司与东芝株式会社联合宣布：东芝映像解决方案公司股权95%正式转让给海信，海信电器将享有东芝电视产品、品牌、运营服务等业务，并拥有东芝电视全球40年品牌授权。收购完成后，海信将整合双方研发、供应链和全球渠道资源等，在一定程度上有利于加速其全球市场的布局。同时，海信还有可能成为全球第三大电视制造商。2018年5月，海航科技宣布拟以"换股+定增"的方式，作价75亿元人民币收购北京当当科文电子商务有限公司。此次收购，海航科技可以得到一个国内重要的电商平台，拥有当当网丰富的消费者数据，帮助海航在零售领域进行探索，有助于公司战略转型的进一步深化。

企业合并对于优化经济资源配置、调整产业结构、提高经营效益、推动社会生产力的发展，意义重大。企业合并的会计处理已成为财务会计领域的重要内容。

一、企业合并的含义

不同的会计准则的制定者对企业合并有不同的定义。《国际财务报告准则第3号——业务合并》（IFRS3，2018年修订）中的定义是：

业务合并（business combination）指收购方获得对一个或多个业务的控制的交易或其他事项。其中业务（business）指一组整合的活动和资产，能够在日常活动中被运营和管理，目的是向顾客提供商品或服务、产生投资收益（如股利或利息）或产生其他收益。业务可以是一个企业，也包括企业内部一项独立业务。独立业务是指拥有独立的投入、过程和产出的业务单元。

我国《企业会计准则第20号——企业合并》（2014）中的定义为：

企业合并是将两个或两个以上单独的企业合并形成一个报告主体的交易或事项。涉及业务的合并比照本准则规定进行处理。业务指的是企业内部某些生产经营活动或资产的组合，该组合一般具有投入、加工处理过程和产出能力，能够独立计算其成本费用或所产生的收入，但不构成独立法人资格的部分，如企业的分公司或分部等。

从以上准则规范的企业合并的定义看，是否形成企业合并，关键要看有关交易或事项发生前后，是否引起报告主体的变化。一般情况下，法律主体即报告主体，但除法律主体以外，报告主体的涵盖范围更广泛一些，还包括从合并财务报告角度，由母公司及其能够实施控制的子公司形成的基于合并财务报告意义的报告主体。

报告主体的变化产生于控制权的变化。在交易事项发生以后，一方能够对另一方的生产经营决策实施控制，形成母子公司关系，涉及控制权的转移，从合并财务报告角度形成报告主体的变化；交易事项发生以后，一方能够控制另一方的全部净资产，被合并的企业在合并后失去其法人资格，也涉及控制权及报告主体的变化，形成企业合并。实务中，对于交易或事项发生前后是否形成控制权的转移，应当遵循实质重于形式原则，综合可获得的各方面情况进行判断。

假定在企业合并前A、B两个企业为各自独立的法律主体（在合并交易发生前，不存在任何投资关系），企业合并准则中所界定的企业合并，包括但不限于以下情形：企业A通过增发自身的普通股自企业B原股东处取得企业B的全部股权，该交易事项发生后，企业B仍持续经营；企业A支付对价取得企业B的净资产，该交易事项发生后，撤销企业B的法人资格；企业A以其资产作为出资投入企业B，取得对企业B的控制权，该交易事项发生后，企业B仍维持其独立法人资格继续经营。

合并的主体不一定是企业，如上述合并概念中的"业务"，指的是企业内部某些生产经营活动或资产、负债的组合，该组合具有投入、加工处理过程和产出能力，能够独立计算其成本费用或所产生的收入，但不构成一个企业、不具有独立的法人资格，如企业的分公司、独立的生产车间、不具有独立法人资格的分部等。对于是否构成一项业务，应结合所取得资产、负债的内在联系及加工处理过程等进行综合判断。实务中出现的如一个企业对另一个企业某条具有独立生产能力的生产线的合并、某保险公司对另一保险公司寿险业务的合并，一般属于业务合并。业务合并也需要按照企业合并的原则进行会计处理。

如果一个企业取得了对另一个或多个企业的控制权，但被购买方并不构成业务，则该项交易或事项不形成企业合并。企业取得了不形成业务的一组资产或净资产时，应将购买成本基于并购日所取得的各项可辨认资产、负债的相对公允价值进行分配，不按照企业合并准则进行会计处理。

二、企业合并的动机

企业合并的原因有许多，概括起来，主要归纳为以下几个方面。

（一）实现协同效应

协同效应是指合并后的价值大于合并前各方价值的简单加总。协同效应具体表现为三种情形：

1. 管理协同效应。当合并双方的管理效率存在差异、合并方有相对剩余的管理资源时，就有动机主动合并效率较低的公司，这样既能提高目标公司的效率，合并方也会受益。管理协同效应多存在于横向合并中。

2. 财务协同效应。企业合并能在财务方面给合并方带来好处，包括获得税法、会计政策以及证券交易等方面的利益，具体表现为获得税收优惠；合并扩大了企业规模从而提高了融资能力；拥有较多自由现金流量的企业合并处于发展阶段缺乏现金的企业，能充分利用自由现金流量。

3. 经营协同效应。经营协同主要指合并能够节约交易费用或降低生产成本特别是单位产品固定成本，扩大市场份额及巩固市场地位，以及合并双方优势互补（品牌、技术、优越地理位置等）。

（二）优化产业结构和资源配置

企业合并促使有限的经济资源流向社会需要的产业，特别是政府主导的合并，带来了产业结构和产品结构的调整，提高了各项生产要素的使用效益，促进了国民经济的良性循环。从整个社会来看，经营良好的企业合并经营管理不善的企业，可以做到资本的保全，终止亏损企业对经济资源的浪费，避免企业破产导致的社会震荡。

（三）开展多元化经营分散投资风险

开展多元化经营，实现战略重组，以获取新的发展机会。多元化经营可以通过内部投资和外部合并两种途径实现，在多数情况下合并途径更为有利，也更易于收到立竿见影的效果。同时，类似于证券投资组合分散风险的原理，通过合并开展多元化经营还可以稳定整个企业集团的收益，分散整个企业集团的投资风险。

（四）企业合并的其他动因

1. 实现公司的整体上市。我国证券市场对企业上市有着严格的经济约束和政策限制，通常情况下，一个集团内部既包含盈利能力强的优质企业，也包含一些盈利能力达不到上市条件的公司。这时，集团为了使相关企业都实现上市目标并获得融资机会，集团内部企业的重组整合就成为一种有效的解决方法。另外，如果集团内部只有部分资产上市，容易发生大股东利用上市公司牟取不合法利益进而损害中小流通股股东权益的事件。为了减少分拆上市、部分上市引起的集团价值降低的隐患，也为了集团内部各子公司都能够上市获得融资机会扩大公司规模，一家集团公司可以通过换股吸收合并实现集团公司主要资产和业务的整体上市。

2. 减少集团内部公司间的同业竞争。同业竞争是指上市公司所涉及的业务与公司的控股股东、实际出资人或它们控制的其他企业所经营的业务有利益冲突，相互间存在直接或间接的竞争关系。研究表明，同业竞争对企业的良性发展产生负面影响，为了我国证券市场的有序健康发展，企业间要避免或减少同业竞争，我国金融监管部门为此制定了多项管理办法，例如，在《首次公开发行股票并上市管理办法》中就规定："股票发行人与其控股股东、实际出资人以及控股股东所控制的其他企业间不得存在同业竞争或发生显失公平的关联交易，其经营业务应该具有独立性。"所以同一控制下的企业进行合并成为减小集团内部矛盾和利益冲突，解决集团内部公司间同业竞争问题的有效途径。

三、企业合并的方式

企业合并按不同标准或者目的有不同的分类。

（一）按照企业合并所涉及的行业分类

按照企业合并所涉及的行业不同，可以分为横向合并、纵向合并和多元化合并。

1. 横向合并。横向合并，是指同行业中生产工艺、产品、劳务相同或接近的两个及两个以上企业的合并，如美国波音飞机制造公司与麦道飞机制造公司的合并。横向合并通常具有以下两个目的：一是通过企业规模的扩张达到扩大经营规模，提高该产品的市场占有率，从而降低管理成本与费用、增强竞争优势、获取规模效益；二是拓展行业专属管理资源，使自身的管理能力得到充分有效的发挥。

过度的横向合并会削弱企业间的竞争，导致少数企业垄断市场，影响市场经济的效率，因此一些国家制定了反托拉斯法以限制横向合并的过度发展。美国对横向合并一直严格管制，在20世纪80年代以前，美国是依照结构主义的立法来认定企业合并是否是垄断性合并的。这种立法仅要求审查市场集中度和参与企业合并的市场份额，如果市场集中度迅速上升或者参与企业合并的市场份额过大，就会被认为是垄断性合并而被禁止，这种单纯的结构主义立法对企业合并的控制是相当严厉的，美国以此种立法不仅曾禁止了一些大的企业合并，而且对一些中小企业市场上的企业合并以及一些大企业仅提高一点市场份额的企业合并也坚决予以制止。但美国自1974年"和众国诉通用动力公司案"开始，表现出了摒弃结构主义分析方法、走向行为主义分析方法的趋向，市场集中度和合并企业的市场份额不再是决定性因素，而仅是确定市场势力的重要标准。1984年，美国司法部发布一个《合并准则》，彻底抛弃了单凭市场结构认定垄断性合并的有罪推定原则，《合并准则》认为判断企业合并是否限制了竞争，除了市场份额和部门集中度外，还要考虑市场竞争条件的变化，包括新技术的开发、企业的资产状况以及合并后的经济效益等。1992年的《横向合并准则》进一步降低了市场集中度在判断垄断性合并中的地位，把它与潜在的反竞争效果、市场的进入、效率和破产并列为判断垄断性合并的五大判断标准，表现出明显的行为主义特征，大大降低了对企业合并的控制力度。

2. 纵向合并。纵向合并是指一个企业与处于同行业不同生产经营阶段的其他企业合并，如某钢铁公司与矿石的勘探、开采、冶炼、销售等环节的企业的合并。纵向合并也即垂直整合，其初衷在于将市场行为内部化，即通过纵向并购，将不同企业的交易转化为同一企业的内部或同一集团内部的交易，从而减少价格资料收集、签约、收取货款、广告等方面的支出，降低协调成本，并获得税收上的好处。

纵向合并意味着公司的价值链与其供应商、经销商价值链之间的整合水平，包括前向合并和后向合并。例如，航空公司越来越多地执行过去由旅行社扮演的角色，就是典型的前向整合。同样，航空公司亦亲力而为供应商的角色如飞机维护、飞行餐饮，就是典型的后向整合。类似的例子还有，炼油公司拥有并经营石油分销渠道如加油站，有时还进入石油勘探行业，这些都是典型的垂直整合。纵向整合已经有很长的历史，但其各个时期的战略动因却不尽相同。19世纪，公司运用纵向整合以扩大经营规模。20世纪中叶，纵向整合的用途主要体现在稳定关键生产原料的供给。在一些具体案例中，还应用到了交易成本经济学的相关理论，这时的纵向整合就是为了减少总成本。该理论认为，企业执行供应商或经销商的功能，较之花费时间和金钱与供应商、经销商进行交易，要便宜得多。

随后，20世纪末，各个行业的竞争加剧。大公司纷纷重组，降低垂直整合水平，直接导致了纵向非一体化（vertical disintegration）。信息与通信技术（ICT）的快速发展与广泛运用也促成了垂直整合的减少，因为市场不同主体之间的交易、沟通成本由于这些技术的应用大幅降低。与纵向整合相比，运用ICT，公司间的交易成本更低，于是出现了纵向非一体化。此效应即著名的"寇斯法则"（Coase's Law），亦被称为"公司递减法则"（Law of Diminishing Firms）。这个法则说明市场交易成本的降低，迫使公司唯有不断缩小规模方能生存。

3. 多元化合并。多元化合并是指从事不相关业务类型的企业间的合并，如某商业集团与宾馆酒店、证券交易、房地产公司的合并。多元化合并的目的是通过合并来从事多元化经营，以达到优化投资组合，分散投资风险。多元化具体可分为相关多元化和非相关多元化。

（1）相关多元化。也称同心多元化，是指企业以现有业务或市场为基础进入相关产业或市场的战略。相关多元化的相关性可以是产品、生产技术、管理技能、营销渠道、营销技巧或用户等方面的类似。采用相关多元化战略，有利于企业利用原有产业的产品知识、制造能力、营销渠道、营销技能等优势来获取融合优势，即两种业务或两个市场同时经营的盈利能力大于各自经营时的盈利能力之和。当企业在产业或市场内具有较强的竞争优势，而该产业或市场成长性或吸引力逐渐下降时，适宜采用同心多元化战略。

相关多元化战略本质上是进入与公司现在的业务在价值链上拥有竞争性的，有价值的"战略匹配关系"的新业务。相关多元化战略可以将专有技能、生产能力或者技术由一种经营转到另一种经营中去。

（2）非相关多元化。也称离心多元化，是指企业进入与当前产业和市场均不相关的领域的战略。如果企业当前产业或市场缺乏吸引力，而企业也不具备较强的能力和技能转向相关产品或市场，较为现实的选择就是采用非相关多元化战略。采用非相关多元化战略的主要目标不是利用产品、技术、营销渠道等方面的共同性，而是从财务上考虑平衡现金流或者获取新的利润增长点，规避产业或市场的发展风险。非相关多元化具体表现为：企业希望寻找高利润的市场机会；现有产品与市场存在缺陷；企业的某个部门过于薄弱；从增加产品市场广度和灵活性中获得好处；可避免与垄断有关的限制；能更容易地获得资金；管理层的偏好和所受培训。

企业采用多元化战略的优点具体表现在：分散风险，当现有产品及市场失败时，新产品或新市场能为企业提供保护；能更容易地从资本市场中获得融资；当企业在原产业无法增长时找到新的增长点；利用未被充分利用的资源；运用盈余资金；获得资金或其他财务利益，例如，累计税项亏损；运用企业在某个产业或某个市场中的形象和声誉来进入另一个产业或市场，而在另一个产业或市场中要取得成功，企业形象和声誉是至关重要的。

企业实施多元化战略的风险大于横向整合和纵向整合，其风险表现为：

①来自原有经营产业的风险。企业资源总是有限的，多元化经营往往意味着原有经营的产业要受到削弱。

②市场整体风险。市场经济中的广泛相互关联性决定了多元化经营的各产业仍面临共同的风险。在宏观力量的冲击之下，企业多元化经营的资源分散反而加大了风险。

③产业进入风险。企业在进入新产业之后必须不断地注入后续资源，去学习这个行业的有关知识，并培养自己的员工队伍，塑造企业品牌。另外，产业竞争态势是不断变化的，竞争对手的策略也是一个未知数，企业必须相应地不断调整自己的经营策略，否则会面临极大的风险。

④产业退出风险。如果企业深陷一个错误的投资项目却无法做到全身而退，那么很可能导致企业全军覆没。

⑤内部经营整合风险。企业作为一个整体，必须把不同业务对其管理机制的要求以某种形式融合在一起。多元化经营、多重目标和企业有限资源之间的冲突，使这种管理机制上的融合更为困难，甚至使企业多元化经营的战略目标最终由于内部冲突而无法实现。

（二）按企业合并的法律形式分类

企业合并按其法律形式分类可以分为吸收合并、创立合并和控股合并三种。

1. 吸收合并。吸收合并即两家或两家以上的企业合并成一家企业。吸收合并后，参与合并的企业通常只有其中一家继续保留其法人地位，另一家或几家企业在合并后丧失法人地位，不复存在。吸收合并具体做法是：由保留法人资格的企业通过发行股票、支付现金或发行债券等方式取得其他一个或几个企业的净资产。吸收合并完成后，合并后的企业除对所有被合并企业的资产实行控制和管理以外，还往往承担被合并企业的负债。

2. 创立合并。创立合并又称新设合并，是指创建新企业的合并。创立合并后，原有的各家企业均不复存在，丧失法人资格，合并成一家新的企业。其具体做法是由两个或两个以上的企业联合成立一个新的企业，用新的企业的股份与股东交换原来各公司的股份。创立合并完成后，由新成立的企业统一从事生产经营活动。新企业在接受已解散的各企业资产同时，往往也承担其债务，而原企业的股东成为新企业的股东。

3. 控股合并。控股合并，是指一家企业买入或取得了另一家企业有投票表决权的股份或出资证明书，且已达到能控制后者经营和财务方针的持股比例。两家企业的法人地位不变。在控股合并方式下，合并双方形成了投资与被投资的关系（股权投资），并且投资方对被投资方取得了控制股权，被投资方成为投资方的子公司，而投资企业成为子公司的母公司，或称控股公司。取得控制股权后，原来的企业仍然以各自独立的法律实体从事生产经营活动。此外，以母公司为中心，连同它所控制的子公司，称为企业集团，这虽不是法律主体，但它是一个会计主体。

控股合并与吸收合并和创立合并相比而言，具有取得股权比较容易、手续相对简单、可以用较少的投资控制较多的资产、母公司对子公司的责任较小（仅以投入的资本为限），能较好地保护母公司的资产等优点。因此，控股合并成为现代企业合并的普遍方式。

（三）我国企业合并准则中对企业合并的分类

我国企业合并准则按合并各方合并前后是否属于同一方或相同的多方最终控制，将企业合并划分为同一控制下的企业合并和非同一控制下的企业合并。

1. 同一控制下的企业合并。

同一控制下的企业合并是指参与合并的企业在合并前后均受同一方或相同的多方最终控制且该控制并非暂时性的。

同一控制下的企业合并，在合并日取得对其他参与合并企业控制权的一方称为合并方，参与合并的其他企业称为被合并方。合并日，是指合并方实际取得对被合并方控制权的日期。判断某一企业合并是否属于同一控制下的企业合并，应该注意以下几个方面：

（1）能够对参与合并各方在合并前后均实施最终控制的一方，通常指企业集团的母公司。同一控制下的企业合并一般发生于企业集团内部，如集团内部的母子公司之间、子公司与子公司之间等。该类合并的实质是集团内部企业之间的资产或权益的转移，不涉及自集团外购入子公司或是向集团外其他企业出售子公司的情况，能够对参与合并企业在合并前后实施最终控制的一方为集团的母公司。

（2）能够对参与合并的企业在合并前后均实施最终控制的相同多方，主要是指根据投资者之间的协议约定，为了扩大其中某一投资者对被投资单位的表决权比例，或者巩固某一投资者对被投资单位的控制地位，在对被投资单位的生产经营决策行使表决权时采用相同意思表示的两个或两个以上的法人或其他组织。

（3）控制的非暂时性，是指参与合并各方在合并之前被最终控制方的控制时间一般在1年以上（含1年），企业合并后所形成的报告主体被最终控制方的控制时间也应该达到1年以上（含1年）。

企业之间的合并是否属于同一控制下的企业合并，应该综合构成企业合并能够交易的各方面情况，按照实质重于形式的原则进行判断。

由于我国存在大量的国有企业之间的合并，而上市公司中大多数也是国有控股公司，因此从最终控制人角度判断是否属于同一控制，很有可能绝大多数企业合并均属于同一控制下的企业合并。因此，该准则排斥了国家间接控股的企业间合并为同一控制下的企业合并。例如，中央国资委控制的企业合并了地方国资委控制的企业，就不属于同一控制下的企业合并。在同一层次国资委控制的企业间合并是否属于同一控制下的企业合并，则要视该合并是否受该层政府（国资委）的直接影响。如果不受影响，则属于非同一控制下企业合并，否则就属于同一控制下的企业合并。例如，若上海市国资委直属的光明集团与百联集团发生合并，或百联集团控制下的联华超市股份有限公司与华联超市股份有限公司发生合并，都属于同一控制下的企业合并；若光明集团控制下的农工商超市股份有限公司与百联集团控制的联华超市股份有限公司发生合并，则属于非同一控制下的企业合并，除非有证据表明该合并是由上海市政府（国资委）主导发起的。

2. 非同一控制下的企业合并。

非同一控制下的企业合并，是指参与合并各方在合并前后不受同一方或相同多方最终控制的合并交易，即除判断属于同一控制下企业合并的情况以外其他的企业合并。

非同一控制下的企业合并，在并购日取得对其他参与合并企业控制权的一方称为购买方，参与合并的其他企业称为被购买方。并购日，是指购买方实际取得对被购买方控制权的日期。

（四）控股合并下的控股关系

1. 绝对控股和相对控股。

绝对控股是指在企业的全部股东中，某股东持有股份的比例大于50%。例如，A公司持有B公司65%股份和C公司100%股份，则A公司绝对控股B公司和C公司。

相对控股是指在企业的全部股东中，某股东持有股份虽未超过50%，但根据协议规定拥有企业的实际控制权；或所持股份比例相对大于任何其他股东所占比例。例如，B公司只持有E公司18%的股份，但如果E公司其他股东持股均少于18%，则B公司相对控股E公司（有协议规定不能控制除外）。

2. 直接控股、间接控股和交叉控股。

直接控股，或单层控股，是指投资企业直接拥有被投资企业半数以上有表决权的权益性资本。例如，A公司直接拥有B公司65%股份，则A公司直接控股B公司。间接控股，是指母公司通过子公司而对子公司的子公司实现控制，如A公司直接控股B公司（65%），B公司又直接控股D公司（80%），则A公司间接控股D公司。

交叉控股是指投资企业虽不能直接控股被投资企业，但与某子公司所持被投资企业股份比例合计起来（注意子公司也不能直接控制被投资企业），能够实现对被投资企业的控制。例如，A公司直接拥有F公司30%的股份（没有控制权），其子公司C也拥有F公司30%的股份，则A公司通过自己的子公司间接拥有了F公司30%的股份，合计拥有F公司60%股份，取得对F公司的控制权，因此A公司通过交叉持股方式实现了对F公司的交叉控股。

第二节 企业合并的会计方法

对于企业合并的会计处理方法,历史上有权益结合法(pooling of interest method)、购买法(purchasing method)以及并购法(acquisition method)。根据 IFRS 相关准则,企业合并方法目前只能采用并购法。根据我国企业合并会计准则,其将企业合并区分为同一控制下的企业合并和非同一控制下的企业合并。对于同一控制下的企业合并,准则要求对于被合并方的资产、负债按照原账面价值确认,不按公允价值进行调整,不形成商誉,合并对价与合并中取得的净资产份额的差额调整所有者权益项目,该处理方法基本与原国际合并会计准则中权益结合法的内容相同(现已取消)。对于非同一控制下的企业合并,则基本参照原国际合并会计准则中购买法作为其处理原则,即按被购买方资产、负债公允价值对其进行重新计量,合并方支付的对价也按公允价值衡量,并确认商誉(部分商誉)。

一、非同一控制下企业合并方法(购买法)

(一)会计处理原则

购买法与并购法,都属于公允价值合并法,确认合并商誉(无论正负),区别在于前者仅确认和计量由控制方支付对价而形成的商誉,后者确认和计量全部商誉。因此,购买法也可以称为部分商誉法,并购法被称为全部商誉法。

在非同一控制下的企业合并中,将企业合并中一方取得另一方净资产或控制权的合并看作一项市场交易,因此应参照与购买单项资产类似的方法进行会计处理。在并购日取得对其他参与合并企业控制权的一方为购买方,参与合并的其他企业为被购买方。

从非同一控制下企业合并的交易性质出发,购买方应遵循以下原则进行会计处理。

1. 购买方需要对被购买方的资产、负债进行按公允价值重新确认和计量。购买方在合并中确认取得的被购买方的资产、负债不限于被购买方账面上原已确认的资产和负债,还包括重新确认过程中应确认的但被购买方原未确认的资产(包括商誉)及负债。在控股合并方式下,在合并财务报表中确认被购买方资产(包括商誉)及负债。

2. 购买方在并购日对作为企业合并对价付出的资产、发生或承担的负债应当按照公允价值计量,公允价值与其账面价值的差额,计入当期损益。

3. 购买方合并成本与合并中取得被购买方可辨认净资产公允价值份额之间的差额,分以下情况处理:

（1）购买方合并成本大于合并中取得被购买方可辨认净资产公允价值相应份额之间的差额，应确认为商誉。但在控股合并的情况下，该商誉体现在合并财务报表中，在母公司的个别报表中，该商誉的金额被包含在长期股权投资中。

（2）购买方合并成本小于合并中取得被购买方可辨认净资产公允价值相应份额之间的差额，即所谓的负商誉，应计入当期损益（营业外收入）。

但在控股合并的情况下，该损益体现在合并当期的合并利润表中。同时，在并购日的合并资产负债表中作为调整增加合并盈余公积和合并未分配利润处理。在母公司的个别报表中，不包括该损益。

4. 对于非同一控制下是控股合并，购买方应于并购日开始编制合并资产负债表，反映其于并购日开始能够控制的经济资源的情况。但在并购日不需要编制合并利润表和合并现金流量表，因为集团意义上的经营自并购日后才开始。在并购日，也不需要编制比较合并财务报表。

5. 参与合并各方当年的净损益只包括购买方当年的利润及并购日后被并企业所实现的利润。同样，合并当年的合并现金流量表只包括参与合并各方自合并日至合并当期期末的现金流量。

6. 合并方为进行企业合并发生的各项直接相关费用，包括为进行企业合并而支付的审计费用、评估费用、法律服务费用等，应计入当期损益。

但是，为企业合并发行的债券或承担其他债务支付的手续费、佣金等，应当计入所发行债券及其他债务的初始计量金额。企业合并中发行权益性证券发生的手续费、佣金等费用，应当抵减权益性证券溢价收入，溢价收入不足冲减的，冲减留存收益。

需要注意的是，IFRS3对于商誉的确认和计量提供了两种备选方法，即全部商誉法和部分商誉法，其中全部商誉法要求对非控股权益也采用公允价值计量，部分商誉法则与我国准则的规定相一致。

（二）会计处理步骤和要求

非同一控制下的企业合并的会计处理，主要包括购买方和并购日的确定、企业合并成本的确定、合并中取得各项可辨认资产、负债的确认和计量以及合并差额的处理等。

1. 确定购买方（购买企业）。

根据购买法，购买企业的净资产计价不变，而被并企业的净资产则要按公允价值计量，因此确定哪个企业是购买企业很重要。购买方是指在企业合并中取得对另一方或多方控制权的一方。合并一方取得了另一方半数以上有表决权股份的，除非有明确的证据表明该股份不能形成控制，一般认为取得表决权的一方为购买方。在某些情况下，即使一方没有取得另一方半数以上有表决权股份，但存在以下情况时，一般也认为其获得了对另一方的控制权：

(1) 通过与其他投资者签订协议，实质上拥有被购买方半数以上表决权。

(2) 按照协议规定，具有主导被购买企业财务和经营决策的权力。

(3) 有权任免被购买企业董事会或类似权力机构绝大多数成员。

(4) 在被购买企业董事会或类似权力机构具有绝大多数投票权。

如果合并协议过于复杂，难以确定购买企业，那么通常可以按以下标志判断：

(1) 参与合并的某企业的公允价值显著大于另一企业的公允价值，那么前者很可能就是购买企业；

(2) 如果企业合并是通过以有投票表决权的股份换取现金或其他资产的方式完成，那么放弃现金或其他资产的企业很可能就是购买企业；

(3) 如果企业合并后参与合并的某一方管理层能够主导合并后企业管理团队的选举，那么能够主导的一方很可能就是购买企业。

【例 1-1】假设 H 公司与 J 公司签订企业合并协议，条款如下：

(1) 合并后新设成立 K 公司；

(2) H 公司原股东拥有 K 公司 60% 的股份，J 公司原股东拥有 40% 的股份；

(3) 在新设立的 K 公司中，H 公司的总经理和财务总监继续担任相应的职位；

(4) H 公司净资产的公允价值为 1 亿元，J 公司净资产公允价值为 8 000 万元。

如果没有其他相反的证据，那么就可以判断 H 公司就是购买企业。

从会计的角度看，将某一方认定为购买企业可能与法律上所规定的导致反向收购（reverse acquisition）的交易有所不同。所谓反向收购，又称为买（借）壳上市，是指非上市公司股东通过收购某一上市公司（壳公司）的股份控制该公司，再由该公司反向收购非上市公司的资产和业务，使之成为上市公司的子公司，原非上市公司股东一般可以取得对上市公司的控制地位。

【例 1-2】假设 D 公司（上市公司）与 E 公司签订了企业合并协议，条款如下：

(1) D 公司取得了 E 公司全部的股份（净资产）；

(2) E 公司原股东以其拥有的股份（净资产）获得了 D 公司新发的股份，占 D 公司总股份的 75%；

(3) E 公司的总经理和财务总监担任了 D 公司相应的职位；

(4) D 公司净资产的公允价值为 1 亿元，E 公司净资产公允价值为 3 亿元。

从法律上看，D 公司是购买企业，但由于 E 公司的原股东和管理层控制了 D 公司，这就形成了反向收购。因此，从会计上看，E 公司是购买企业。

反向收购的合并处理后续设专门章节讨论。

2. 确定购买日。

购买日是购买方获得对被购买方控制权的日期，即企业合并交易过程中，发生控制权转移的日期。同时满足以下条件时，一般认为实现了控制权的转移，形成购买日。

(1) 企业合并合同或协议已获得股东大会等内部权力机构通过。

（2）按照规定，合并事项需要经过国家有关主管部门审批的，已获得相关部门的批准。

（3）参与合并各方已办理了必要的财产交接手续。

（4）购买方已经支付了购买价款的大部分（一般应超过50%），并且有能力有计划支付剩余款项。

（5）购买方实际上已经控制了被购买方的财务和经营政策，并享有相应的收益和风险。

在分步实现的企业合并中，购买日是指按照有关标准购买方最终取得对被购买企业控制权的日期。

3. 确定企业合并成本。

企业合并成本包括购买方为进行企业合并支付的现金或非现金资产、发行或承担的债务、发行的权益性证券等在购买日的公允价值。

如果合并合同或协议中对可能影响合并成本的未来事项作出约定的，购买日如果估计未来事项很可能发生并且对合并成本的影响金额能够可靠计量的，购买方应当将其计入合并成本。

购买方在购买日对作为企业合并对价付出的资产、发生或承担的负债的公允价值计量，与其账面价值的差额，计入当期损益。

【例1-3】2018年6月30日，江山公司在与海翔公司的合并交易中，江山公司用账面价值为6 000万元、公允价值为8 000万元的库存商品和1 000万元的现金收购海翔公司100%的股权，海翔公司继续保留法人资格。在该合并交易中，江山公司支付了2万元的资产评估和法律咨询费用。此外，江山公司与海翔公司的合并协议中规定，如果海翔公司在合并后2年内每年的销售收入超过2 000万元，则江山公司就应在原购买价款（9 000万元）的基础上另付5%的价款。根据现有的信息分析认为，海翔公司未来两年各年的实现销售收入很可能超过2 000万元。假定该合并符合非同一控制下企业合并，不考虑时间价值。

则江山公司的合并成本计算如下：

江山公司的合并成本 = 8 000 + 1 000 = 9 000（万元）

江山公司应确认的资产转让收益 = 8 000 - 6 000 = 2 000（万元）

此例涉及或有对价（合同权益），后续有关商誉的内容中再予以讨论。

4. 企业合并成本在取得的可辨认资产和负债之间的分配。

在非同一控制下企业合并中，购买方取得了对被购买方净资产的控制权，视合并方式不同，应分别在个别财务报表中或集团财务报表中确认合并中取得或控制的各项可辨认资产和负债。在非同一控制下的吸收合并和创立合并中，购买方在购买日将合并中购得的被购买方的可辨认资产和负债直接按公允价值确认、记录在购买方的账上，并体现在购买方的个别财务报表中。在非同一控制下的控股合并中，购买方进行长期股权投资相关业务的会计处理。但是在购买日和购买日后的合并财务报表中，购买方需要对并入的子公司可辨认资产和负债按并购日确定的公允价值为基础进行合并反映和摊销调整。

按我国合并会计准则的规定，在购买日，购买方在个别财务报表或合并财务报表中确认被购买方的资产时，应按以下确认条件进行确认：

（1）合并中取得的被购买方除无形资产以外的其他各项资产（不限于被购买方原已确认的资产），其所带来的经济利益很可能流入企业且公允价值能够可靠计量的，应当单独予以确认并按照公允价值计量。

合并中取得的无形资产，其公允价值能够可靠计量的，应当单独确认为无形资产并按照公允价值计量。这里所说的无形资产是指非商誉的、能单独确认的无形资产，如商标、版权、许可协议、特许权、专利技术、专有技术、商业秘密等。

（2）合并中取得的被购买方除或有负债以外的其他各项负债，履行有关的义务很可能导致经济利益流出企业且公允价值能够可靠计量的，应当单独予以确认并按照公允价值计量。

（3）合并中取得的被购买方或有负债，其公允价值能够可靠计量的，应当单独确认为负债并按照公允价值计量。

5. 购买方合并成本与合并中取得被购买方可辨认净资产公允价值份额之间差额的处理。

购买方合并成本与合并中取得被购买方可辨认净资产公允价值份额之间的差额处理，实际上是对前述的"企业合并成本在取得的可辨认资产和负债之间的分配"后的剩余合并部分进行分配处理。如前所述，该剩余数如果为正，即购买方合并成本大于合并中取得被购买方可辨认净资产公允价值份额，分配确认为合并商誉；如果为负数，即购买方合并成本小于合并中取得被购买方可辨认净资产公允价值份额，直接分配确认为当期收入。

【例1-4】沿用【例1-3】的资料，假设海翔公司可辨认资产的公允价值为13 000万元，可辨认负债的公允价值为4 500万元。其他资料不变。

江山公司合并成本9 450万元与所取得海翔公司可辨认净资产公允价值份额（13 000 - 4 500 = 8 500万元）之间的差额，在并购日应确认为商誉（在合并财务报表中）。计算如下：

商誉 = 9 450 - (13 000 - 4 500) = 9 450 - 8 500 = 950（万元）

如果合并成本小8 500万元，该差额在并购日的合并资产负债表中，按权益法调整"长期股权投资"，并调整增加留存收益；在购买当期的合并财务报表中应该调整"长期股权投资"，并确认为"营业外收入"。

6. 企业合并成本或有关可辨认资产、负债公允价值暂时确定的情况。

对于非同一控制下企业合并，如果在并购日或合并当期期末，因各种因素影响无法合理确定企业合并成本或合并中取得的有关可辨认资产、负债公允价值的,合并当期期末,购买方应以暂时确定的价值为基础进行核算。继后取得进一步信息表明有关资产、负债公允价值的,应分别对以下情况进行处理:

(1) 并购日后 12 个月内对有关价值进行调整的,则视为在并购日确认和计量,即要进行追溯调整。

(2) 超过并购日 12 个月后对有关价值进行调整的,应视为会计差错进行更正。

7. 合并财务报表的编制。

在非同一控制下的控股合并中,购买方在并购日要编制合并资产负债表。在并购日后的每个会计期末要定期编制完整的合并财务报表。

(三) 非同一控制下企业吸收合并举例

1. 合并成本大于被购买方可辨认净资产公允价值。

【例 1-5】2018 年 12 月 31 日,远洋公司吸收合并了瑞丰公司。合并前双方采用的会计政策相同。远洋公司支付的对价为 4 000 万元现金,取得瑞丰公司全部资产并承担其全部负债,另支付与合并有关的法律及评估等直接费用 30 万元。合并前,瑞丰公司、远洋公司资产负债表如表 1-1 所示。

表 1-1　　　　　　　瑞丰公司及远洋公司资产负债表

2018 年 12 月 31 日　　　　　　　　　　　　单位:万元

资产	瑞丰公司		远洋公司	权益	瑞丰公司		远洋公司
	账面价值	公允价值			账面价值	公允价值	
货币资金	200	200	5 000	短期借款	1 100	1 100	5 000
应收账款(净)	600	500	1 500	应付账款	130	130	600
应收票据	500	450	3 000	长期借款	800	750	8 000
存货	1 000	900	5 000	股本	2 500		10 000
固定资产(净)	3 000	3 350	12 380	资本公积	400		900
无形资产	150	200	500	盈余公积	300		1 000
				未分配利润	220		1 880
资产合计	5 450	5 600	27 380	权益合计	5 450		27 380

本例中,合并成本为 4 000 万元,取得可辨认净资产公允价值为 3 620 万元 (5 600 - 1 100 - 130 - 750),产生商誉 380 万元。合并有关的直接费用计入当期损益。

购买方瑞丰公司在并购日应作如下会计处理:

借:货币资金　　　　　　　　　　　　　　　　　　　　　2 000 000

　　应收账款(净)　　　　　　　　　　　　　　　　　　　5 000 000

```
    应收票据                          4 500 000
    存货                              9 000 000
    固定资产（净）                   33 500 000
    无形资产                          2 000 000
    商誉                              3 800 000
      贷：短期借款                              11 000 000
          应付账款                               1 300 000
          长期借款                               7 500 000
          银行存款                              40 000 000
  借：管理费用                         300 000
      贷：银行存款                                 300 000
```

合并后远洋公司资产负债表见表1-2。

表1-2　　　　　　　　合并后远洋公司资产负债表

2018年12月31日　　　　　　　　　　　单位：万元

资产	金额	负债和所有者权益	金额
货币资金	1 170	短期借款	6 100
应收账款（净）	2 000	应付账款	730
应收票据	3 450	长期借款	8 750
存货	5 900	股本	10 000
固定资产（净）	15 730	资本公积	900
无形资产	700	盈余公积	1 000
商誉	380	未分配利润	1 850
资产合计	29 330	权益合计	29 330

【例1-6】沿用【例1-5】的资料。

现假设远洋公司发行1 000万股每股面值1元、市价4元的本公司股票，以换取瑞丰公司股东持有的全部2 500万股股票，换股合并后远洋公司将瑞丰公司股票注销。另远洋公司支付股票发行费用10万元，其他资料不变。

本例中，远洋公司的合并成本为发行股票的公允价值4 000万元，股票发行费用则冲减股票溢价（资本公积）。

购买方远洋公司在并购日应作如下会计处理：

```
借：货币资金                         2 000 000
    应收账款（净）                   5 000 000
    应收票据                          4 500 000
```

存货		9 000 000
固定资产（净）		33 500 000
无形资产		2 000 000
商誉		3 800 000
贷：短期借款		11 000 000
应付账款		1 300 000
长期借款		7 500 000
股本		10 000 000
资本公积		30 000 000
借：管理费用		300 000
贷：银行存款		300 000
借：资本公积		100 000
贷：银行存款		100 000

合并后远洋公司资产负债表如表1-3所示。

表1-3 合并后远洋公司资产负债表

2018年12月31日　　　　　　　　　　　　　单位：万元

资产	金额	负债和所有者权益	金额
货币资金	5 160	短期借款	6 100
应收账款（净）	2 000	应付账款	730
应收票据	3 450	长期借款	8 750
存货	5 900	股本	11 000
固定资产（净）	15 730	资本公积	3 890
无形资产	700	盈余公积	1 000
商誉	380	未分配利润	1 850
资产合计	33 320	权益合计	33 320

2. 合并成本小于被购买方可辨认净资产公允价值。

【例1-7】 继续沿用【例1-5】的资料，假设远洋公司以现金支付的对价为3 000万元，其他资料不变。

由于支付的合并成本3 000万元小于瑞丰公司可辨认净资产公允价值3 620万元，差额620万元应计入当期损益（营业外收入）。

购买方远洋公司在合并日会计处理为：

借：货币资金		2 000 000
应收账款（净）		5 000 000

	应收票据	4 500 000
	存货	9 000 000
	固定资产（净）	33 500 000
	无形资产	2 000 000
贷：短期借款	11 000 000
	应付账款	1 300 000
	长期借款	7 500 000
	银行存款	30 000 000
	营业外收入	6 200 000
借：管理费用		300 000
贷：银行存款		300 000

合并后远洋公司资产负债表如表 1 – 4 所示。

表 1 – 4　　　　　　合并后远洋公司资产负债表

2018 年 12 月 31 日　　　　　　　　　　　单位：万元

资产	金额	负债和所有者权益	金额
货币资金	2 170	短期借款	6 100
应收账款（净）	2 000	应付账款	730
应收票据	3 450	长期借款	8 750
存货	5 900	股本	10 000
固定资产（净）	15 730	资本公积	900
无形资产	700	盈余公积	1 000
		未分配利润	2 470
资产合计	29 950	权益合计	29 950

（四）非同一控制下企业控股合并举例

非同一控制下的控股合并中购买方的会计处理与吸收合并有较大差异，也相对比较复杂，主要表现在合并日需要按照所支付的合并对价的公允价值记录长期股权投资成本，合并日后还需要进行长期股权投资的业务核算；购买方需要编制定期合并财务报表，在合并财务报表中按公允价值记录被购买方可辨认的资产和负债等，并将合并对价的公允价值（即长期股权投资的初始成本）与合并中取得被购买方可辨认净资产公允价值份额之间的差额在合并报表中确认为商誉或者体现在合并当期的合并利润表中。

【例1-8】继续沿用【例1-5】的资料，改为远洋公司购买了瑞丰公司股东持有的全部瑞丰公司股份，瑞丰公司保留法人资格继续经营，其他资料不变。

远洋公司合并日的会计处理：

借：长期股权投资——对瑞丰公司投资　　　　　　　4 000 000
　　贷：银行存款　　　　　　　　　　　　　　　　　　　4 000 000
借：管理费用　　　　　　　　　　　　　　　　　　　　300 000
　　贷：银行存款　　　　　　　　　　　　　　　　　　　　300 000

合并后远洋公司资产负债表如表1-5所示。

表1-5　　　　　　　　　　远洋公司资产负债表

2018年12月31日　　　　　　　　　　　单位：万元

资产	金额	负债和所有者权益	金额
货币资金	970	短期借款	5 000
应收账款（净）	1 500	应付账款	600
应收票据	3 000	长期借款	8 000
存货	5 000	股本	10 000
固定资产（净）	12 380	资本公积	900
无形资产	500	盈余公积	1 000
长期股权投资	4 000	未分配利润	1 850
资产合计	27 350	权益合计	27 350

在非同一控制下控股合并中，被购买方在合并后仍持续经营，被购买方一般不能调整其资产、负债的账面价值，也不能确认商誉。

二、同一控制下企业合并方法（权益结合法）

同一控制下企业合并有关购买方及合并日的确定，基本与非同一控制下企业合并相同，这里不再赘述。以下仅就同一控制下企业合并会计处理原则进行阐述，并举例说明同一控制下企业合并的会计处理。

在同一控制下的企业合并中，将企业合并看作是两个或多个参与合并企业权益的重新整合，由于最终控制方的存在，该类合并不会造成构成企业集团（最终控制方）整体的经济利益流入和流出，最终控制方在合并前后实际控制的经济资源并没有发生变化，合并企业之间的交易事项也不符合公允市场中的出售或购买行为。

（一）会计处理原则

按照《企业会计准则第20号——企业合并》规定，从同一控制下企业合并的性质出发，合并方应遵循以下原则进行会计处理：

1. 合并方在合并中确认取得的被合并方的资产、负债仅限于被合并方账面上原已确认的资产和负债，合并中不产生新的资产和负债。

2. 合并方在合并中取得的被合并方的各项资产、负债应维持其在被合并方的原账面价值不变。

但是，如果被合并方采用的会计政策与合并方不一致的，合并方在合并日应当按照本企业会计政策对被合并方的财务报表相关项目进行调整，并以调整后的账面价值作为入账价值。

合并方在同一控制下企业合并中取得的资产和负债不应因该项合并而改记其账面价值，从最终控制方的角度，该项交易或事项仅是其原本已控制的资产、负债空间位置的转移，原则上不应影响所涉及的资产、负债的计价基础变化。

因此，在控股合并方式下，合并方取得被合并方股权的长期股权投资的入账价值就必须按照取得的被合并方所有者权益账面价值的份额作为初始投资成本。在合并财务报表中，按照被合并方资产、负债的账面价值并入合并财务报表。

3. 合并方在合并中取得的净资产的入账价值相对应于为了进行合并支付的对价账面价值之间的差额，不应作为资产的处置损益，不影响合并当期利润表，有关差额应调整所有者权益相关项目。合并方在调整所有者权益时，应首先调整资本公积，资本公积的余额不足冲减的，应冲减留存收益。这样规定，主要是为了避免合并方的个别财务报表中不会产生所谓的"即时损益"。

4. 对于同一控制下是控股合并，合并方在编制合并财务报表时，应视同合并后形成的报告主体自最终控制方开始实施控制时一直是一体化存续下来的，参与合并各方在合并以前期间实现的留存收益。该留存收益在编制合并财务报表之前是体现在合并方个别法人报表的资本公积中的，但在合并财务报表中，要将被合并方在合并日以前实现的留存收益中按照持股比例计算归属于合并方的部分自资本公积中转入留存收益。但是，转入的金额应以合并方的资本公积为限。

5. 参与合并各方当年的净损益包括参与合并各方整个年度净收益之和，如同早已合并一样。即，不论合并发生在会计年度的哪一时点，参与合并企业的整个年度的利润要全部包括在合并后的企业中。同样，合并现金流量表应当包括参与合并各方自合并当期期初至合并日的现金流量。

6. 合并方为进行企业合并发生的各项直接相关费用，包括为进行企业合并而支付的审计费用、评估费用、法律服务费用等，应当于发生时计入当期损益。

但是，为企业合并发行的债券或承担其他债务支付的手续费、佣金等，应当计入所发行债券及其他债务的初始计量金额。企业合并中发行权益性证券发生的手续费、佣金等费用，应当抵减权益性证券溢价收入，溢价收入不足冲减的，冲减留存收益。

需要明确的是，IFRS3没有对同一控制下业务合并做出会计处理的规定。

(二) 同一控制下企业吸收合并举例

【例1-9】锦星公司、德利公司同为某企业集团下属子公司，2015年12月31日，德利公司吸收合并了锦星公司。合并前双方采用的会计政策相同。德利公司发行1 000万股每股面值1元、市价4元的本公司股票，以换取锦星公司股东持有的全部2 500万股股票，换股合并后德利公司将锦星公司股票注销。另外，德利公司支付股票发行费用10万元，相关的法律咨询及评估审计等费用30万元。合并前，锦星公司、德利公司资产负债表如表1-6所示。

表1-6　　　　　　　锦星公司及德利公司资产负债表

2018年12月31日　　　　　　　　　　　　　单位：万元

资产	锦星公司 账面价值	锦星公司 公允价值	德利公司	权益	锦星公司 账面价值	锦星公司 公允价值	德利公司
货币资金	200	200	5 000	短期借款	1 100	1 100	5 000
应收账款（净）	600	500	1 500	应付账款	130	130	600
应收票据	500	450	3 000	长期借款	800	750	8 000
存货	1 000	900	5 000	股本	2 500		10 000
固定资产（净）	3 000	3 350	12 380	资本公积	400		900
无形资产	150	200	500	盈余公积	300		1 000
				未分配利润	220		1 880
资产合计	5 450	5 600	27 380	权益合计	5 450		27 380

本例为同一控制下吸收合并，德利公司的合并对价为新发行股票的面值1 000万元，取得的净资产账面价值与发行股份面值的差额为2 420万元（3 420-1 000），德利公司记录为资本公积的增加，股票发行费用则冲减资本公积项目，合并的直接费用计入当期损益。

德利公司合并业务的会计处理：

借：货币资金　　　　　　　　　　　　　　　　　　2 000 000
　　应收账款（净）　　　　　　　　　　　　　　　6 000 000
　　应收票据　　　　　　　　　　　　　　　　　　5 000 000
　　存货　　　　　　　　　　　　　　　　　　　　10 000 000
　　固定资产（净）　　　　　　　　　　　　　　　30 000 000
　　无形资产　　　　　　　　　　　　　　　　　　1 500 000
　贷：短期借款　　　　　　　　　　　　　　　　　11 000 000
　　　应付账款　　　　　　　　　　　　　　　　　1 300 000

　　　　长期借款　　　　　　　　　　　　　　　　　　　　8 000 000
　　　　股本　　　　　　　　　　　　　　　　　　　　　10 000 000
　　　　资本公积　　　　　　　　　　　　　　　　　　　24 200 000
　　借：管理费用　　　　　　　　　　　　　　　　　　　　300 000
　　　　贷：银行存款　　　　　　　　　　　　　　　　　　　300 000
　　借：资本公积　　　　　　　　　　　　　　　　　　　　100 000
　　　　贷：银行存款　　　　　　　　　　　　　　　　　　　100 000
合并后德利公司资产负债表（略）。

【例 1-10】 沿用【例 1-9】的资料，假设德利公司发行股份数量为 4 000 万股，其他资料不变。

本例中，德利公司发行股份的面值总额 4 000 万元超过了锦星公司净资产账面价值 3 420 万元，差额部分德利公司应冲减资本公积项目（如资本公积不足冲减的，应冲减盈余公积和未分配利润项目）。

德利公司合并业务的会计处理：

　　借：货币资金　　　　　　　　　　　　　　　　　　　　2 000 000
　　　　应收账款（净）　　　　　　　　　　　　　　　　　6 000 000
　　　　应收票据　　　　　　　　　　　　　　　　　　　　5 000 000
　　　　存货　　　　　　　　　　　　　　　　　　　　　10 000 000
　　　　固定资产（净）　　　　　　　　　　　　　　　　30 000 000
　　　　无形资产　　　　　　　　　　　　　　　　　　　　1 500 000
　　　　资本公积　　　　　　　　　　　　　　　　　　　　5 800 000
　　　　贷：短期借款　　　　　　　　　　　　　　　　　　11 000 000
　　　　　　应付账款　　　　　　　　　　　　　　　　　　 1 300 000
　　　　　　长期借款　　　　　　　　　　　　　　　　　　 8 000 000
　　　　　　股本　　　　　　　　　　　　　　　　　　　　40 000 000
　　借：管理费用　　　　　　　　　　　　　　　　　　　　　300 000
　　　　贷：银行存款　　　　　　　　　　　　　　　　　　　　300 000
　　借：资本公积　　　　　　　　　　　　　　　　　　　　　100 000
　　　　贷：银行存款　　　　　　　　　　　　　　　　　　　　100 000
合并后德利公司资产负债表（略）。

（三）同一控制下企业控股合并举例

【例 1-11】 继续沿用【例 1-9】的资料，假设合并后锦星公司不解散，即锦星公司成为德利公司的全资子公司，其他资料不变。

本例为同一控制下的控股合并。德利公司应按照被并企业净资产账面价值相应份额记录长期股权投资,与增发新股面值的差额,应调整股东权益项目。

德利公司合并业务的会计处理:

借:长期股权投资——对锦星公司投资	34 200 000
贷:股本	10 000 000
资本公积	24 200 000
借:管理费用	300 000
贷:银行存款	300 000
借:资本公积	100 000
贷:银行存款	100 000

合并后德利公司资产负债表(略)。

【例1-12】沿用【例1-9】的资料。现假设合并后锦星公司不解散,即锦星公司成为德利公司的子公司持续经营,德利公司增发新股数量3 000万元,每股面值1元(市价4元),换取锦星公司股东持有的锦星公司80%的股份,其他资料不变。

本例中,锦星公司合并后成为德利公司的非全资子公司,锦星公司的20%股份为锦星公司少数股东拥有。德利公司增发新股面值总额3 000万元与锦星公司净资产账面价值2 736万元(3 420万元的80%部分)的差额,应调整股东权益项目。德利公司合并业务的会计处理为:

借:长期股权投资——对锦星公司投资	27 360 000
资本公积	2 640 000
贷:股本	30 000 000
借:管理费用	300 000
贷:银行存款	300 000
借:资本公积	100 000
贷:银行存款	100 000

合并后德利公司资产负债表(略)。

控股合并情况下,合并日以后,德利公司还要代表由锦星公司和德利公司组成的经济意义上的合并财务报告主体编制合并财务报告。

三、企业合并方法的比较

我国会计准则中对企业合并分类为同一下企业合并和非同一控制下企业合并两种情形,并分别作出了相应的会计处理要求。从会计理论方法的角度看,同一控制下企业合并的会计处理方法类似于原国际合并准则中权益结合法,而非同一控制下企业合并的会计处理方法相当于原国际合并准则中购买法。由于权益结合法以账面价值合并资产,并将被购买方的留存收益纳入合并后实体,该方法对合并方容易产生积极的财务影响,因此得到实务界的青睐并一度被滥用。如采用权益结合法按账面价值合并资产，然后又以高价卖出获利。美国会计准则委员会于1970年发布的第16号意见书，从参与合并企业的性质、所有者权益的结合方式、不存在预谋的交易等方面对权益结合法的使用提出了12项限制性条件，以防止权益结合法的滥用。2001年6月，FASB发布第141号解释公告，取消了备受争议的权益结合法，规定所有的企业合并业务必须采用购买法。2004年3月，IASB发布国际财务报告准则第3号（IFRS3 Business Combination）规定所有企业合并必须采用购买法进行会计处理。2005年6月，IASB将购买法（Purchase Method）进行了再修改，并正式更名为收购法（Acquisition Method）。2008年1月，IASB发布了修订后的企业合并准则IFRS3，于2009年7月1日实施，并于2013年12月、2017年12月、2018年10月做了若干补充修改。FASB也于2008年同期颁布了修订后的FAS141企业合并，IASB与FASB在企业合并的会计处理方面基本趋同。

对于企业合并，采用购买法或权益结合法反映，往往导致对外报告的财务状况和经营业绩产生差异，这种差异反过来又影响到对购买法和权益结合法的采纳。尽管购买法和权益结合法一般不影响企业对外报告的现金流量，但它们对企业财务状况和经营成果的影响却是显而易见的。

1. 对资产负债表项目的影响。在购买法下，购买方按照公允价值对被购买方的资产、负债和净资产重新进行计量，产生了新的计价基础，净资产的价值变动以及商誉必须在购买方的单独报表或合并报表予以反映。而在权益结合法下，合并一方在编制单独报表或合并报表时，计价基础保持不变，继续沿用合并另一方资产和负债的账面价值，既不反映资产和负债的价值变动，也不确认商誉。在物价上涨或资产质量较好的情况下，采用购买法所报告的净资产通常大于权益结合法。

从合并报表的角度看，在购买法下，无论合并的支付方式是付现还是换股，购买方的股东权益（未分配利润除外）就是合并后的股东权益，被购买方在合并时业已存在的未分配利润必须予以抵销，不得纳入合并报表。而在权益结合法下，合并一方在记录合并业务时，并不按合并另一方的股本、资本公积等所有者权益项目的账面数记录，而是按换出股票的面值和股票溢价发行收入记录，但合并时业已存在的未分配利润可全额纳入合并报表。

2. 对利润表项目的影响。采用购买法一般会报告较低的利润，这是因为：

（1）购买法运用新的计价基础，需要确认资产增值和商誉并加以摊销或计提减值准备，在权益结合法下，则不存在这类摊销或减值准备；

（2）购买法仅将合并日后被购买方实现的利润纳入合并报表，而权益结合法则将参与合并另一方整个年度的利润纳入合并报表；

（3）购买法通常采用现金或债务（举债或承债）方式收购被合并方，利息负担通常大于按权益结合法反映的换股合并。

3. 对财务指标的影响。在权益结合法下，合并利润较高，合并股东权益较低，合并后净资产收益率（ROE）和每股收益（EPS）通常会高于购买法。如果合并中出现负商誉或公允价值低于账面价值，则与上述结果相反。但是，购买法下反映偿债能力的指标如资产负债率、流动比率往往优于权益结合法，主要原因是被并企业的负债评估后的公允价值与账面价值的差异往往不大，但资产的评估价值通常会高于账面价值。

思考题

1. 什么是企业合并？企业合并的意义何在？
2. 请解释为什么国内准则按是否受同一方或相同的多方最终控制对企业合并进行分类。
3. 同一控制下合并的会计处理原则有哪些？非同一控制下企业合并的会计处理原则有哪些？
4. 企业合并的法律形式与企业合并的会计处理方法有关吗？
5. 何谓反向收购？如何确定反向收购中的合并方和被购买方？
6. 为什么美国和国际会计准则取消了权益结合法？

练习题

【1-1】练习企业合并业务的会计处理。

资料：2018年6月30日新世纪公司以银行存款900万元兼并了星展公司，在兼并日经财产清查及中介机构评估，星展公司各项资产及负债的账面价值和公允价值如表1-7所示。新世纪支付的与合并相关费用10万元。

表1-7　　　　　　　　星展公司合并前资产负债表资料

2018年6月30日　　　　　　　　　　　　　　　　　单位：万元

项目	星展公司	
	账面价值	公允价值
货币资金	50	50
应收账款（净）	120	110
存货	250	240
长期投资	50	60
固定资产（净）	800	820
无形资产（净）	30	25
资产合计	1 300	1 305
短期借款	160	160

续表

项目	星展公司	
	账面价值	公允价值
应付账款	45	45
应付票据	55	55
长期借款	190	190
股本	600	600
资本公积	150	150
盈余公积	60	60
未分配利润	40	40
权益合计	1 300	1 305

要求:

(1) 假设该合并为非同一控制下的企业合并,为新世纪公司编制合并日的会计处理分录;

(2) 假设该合并为同一控制下的企业合并,为新世纪公司编制合并日的会计处理分录。

【1-2】练习企业合并业务的会计处理。

资料:2018年1月1日,海泰公司发行60 000股普通股(每股市价10元,面值1元),以收购西普公司全部发行在外的股份。海泰公司支付的与合并有关法律及咨询费用60 000元,股票发行费用70 000元。合并日西普公司资产负债表如表1-8所示。除了以下项目外,西普公司资产负债的公允价值等于其账面价值:

	公允价值
存货	250 000
固定资产	780 000
无形资产	130 000

表1-8　　　　　　　　　西普公司资产负债表

2018年1月1日　　　　　　　　　　　　　　　单位:元

项目	金额
货币资金	40 000
应收账款(净)	50 000
存货	230 000
固定资产(净)	760 000
无形资产(净)	120 000

续表

项目	金额
资产合计	1 200 000
短期借款	100 000
应付账款	45 000
长期借款	475 000
股本	300 000
资本公积	130 000
盈余公积	100 000
未分配利润	50 000
权益合计	1 200 000

要求：

(1) 假设该合并为非同一控制下的企业合并，为海泰公司编制合并日的会计处理分录；

(2) 假设该合并为同一控制下的企业合并，为海泰公司编制合并日的会计处理分录。

【1-3】练习企业合并类型的判断。

资料："甲公司"是一家隶属于国有控股集团公司 H 的制造类企业。根据市场竞争情况，甲公司将 2017 年确定为公司的战略布局调整年，打算进一步完善公司的产业链，全面提升企业竞争优势和综合实力。为此，甲公司 2017 年发生如下事项：

经 H 集团公司批准，2017 年 1 月，甲公司以换股并购方式合并了 H 集团下属的化工原料生产企业 A 公司。A 公司生产的化工原料是甲公司产品生产的主要原材料之一，其供给的稳定情况直接决定 A 公司生产经营的连续性。并购 A 公司以实施对其控制，有助于优化甲公司的上游产业链。

为进一步加大公司对外宣传力度，塑造公司良好市场形象，将公司文化营销稳定化、长期化，2017 年 3 月，甲公司斥资 3 000 万元购买了当地新成立的一家个体文化企业 B 公司的全部股份，使其成为甲公司的全资子公司，全力为甲公司服务。

要求：

(1) 请分别说明上述两项企业合并哪项是同一控制下的企业合并，哪项属于非同一控制下的企业合并；

(2) 请说明甲公司在并购 B 公司的交易中取得的资产和负债入账价值确定的基础以及所取得的净资产账面价值与其承担的合并成本之间差额的会计处理原则。

【1-4】练习合并商誉（或负商誉）的计算及其会计处理方法。

资料：2018 年 6 月 30 日，金太阳公司支付 3 600 000 元取得了富源公司全部股权，合并后将富源公司解散。假设此合并为非同一控制下的企业合并。合并日富源公司资产负债公允及账面价值如表 1-9 所示。

表 1-9 富源公司合并前资产负债表资料

2018 年 6 月 30 日　　　　　　　　　　　　　　　　　　　　　　单位：万元

项目	金太阳公司		富源公司	
	账面价值	公允价值	账面价值	公允价值
货币资金	138	138	12	12
应收账款（净）	48	48	24	24
存货	144	180	60	36
固定资产（净）	456	654	228	360
无形资产（净）	54	120	36	120
资产合计	840	1 140	360	552
应付账款	108	108	36	36
长期借款	120	108	72	84
股本	360		120	
资本公积	120		80	
盈余公积	96		36	
未分配利润	36		16	
权益合计	840		360	

要求：

（1）计算初始商誉（或负商誉）的金额；

（2）经复核，发现上述富源公司的无形资产公允价值仅为 600 000 元，为金太阳公司编制合并日合并分录；

（3）如果金太阳公司不解散富源公司，即富源公司作为金太阳公司的全资子公司，为金太阳公司编制合并日合并分录。

第二章　合并财务报表的理论基础

【学习目标】
1. 理解合并财务报表及控制的含义；
2. 掌握合并财务报表的内容构成及合并范围；
3. 理解合并财务报表的编制原则及编制程序；
4. 理解企业集团内部交易事项的概念、类型及其抵销方法；
5. 理解合并财务报表的合并理论及其应用；
6. 了解下推会计的含义及其会计处理。

第一节　控制及集团内部交易

一、控制含义及拥有权力的评估

（一）控制的含义

控制，是指投资方拥有对被投资方的权力，通过参与被投资方的相关活动而享有可变回报，并且有能力运用对被投资方的权力影响其回报金额。相关活动，是指对被投资方的回报产生重大影响的活动，通常包括商品或劳务的购买、金融资产的管理、资产的购买和处置、研究与开发活动以及融资活动等。享有可变回报，是指投资方自被投资方获取的回报可能随着被投资方的业绩而变动，投资方应基于合同安排的实质而非回报的法律形式对回报的可变性进行评价。

正确理解控制的含义，需要从以下几个方面把握：

（1）控制的主体是唯一的，不是两方或多方。即控制方拥有对被投资方的权力，不必要征得其他方同意就可以形成决议，付诸被投资方实施。

（2）控制的内容实质上是被控制方的经营活动，一般通过表决权来决定。在有些情况下，也可以通过法定程序或协议约定严格限制董事会、受托人或管理层对特殊目的主体的经营活动的决策权，如约定除了设立者或发起人，其他人无权决定特殊目的主体的经营活动。

（3）控制的目的是获得经济利益，其形式多种多样，包括但不限于股利、利息、管理费、降低所分担的损失、间接或无形收益等。

（二）拥有权力的评估

1. 投资方可能难以判断是否拥有对被投资方的权力，在这种情况下，需要考虑其具有实际能力以单方面主导被投资方相关活动的证据，从而判断是否拥有对被投资方的权力。投资方应考虑的因素包括但不限于下列事项：

（1）投资方能否任命或批准被投资方的关键管理人员；

（2）投资方能否出于其自身利益决定或否决被投资方的重大交易；

（3）投资方能否掌控被投资方董事会等类似权力机构成员的任命程序，或者从其他表决权持有人手中获得代理权；

（4）投资方与被投资方的关键管理人员或董事会等类似权力机构中的多数成员是否存在关联方关系。

2. 投资方在判断拥有对被投资方的权力时，还需要考虑现时权利和实质性权利。

投资方应享有现时权利使其目前有能力主导被投资方的相关活动，不论其是否实际行使该权力，都视为投资方拥有权力。

在判断是否拥有权力时，投资方应仅考虑与被投资方相关的实质性权利（包括自身享有和其他方享有）。所谓实质性权利，是指持有人在对相关活动进行决策时有实际能力行使的可执行权利。例如，应考虑行使权利是否存在财务、价格、条款、机制、信息、运营、法律法规等方面的障碍。如在法院管辖下的破产过程中，正进行清算或重组的子公司就不由母公司控制。又如，一个国外子公司，由于所在国严厉的生产、货币和所得税限制，使该子公司更多地受控于该国的政府机构而不是母公司。

仅享有保护性权利的投资方不拥有对被投资方的权力。所谓保护性权利，是指仅为了保护持有人利益却没有赋予持有人对相关活动决策权的一项权利，通常只能在被投资方发生根本性改变或某些例外情况发生时才能够行使，既没有赋予其持有人对被投资方拥有权力，也不能阻止其他方对被投资方拥有权力。

二、基于控制的子公司的合并范围

编制合并财务报表首先需要界定合并财务报表的合并范围，也就是纳入合并财务报表编报的企业集团中的子公司的范围。确定合并范围是正确编制合并财务报表的前提。界定合并财务报表的合并范围，受到不同的合并理论的影响。例如，在母公司理论指导下，合并财务报表合并范围的确定，主要是以母公司是否拥有对其他被投资企业的法定控制权为标准。实际工作中，合并财务报表合并范围的确定，更主要受到各国法律及会计准则体系的影响，因而实务中不同国家合并财务报表的合并范围存在一定的差异。我国相关准则的基本内容已与国际惯例相接轨，其编制合并财务报表的主要依据为经济实体理论。

根据经济实体理论，能够由母公司控制的所有的子公司，包括境内和境外从事各种经营业务的子公司，都应当纳入合并财务报表的范围。在判断母公司所能控制的主体时，需要分析控制的三要素（即拥有权力、享有可变回报、权力影响回报），并遵循实质重于形式的原则。

（一）除非有确凿证据表明不能主导被投资方相关活动，下列情况表明投资方对被投资方能够实施控制，应纳入合并财务报表的合并范围

1. 投资方持有被投资方半数以上的表决权。

投资方直接或通过子公司间接持有被投资方半数以上的表决权，表明投资方能够控制被投资单位，应当将该被投资单位认定为子公司，纳入合并财务报表的合并范围。具体地又分为以下三种情形：

情形一，直接拥有其过半数以上表决权的被投资企业。例如，A公司持有B公司60%的有表决权的股份，B公司成为A公司的直接控股子公司，A公司在编制合并财务报表时应将B公司纳入合并范围。

情形二，间接拥有其过半数以上表决权的被投资企业，指通过子公司对子公司的子公司拥有其过半数以上权益性资本。例如，甲公司持有乙公司80%的股份，乙公司持有丙公司60%的股份，则甲公司通过乙公司间接控制丙公司60%的股份，实质上甲公司取得了丙公司的控制权。甲公司在编制合并财务报表时应将乙公司与丙公司都纳入合并范围。

情形三，直接和间接方式拥有其过半数以上表决权的被投资企业，指投资方虽然只拥有其半数以下的权益性资本，但与子公司合计拥有其被投资企业过半数以上的权益性资本。

母公司直接控制和间接控制关系可用图2-1例示。

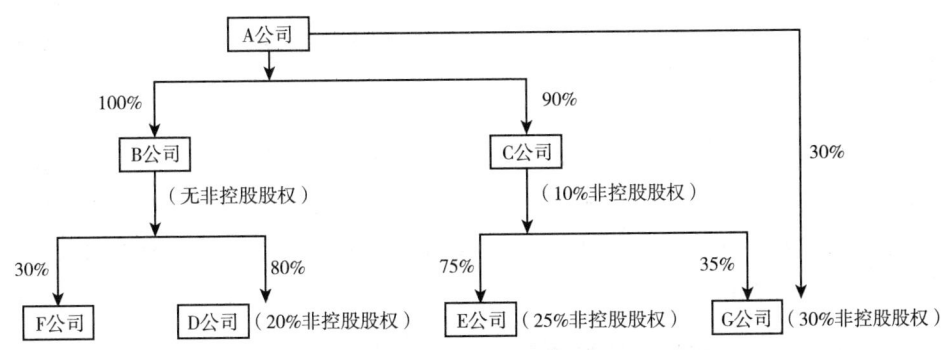

图2-1 母公司直接控制和间接控制关系

图 2-1 显示了集团内多层控股关系，A 公司直接控制 B 公司和 C 公司，并通过 B 公司和 C 公司分别间接控制了 D 公司和 E 公司。A 公司对 G 公司直接投资 30%，通过控股子公司 C 对 G 公司投资 35%，A 公司实际上直接和间接控制了 G 公司 65% 的股权，从而形成了对 G 公司实质上的控制。应当注意的是，A 公司通过 C 公司间接拥有和控制 G 公司，是以 C 公司是 A 公司的子公司为前提的，否则无论 C 公司持有多少 G 公司股份，都不能与 A 公司直接拥有 G 公司的股份相加以计算控股股份。因此，A 公司编制合并财务报表的合并范围应包括 A 公司及其直接控股的 B 公司、C 公司和间接控股的 D 公司、E 公司以及直接和间接控制的 G 公司。由于 B 公司只有 F 公司 30% 的股权，F 公司不应纳入 A 公司的合并范围。

2. 投资方持有被投资方半数或以下的表决权，但通过与其他表决权持有人之间的协议能够控制半数以上的表决权。

投资方虽然持有的被投资方的表决权未达到半数，但通过与其他表决权持有人之间签订协议，使其能够控制足以主导被投资方相关活动的表决权，即通过协议能够控制被投资非半数以上的表决权，因此应纳入合并财务报表的合并范围。协议中的其他表决权持有者或者将表决权委托给投资方行使，或者必须按照投资方的意愿进行表决。

（二）投资方持有被投资方半数或以下的表决权，但综合考虑下列事实和情况后，判断投资方持有的表决权足以使其目前有能力主导被投资方相关活动的，视为投资方控制被投资方，应纳入合并财务报表的合并范围

投资方持有的表决权相对于其他投资方持有的表决权份额的大小，以及其他投资方持有表决权的分散程度；

投资方和其他投资方持有的被投资方的潜在表决权，如可转换公司债券、可执行认股权证等；

其他合同安排产生的权力；

被投资方以往的表决权行使情况等其他相关事实和情况。

（三）源于合同安排而非表决权能够实施控制的，应纳入合并财务报表的合并范围

当表决权（无论半数以上或半数及以下）不能对被投资方的回报产生重大影响时，如仅与被投资方的日常行政管理活动有关，并且被投资方的相关活动由合同安排所决定，投资方需要评估这些合同安排，以评价其根据合同安排所享有的权利是否表明拥有对被投资方的权力。

（四）母公司为投资性主体的情况

投资性主体，是指以提供投资服务为目的而设立的特殊实体，如风险投资基金等。如果母公司为投资性主体，则母公司应仅将为其投资活动提供相关服务的子公司（如有）纳入合并范围；其他的子公司不予合并，母公司对其投资应当按照公允价值计量且其变动计入当期损益。也就是说，对于投资性主体，因为提供投资服务持有某一被投资企业的权益性资本，即使达到能够对其实施控制的程度，也不需要纳入合并范围。

豁免投资性主体编制合并财务报表的规定，原因在于投资性主体对被投资企业进行投资，并不以取得对被投资企业的控制为目的，也不准备长期持有，而是为了从被投资企业获取更多的经营收益或者获取其股权价值增值的利得（如转让股权）。例如，风险投资基金对新兴产业的企业进行大量投资，以待将来企业股权价值升值后予以转让获取收益。

母公司同时满足三个条件的，属于投资性主体。该公司是以向投资者提供投资管理服务为目的，从一个或多个投资者处获取资金；该公司的唯一经营目的，是通过资本增值、投资收益或两者兼而有之而让投资者获得回报；该公司按照公允价值对几乎所有投资的业绩进行考量和评价。

投资性主体的经营目的一般可通过其设立目的、投资管理方式、投资期限以及投资退出战略等表现出来，如某一基金在募集说明书中说明了其投资目的是实现资本增值，制定了较为清晰的投资退出战略等，则表明该基金与投资性主体的经营目的相符。

母公司属于投资性主体的，通常具有以下特征：

1. 拥有一个以上的投资。一个投资性主体一般持有多项投资以分散风险和最大化回报。但当某投资性主体刚设立尚未寻找到多个符合要求的投资项目，或者刚处置了部分投资尚未进行新的投资，或者该主体正处于清算过程中，该主体可能仅持有一项投资，这种情况下该主体仍然属于投资性主体。

2. 拥有一个以上的投资者。投资性主体通常拥有多个投资者，但当投资性主体刚设立正积极识别合格投资者，或者原发行的权益已被赎回正寻找新的投资者，或者处于清算过程，即使该主体仅拥有一个投资者，也仍然属于投资性主体。同时也有一些特殊的投资性主体，其投资者只有一个，但其目的是代表或支持一个较大的投资者集合的利益而设立的。例如，某企业设立一个企业年金，其目的是支持该企业职工退休后福利，虽然该基金的投资者只有一个，但却代表了一个较大的投资者集合的利益，因此也属于投资性主体。

3. 投资者不是该主体的关联方。投资性主体一般拥有若干投资者，这些投资者不是其关联方，投资性主体只能获取资本增值和投资收益所形成的收益。但关联方的存在并不表明该主体一定不是投资性主体。例如，某基金的投资方之一可能是该基金的关键管理人员出资设立的企业，目的是更好地激励基金的关键管理人员，这一安排并不影响该基金属于投资性主体。

4. 其所有者权益以股权或类似权益方式存在。投资性主体通常是单独的法律主体，但并非所有投资性主体都是单独的法律主体，如合伙组织形式的投资性主体。投资性主体的所有者权益通常采取股权或类似权益的形式（如合伙权益），且净资产按照所有者权益的比例分享。但有些投资性主体可以拥有不同类型的投资者，其中某些投资者可能仅对某类或某组投资拥有权利，或不同类型的投资者对净资产享有不同比例的分配权。

投资性主体需要根据以上条件的变化情况持续评估其投资性主体地位。当持续评估确定投资性主体转变为非投资性主体的，应将已达到控制标准的原被投资企业作为子公司，纳入合并财务报表的合并范围，转换日即为合并日，以被投资企业当日的公允价值作为成本法核算的初始投资成本。

（五）涉及委托或者受托经营情况

根据控制的"三要素"：一是拥有对被投资方的权力；二是通过参与被投资方的相关活动而享有可变回报；三是有能力运用对被投资方的权力影响其回报金额。在判断是否对涉及委托、受托标的公司实施控制时，只有满足具备控制"三要素"时，才能表明能够控制标的公司。"三要素"强调了"权力"和"回报"之间的联系，拥有权力是形成控制的基础，拥有并运用权力影响回报金额，是拥有控制权最直观的表现。实务中，由于涉及委托或受托情况，主体是作为主要责任人还是代理人，对合并范围影响较大。代理人的主要责任，是使用委托方的权力，但该权力并不会使代理人受益，而是使委托方受益。代理人主要是通过获得佣金或代理费等形式获取回报，但该回报本身并非产生于对被投资方的权力，而是源于提供代理服务而产生的向委托方收取款项的权利。相对于代理人而言，主要责任人对于回报的影响会显著增加，代理人通常是收取与其服务水平相当的报酬。因此，在对涉及委托或受托经营时控制的判断主要是基于"权力"和"回报"之间的联系，在考虑具体的委托管理经营合同的基础上，可以从以下两个方面进行评估：（1）拥有标的公司相关权力的评估。判断对标的公司的权力，除了考虑日常经营相关活动的权力外，还取决于对相关活动的决策机制，如资产购置、处置、投融资等活动作出决策的方式。只有能够拥有主导日常的财务、生产经营决策权时，才能判断拥有权力。例如，管理合同中明确约定，标的公司的重大资产购置、投融资等活动，受托方可以自主决定，那么受托方对标的公司拥有权力的可能性就越大，反之则相反。（2）享有可变回报的评估。在判断享有标的公司的回报是否是可变回报时，应当根据合同安排的实质，而不是法律形式。例如，如果委托管理经营合同中约定，受托方根据标的公司净利润的固定比例来收取相应的管理费，那么该管理费属于可变回报，因为受托方获得管理费的多少取决标的公司产生的净利润。但需注意的是，该类回报并不是源于受托方的权力，而是源于提供代理服务产生的收取款项的权利。

（六）投资非营利机构纳入合并范围的判断

目前越来越多的公司投资医院、学校等非营利机构，由于非营利机构具有特殊性，受到相关法律法规的限制，投资方有时无法通过分配被投资机构利润或者结余的形式获取回报，因此对可变回报的判断是实务中的难点。但是，被投资方不能进行利润分配并不必然表明投资方不能获取可变回报，投资方可能通过其他形式对被投资方获取相应回报，分析可变回报时还需要以投资方的投资目的为基础，结合具体情况对投资方是否获得除股利以外的其他可变回报进行分析。例如，投资方投资非营利机构，能够提升投资方的知名度和社会影响力，可能会提升企业的价值；投资非营利机构还可能为投资企业承担了部分费用、为投资企业提供了技术、输送了人才、管理经验等非分红性质的利益回报。在判断是否纳入合并范围，需要综合考虑各方面的因素，不能仅因没有利润分配，就不纳入合并范围。

例如，企业投资一家不以营利为目的的养老中心，同时顺便在该中心推广企业的针对老年人使用的产品。那么即使该养老中心不能进行利润分配，但是仍存在获取其他经济利益的行为——通过向该中心推广公司产品的形式获取相应报酬，仍然可以认为企业从该中心获取了相应的报酬。又如企业投资一职业学院，并规定该学院的盈利全部用于教学研究，该类教学研究的方向与企业的产品高度相关。那么即使企业不能从该学院获取利润分配，对该职业学院的毕业生也没有强制服务条款，但是由于该学院的教学研究方向与企业高度一致，相应的研究成果可以为企业所利用，也可以认为企业从该职业学院获取了相应的报酬。

（七）企业集团中间公司是否需要编制合并财务报表

所谓企业集团的中间公司，是指兼具母公司和子公司身份的企业集团成员，站在集团母公司的角度，中间公司是集团内某一子集团的母公司。国内合并财务报表会计准则规定所有的母公司都需要编制合并财务报表，没有对企业集团的中间公司是否需要编制或者可否豁免编制合并财务报表做出规定。但根据国际会计准则 IFRS 第 10 号，中间公司在以下情况下可以豁免编制合并财务报表：该中间公司为非上市公司；该中间公司是一家全资子公司；该中间公司为非全资子公司，但其母公司已经征得中间公司非控股股东的同意不编制合并财务报表；债务或权益工具没有在公开市场上交易；没有为公开市场上发行金融工具的目的向监管机构报送过或正在报送财务报表；最终母公司或任一中间母公司按照国际财务报告准则编制可供公开使用的包括所有子公司的合并财务报表。如果某一中间公司不编制合并财务报表，需要在其个别财务报表披露以下内容：不编制合并财务报表的依据和事实；该公司重大的投资清单，如子公司、联营合营企业投资等；中间公司对重大投资的核算方法。

对于上市公司，因为证券上市的公司通常拥有众多公众股东等权益持有者，因此上市公司通常不是某一公司的全资子公司。同时由于上市公司的流通股股东经常变化，不太可能征得所有非控股股东同意免于编制合并财务报表。对于众多的公众股东，包括潜在的股东，也需要通过上市公司的财务报表了解上市公司的经营情况。

三、企业集团内部交易

（一）集团内部交易的含义

集团内部交易是指集团公司内部各个成员企业之间发生的除股权投资以外的各种往来业务及交易事项。

从母子公司集团来说，由于集团会计报表的编制是以母公司对子公司在经营和财务决策方面具有控制权为前提，因此集团内部母子公司之间经常存在非常密切的经济联系，很可能发生较多的内部交易。这种交易事项发生后，已经分别反映在母公司或子公司的个别会计报表中，但是从企业集团的角度看，集团会计报表中不应包括这类内部交易。因而应将反映在个别会计报表中内部交易对集团会计报表的影响予以抵销，以避免虚列资产、负债和虚增利润。

（二）集团内部交易的类型

1. 按内部交易是否涉及损益分类。

（1）涉及损益的内部交易。

涉及损益的内部交易是指集团内部企业之间发生的与损益有关的内部交易的事项，例如，母公司将其生产的产品出售给所属的子公司，导致母公司营业收入和营业成本增加。涉及损益的内部交易按其损益是否实现，又可以分为：

已实现集团公司内部损益的交易事项，是指集团内部企业之间发生了涉及损益的内部交易后，其购买方已于当期全部向集团外销售。例如，母公司将其生产的产品出售给所属的子公司后，子公司在当期将其从母公司购进的存货全部出售给集团公司以外的其他公司。

未实现集团公司内部损益的交易事项，是指集团内部企业之间发生了涉及损益的内部交易后，其购买方在当期尚未向集团外销售。例如，母公司将其生产的产品出售给所属的子公司后，子公司存放的仓库尚未对集团公司以外销售，形成期末存货或固定资产等事项，从出售方的个别会计报表来说，已经反映销售收入和销售成本，并形成销售利润，但由于购买方尚未对外销售，在其个别会计报表中表现为存货或固定资产，因此，对于整个集团来说，销售利润并未真正实现。

（2）不涉及损益的内部交易。

不涉及损益的内部交易是指集团内部企业之间发生的交易与这些公司损益的确定

无关。它又可以分为以下三种情况：

①只涉及资产负债表的内部往来业务。例如，集团内部的无息贷款业务，在编制合并报表时，这种内部债权、债务应抵销。

②只涉及损益表的内部往来业务。例如，集团内部按成本价进行的现销业务，在编制合并报表时，应将销售企业确认的销售收入和销售成本予以抵销，因为从整个集团来看，这种销货业务只是商品存放地点的内部转移，没有实现销售收入。

③既涉及资产负债表又涉及损益表的内部往来业务。例如，集团内部按成本价进行的赊销业务，在编制合并会计报表时，既要抵销销售企业确认的销售收入与销售成本，又要抵销因此而形成的内部应收应付款项。

2. 按内部交易的具体内容分类。

按内部交易的具体内容可以分为：（1）内部存货交易；（2）内部债权债务；（3）内部固定资产交易；（4）内部无形资产交易；（5）其他内部交易。

（三）集团内部交易未实现损益的消除方法

集团内部交易的消除实际上是以企业集团为报告主体，将一方的内部销售与另一方的内部购进予以抵销，从而消除集团内部未实现损益及虚增的资产和负债，在通常情况下，集团内部购销事项按其销售方向，可以分为顺销、逆销和平销。例如，当母公司对子公司的销售时称为顺销；当子公司对母公司的销售时称为逆销；而子公司之间的销售称为平销。

母公司对子公司的持股比例不同，不同方向的内部交易，其消除方法有所不同。当母公司拥有子公司全部股权时，顺销和逆销所形成的集团公司内部未实现损益都应予以全部消除。当母公司拥有子公司部分股权时，顺销所形成的集团公司内部未实现损益体现在母公司的会计报表中，应予以全部消除，而逆销所形成的集团公司内部未实现损益体现在子公司会计报表中，对此有全部消除法和部分消除法两种消除方法。全部消除法是指对集团内部由于逆销而发生的未实现损益全部予以消除，使合并后的净利润中不包含内部未实现损益。部分消除法是指对集团内部由于逆销而发生的未实现损益按母公司持股比例予以消除，也就是未实现损益属于非控股股东的部分，站在母公司的角度，则认为已实现。

根据我国相关准则的规范，顺销产生的未实现内部损益，应全额抵销"归属于母公司所有者的净利润"；逆销产生的未实现内部损益，应按母公司对该子公司的分配比例在"归属于母公司所有者的净利润"和"非控股股东损益"之间分配抵销；平销产生的未实现内部损益，应按照母公司对出售方子公司的分配比例在"归属于母公司所有者的净利润"和"非控股股东损益"之间分配抵销。

对于集团内投资方与合营联营企业之间发生的内部交易，应当比照以上方法抵销对财务报表的影响。

第二节 编制合并财务报表的理论基础

一、编制合并财务报表的理论基础

合并财务报表是"实质重于形式"这一会计原则在会计准则中的具体运用。它主要是为母公司的股东和管理上的需要而将整个集团公司视为单一的经济实体,汇编反映集团公司整体财务状况和经营成果及现金流量的报表。对于非全资子公司,由于有一部分有表决权的股份为母公司之外的股东所有,因而这一部分股份,称为非控股股权。在编制合并财务报表时,需要确认非控股股权对子公司的净资产和本期净收益的要求权。非控股股权对子公司净资产的要求权称为非控股股东权益;非控股股权对子公司本期净收益(净损失)的要求权称为非控股股东损益。如何看待非控股股权的性质,在合并财务报表中如何反映,会计理论界形成了三种编制合并财务报表的理论基础,即所有权理论、经济实体理论和母公司理论。

(一)所有权理论(ownership theory)

所有权理论也称业主权理论。依据所有权理论,母、子公司之间的关系是拥有与被拥有的关系,编制合并财务报表的目的是向母公司的股东报告其所拥有的资源。合并财务报表只是满足母公司股东的信息需求,而不是为了满足子公司非控股股东的信息需求,后者的信息需求应当通过子公司的个别报表予以满足。所有权理论主张采用比例合并法(proportionate consolidation method):(1)母子公司的交易及未实现损益,按母子公司的持股比例抵销;(2)因收购兼并而形成的资产、负债变动及商誉,按母公司的持股比例摊销;(3)合并财务报表上将不会出现"非控股股东权益"和"非控股股东损益"项目。这种财务报表编制虽然简便易行,但它并不适用于被视为一个合并财务报表整体的企业集团揭示其整个实体的经济状况。事实上,它通常用于揭示合资企业的财务状况。

(二)经济实体理论(economic entity theory)

经济实体理论亦称实体理论。依据经济实体理论,母、子公司之间的关系是控制与被控制的关系,而不是拥有与被拥有的关系。根据控制的经济实质,母公司对子公司的控制意味着母公司有权支配子公司的全部资产,有权统驭子公司的经营决策和财务分配决策。由于存在控制与被控制的关系,母、子公司在资产的运用、经营和财务决策上便成为独立于所有者的一个统一体,这个统一体应当是编制合并财务报表的主体。所以经济实体理论是将合并财务报表作为企业集团各成员企业构成的经济统一体的会计报表,从经济统一体的角度来考虑合并财务报表合并的范围和合并的技术方法问题：(1) 子公司的可辨认资产和负债（包括非控股股东权益）都按照公允价值反映；(2) 商誉由子公司的全部市价形成，由所有全部股权（含多数股和少数股）共享；(3) 子公司的少数股作为合并股东权益的一部分，独立地反映于合并财务报表的股东权益部分，而不是作为长期负债列示；(4) 非控股股东在子公司应该享有的损益，视为合并净收益在不同股东之间的利润分配，应该通过合并损益表予以反映，而不再作为合并净收益的减项。可见，经济实体理论将合并主体中的非控股股东和多数股东同等看待，其财务报表合并的是母公司所控制的资源，而不是母公司所拥有的资源。这种合并方法与控制的经济实质相吻合，承认企业并购过程中母公司通过产权控制而产生财务杠杆效应的客观事实。此外，在这种方法下编制合并会计报表，不须对子公司资产负债进行人为分割，克服了比例合并法的弊端。

(三) 母公司理论 (parent company theory)

母公司理论是站在母公司的角度来看待母公司与其子公司之间控股关系的合并理论。母公司理论实质上是所有权理论和经济实体理论的折中和修正，它继承所有权理论和经济实体理论各自优点，克服了这两种极端原则的合并观念固有的局限性。从控制的角度来看，母公司对子公司的控制不仅限于属其所有的部分，也包括非控股股权的应享份额，因此纳入合并财务报表的是子公司的全部资产与负债。其主要特征为：(1) 并购的价格只由母公司所拥有资产负债分摊，而非控股股东权益仅以账面价值反映在合并财务报表中；(2) 合并财务报表所产生的商誉属于母公司利益，与非控股股权无关；(3) 子公司中的非控股股东权益一般只列为资产负债表的长期负债，所合并的产权属于控股公司所有；(4) 在合并利润表上，非控股股东应享有的损益作为合并收益的一个减项。可见，母公司理论将合并主体中的非控股股东作为债权人看待。这种做法的优点是能够满足母公司的股东和债权人对合并财务报表信息的需求，但它混淆了合并整体中的股东权益和债权人权益，没有通过母子公司的法律关系公正地从合并整体的角度去揭示整个集团的财务信息。

母公司理论继承了所有权理论关于合并财务报表是为了满足母公司股东的信息需求而编制的理论，否定了经济实体理论关于合并财务报表是为了合并主体的所有资源提供者编制的。在报表要素合并方法方面，摈弃了所有权观狭隘的拥有观，采纳了主体观所主张的视野更加开阔的控制观。在美国和英国合并财务报表实务中，采用的主要是母公司理论。国际会计准则委员会制定发布的有关合并财务报表的准则以及我国合并财务报表准则规定中主要采纳了经济实体理论。

二、合并财务报表理论的选择

依据所有权理论编制的合并财务报表强调的是母公司所实际拥有的，而不是母公司所实际控制的资源。这种做法固然稳健，但显然违背了控制的实质（实质重于形式）。此外，子公司作为一个独立的法人，子公司的资产和负债、收入、成本费用是一个不可分割的整体，比例合并法将子公司的报表要素按母公司的持股比例人为地分割成合并部分与非合并部分，所形成会计信息的经济意义令人疑惑。正是基于上述局限性，按照所有权理论设计的比例合并法在实务工作中的应用受到大多数会计准则制定机构的限制。目前，比例合并法只在欧洲大陆极少数国家运用。而我国新的合并财务报表会计准则已经取消了比例合并法，对于共同控制的合营企业并不纳入合并范围。

实体理论强调的是企业集团中所有成员企业所构成的经济实体，按照经济实体理论编制的合并财务报表是为整个经济实体服务的。在运用经济实体理论的情况下，对于构成企业集团的拥有多数股权的股东和拥有非控股股权的股东同等对待，较完整地反映了整个集团的财务状况和经营成果。此外，在经济实体理论下，按完全合并法编制合并财务报表，对子公司的全部资产、负债升（贬）值及商誉进行合并，事实上采用了单一属性（相当于公允价值）对子公司的全部资产、负债进行计价。

采用实体理论，控制的经济实质被充分反映，符合现代企业制度的产权关系。同时对因收购兼并而形成的资产、负债升（贬）值及商誉，采用了完全合并法，弥补了比例合并法的双重计价的局限性。

但它的最大缺点是并购商誉的计算是假定性质的。根据实体理论，并购商誉的计算公式如下：

子公司的整体价值＝母公司支付的购买价格÷母公司持股比例

并购商誉＝子公司整体价值－子公司可辨认净资产的公允价值

其中，子公司的整体价值是通过母公司所付出的购买价格除以其所拥有的股权比例推定的，即假设子公司的非控股股东也愿意与母公司股东一样支付同样的价格获得股权，但实际上可能并非如此。

对于合并财务报表的编制目的，是否与非控股股东有关，有一种观点认为，非控股股东只持有子公司小比例的股权，并没有持有母公司的股权，它既无法控制子公司的资产运用，更无权享受子公司之外的合并主体成员公司的权益，因而，合并财务报表对非控股股东毫无意义、毫无相关。但也有人认为，以上说法有失偏颇，因为即使没有任何的经济往来，作为子公司经营的一部分的母子公司之间的经济利益的流动必然会影响到非控股股东的利益，非控股股东需要这部分信息来做出是否继续投资或者减少投资等决策。所以说，合并财务报表信息对非控股股东并不是毫无意义、毫不相关的。

母公司理论继承了所有权理论关于合并财务报表是为了满足母公司股东的信息需求而编制的理论，否定了经济实体理论关于合并财务报表是为合并主体的所有资源提供者编制的理论；在报表合并方法方面，摈弃了所有权理论狭隘的"拥有观"，采纳了经济实体理论所主张的视野更加开阔的"控制观"；在非控股股东权益确认方面，则明显体现了对所有权理论和经济实体理论的折中和修正，既反对所有权理论将非控股股东权益完全排除在合并财务报表之外的保守做法，也反对经济实体理论全额确认子公司可辨认净资产的升（贬）值并按股权比例分摊给非控股股东的激进做法；在商誉确认方面，考虑到商誉是不确定性最高的无形资产，完全承袭了所有权理论的稳健惯例；在消除集团公司间交易及其未实现损益方面，又认同了经济实体理论的做法。但母公司理论也有其不完善之处，母公司理论将非控股股东权益作为负债，将非控股股东收益视为费用，不符合负债和费用会计要素的定义。合并有关资产和负债时，母公司自身按历史成本计价，子公司净资产中属于母公司权益的部分，则按企业购并日母公司实际支付的价格确认，属于非控股股权的权益部分则仍按历史成本计价。这样对同一项目采用了双重计价标准，违背了历史成本原则和一致性原则，得出的信息缺乏相关性。此外，在外币报表折算时，虽然时态法与母公司理论相适应，但实际中常常采用现行汇率法，这就与编制合并财务报表所依据的母公司理论不一致。

从当前国际经济形势看，今后股份公司的股权会越来越分散，过去意义上的非控股股东，可能在持股总份额上超过其母公司持有的份额。这很可能使过去意义上的母公司"沦落"为过去意义上的非控股股东，尽管就"控制"的角度而言母公司仍然是母公司，但这种股份上的减少可能会使按母公司理论编制合并财务报表，仅为母公司自己股东的宗旨更加不尽如人意。因此笔者认为，只有经济实体理论才能不偏不倚地为持股比例相差并不悬殊的所有股东提供这个合并整体的财务信息。在母子公司之间或子公司之间相互提供贷款担保的情况下，合并财务报表对于商业银行等债权人了解整个企业集团真实的财务状况、经营成果和现金流量是至关重要的。因此，经济实体理论所倡导的开放型的合并财务报表编制目的显然与会计信息需求的实际情况相适应，而其他合并观念所阐述的合并财务报表目的则显得过于封闭。

根据我国相关准则，编制合并财务报表的母公司应当将其所有拥有其半数以上表决权的被投资企业以及母公司控制的其他被投资企业全部列入合并范围。对间接拥有的表决权采用了母公司在子公司的表决权份额和子公司在其下一级子公司的表决权份额相加的方法。其理由存在实质性的控制，这显然是以实体理论为基础。从合并范围来说，运用实体理论更适合我国目前国情。目前，我国企业集团多是以母公司直接投资的方式形成的，会计信息除满足股东的需要外，还强调应满足国家宏观经济管理需要和企业加强内部管理的需要，为此，必须提供能反映企业集团整体的财务状况和经营成果。同时，我国目前以控制和被控制关系所形成的企业集团占重要位置，并呈现发展趋势，由于控制与被控制的关系，控制企业与被控制企业之间的经济联系比较紧密，提供综合反映控制与被控制企业所形成的企业集团的会计信息，更容易被人们接受并为实际经济工作所运用。

三、外购商誉的会计处理

（一）外购商誉的本质

随着商誉理论的演进，"商誉要素观""超额收益论"和"剩余价值论"构成了商誉本质的三元论。"商誉要素观"和"超额收益论"分别从商誉构成要素和商誉贡献能力的视角直观阐释商誉本质，这为商誉价值的直接计量方法提供了理论依据，但直接计量商誉价值通常缺乏客观性和可验证性，使商誉计量被迫采用基于"剩余价值论"的间接计量方法。按照"剩余价值论"的观点，商誉价值由企业收购成本与取得被购买方可辨认净资产公允价值的差额所构成，而企业收购成本是客观存在的价格信息，真实性很容易得到验证，这为商誉价值计量的可靠性提供了保障。因此，虽然"剩余价值论"并不直观反映商誉本质，甚至可能偏离商誉本质，但其计量过程的可验证性特征，为"剩余价值论"的运用奠定基础，这也是会计信息相关性受会计计量客观性和可证实性限制而作出的妥协。我国《企业会计准则第20号——企业合并》规定"购买方对合并成本大于合并中取得的被购买方可辨认净资产公允价值份额的差额，应当确认为商誉"就是遵循了"剩余价值论"。

但根据并购行为的定价机制，实际上并购方支付的价格通常包括两个方面：与商誉本质有关的部分；与商誉本质无关的部分。因为从并购方的角度，溢价通常包含被并方持续经营的价值、协同效应的价值和各种原因多付的价格等不同组成内容。例如，美国财务会计准则委员会（FASB）在 SFAS 141《企业合并》中把外购商誉具体分解成六个部分：并购日被并方净资产的公允价值超过其账面价值的部分；被并企业未确认的其他净资产的公允价值；被并方超额集合价值，它通常代表业已存在的商誉，即被并企业自创商誉或以前外购获得的商誉；并购方和被并方通过整合产生的超额集合价值；并购方因为计价错误而多付的价格；并购方因高估或低估而多支付或少支付的金额。

（二）外购商誉初始确认与计量

实际工作中主要基于"剩余价值论"对商誉进行初始确认和计量。但基于"剩余价值论"而进行商誉的初始计量过程中，可能会使本不属于商誉本质的一些要素被错误计入。为了找出被错误计入商誉的要素，首先应梳理在"剩余价值论"下，商誉作为"总计价账户"核算了哪些要素，然后再逐项分析这些要素是否体现了商誉的本质。与商誉本质无关的要素，即噪音部分，属于基于"剩余价值论"被错误计入商誉价值的要素。

1. 与商誉本质有关的部分。

（1）被收购方在收购日的既有商誉。

被收购方在收购日的既有商誉，是指被收购方市场价值中已包含的商誉，是被收购方的市场价值与可辨认净资产公允价值的差额。被收购方在收购日的既有商誉，可区分为被收购方在收购日之前就已存在的原有外购商誉和原有自创商誉两部分。原有外购商誉是指被收购方在收购日之前通过并购已在账面核算的外购商誉，这部分商誉随着新的并购应予以注销。原有自创商誉会随着并购的完成而由收购方所拥有和控制，成为企业收购过程中产生的商誉的重要组成部分。因此，被收购方在收购日的既有原创商誉与企业收购过程产生的商誉本质密切相关。

（2）协同效应价值。

作为并购所产生的一项结果，协同效应既不是被收购方在收购达成前就已形成的可辨认资产，也不会在交易过程成为可辨认资产，且追求和实现协同效应是企业并购的主要动机。因此，协同效应符合商誉本质的要求，它是构成商誉的一项核心要素，其价值是商誉的重要组成部分。

2. 与商誉本质无关的部分。

（1）被收购方可辨认净资产未完整量化的金额。根据现行准则规定的商誉确认方法，在合并成本一定的情况下，被购买方可辨认净资产公允价值与商誉是此消彼长的关系。如果未完整量化可辨认净资产的金额，会虚增商誉金额；反之亦然。被收购方可辨认净资产未完整量化的金额，具体包括两部分内容：一是被收购方表外可辨认资产未完整识别；二是未合理量化各项可辨认资产的公允价值，如简单地以账面价值作为其公允价值。被收购方可辨认净资产未完整量化的金额，虽然在"剩余价值论"下被计入了商誉这项"总计价账户"，但其与商誉本质无关。

（2）交易过程中形成的合同权益的价值。在并购过程中，除并购合同以外，收购方与被收购方可能签署其他合同，收购方在这些合同中的权益可能成为可辨认资产。并购过程中，收购方与被收购方签署的合同主要包括两类：一是业绩补偿承诺合同；二是竞业禁止协议。业绩补偿承诺合同和竞业禁止协议都是在交易过程中签署的，在并购交易达成之前并不存在，其合同权益并不构成被收购方的可辨认资产。业绩补偿承诺合同是收购方与被收购方股东签署的，通常是由被收购方股东作出的承诺，收购方在给付相应代价的同时获得实物期权，该实物期权属于收购方的一项可辨认资产（也有观点认为不应确认这样一项或有资产），不属于外购商誉的组成部分。竞业禁止协议也是由收购方与被收购方股东签署，该协议通常不影响收购方本身，而是影响被收购方，即竞业禁止协议对应的合同权益资产通常由被收购方享有，竞业禁止协议也属于企业收购过程产生的一项可辨认无形资产，不属于外购商誉中的一项要素。

业绩补偿承诺合同不仅由被收购方作出，也可能由收购方作出。例如，收购方承诺当被收购标的资产业绩达到较高门槛时，则给予被收购方原股东额外对价。对于这种情况，收购方应对预计未来需要支付的数额进行估计，并作为合并对价的组成部分，因此属于商誉的一项要素。

(3) 股份支付方式对交易价格的影响值。收购方向被收购方股东支付收购成本的方式主要有现金支付、股份支付或两者的组合。在发行股份购买资产的并购过程中，若收购方的股价蕴含泡沫，以收购方股价乘以发行股份数量得出的交易价格为基础计算的商誉金额，可能部分偏离了商誉的本质，股价泡沫等因素对该交易价格的影响值并无相应的超额收益能力与之匹配。因此，股份支付方式对交易价格的影响值（即股份支付方式下根据股票价格和发行股票数量计算的交易价格，与现金支付方式下的交易价格之间的差值）与商誉本质无关。

(4) 错误判断对交易价格的影响值。在并购交易中，收购方的错误判断会直接影响交易价格，表现为交易价格偏离其市场价值。收购方的错误判断可区分为主动的错误和被动的错误这两类，主动的错误指收购方管理层基于其自身利益的驱动而作出并不利于收购方的并购决策，被动的错误主要源于被收购方不合格的谈判能力、"非理性竞争"和"自大假说"。

（三）外购商誉的后续计量

1. 外购商誉的后续计量方法。

商誉后续计量主要有直接冲销法、永久保留法、系统摊销法和减值计提法这四种方法。根据现行会计准则的规定，对外购商誉进行后续计量，应采用减值计提法。减值计提法符合谨慎性原则，也符合投资者的利益，能够防止企业利用摊销年限的选择进行利润操纵，规定商誉减值损失一经确认不得转回可以限制企业操纵利润。在后续计量中持续不断地进行减值测试，能够使调整后的商誉价值接近企业超额收益能力，使会计信息更具有相关性。

2. 商誉初始确认要素的后续计量。

对于外购商誉初始确认的要素，在其后续计量中应区分是否与商誉本质有关采取不同的处理方式：

(1) 被收购方可辨认净资产未完整量化的金额。在商誉后续计量中，被购买方的资产、负债是以购买日确定的公允价值为基础持续计算的。在商誉初始计量时未完整识别的可辨认资产，在商誉后续计量中仍然不会被重新识别出来作单独计量，使被收购方可辨认净资产未完整量化的金额虚增商誉金额的结果持续存在，无法在商誉的后续计量中得到修复。因此，被收购方可辨认净资产未完整量化的金额具有人为及永久特征。因"可辨认净资产未完整量化"而虚增商誉金额的同时，虚减了企业取得的被收购方的可辨认资产，进而虚减了应分摊计入损益的成本，破坏了会计的稳健性原则和匹配性原则。

(2) 被收购方在收购日的既有商誉。对于被收购方在收购日的既有商誉，为被收购方在收购日之前就已存在的原有外购商誉和原有自创商誉两部分。原有外购商誉是指被收购方在收购日之前通过并购已在账面核算的外购商誉，这部分商誉随着新的并购不得再予以确认,也不需要重新评估确认,因为新的并购意味着新的"起点"。后续计量中,作为一项"持续业务价值",被收购方在收购日的既有自创商誉自然包含在"包含商誉的资产组或者资产组组合的可收回金额"之中。

笔者认为,当一个企业被收购后,其原有的自创商誉为合并溢价的原因之一,或者外购商誉的来源之一,被收购方原有自创商誉,在其被并购后已经与来自预期协同效应带来的经济利益相混合,不能够分开计量。还有学者提到合并后购买方自身原有业务的自创商誉问题,如果该业务与被收购方业务进行整合,也不能再予以分开计算或单独进行会计处理。

(3) 协同效应价值。在并购过程中形成的协同效应价值,可能由并购双方共享或其中一方独享。当并购形成的协同效应价值如预期般实现,若协同效应价值由被收购方独享,则在外购商誉的后续计量中,商誉初始计量金额中所包含的协同效应价值不会出现减值情形;若这些协同效应价值由被收购方和收购方分享,基于被收购方的包含商誉的资产组或者资产组组合的可收回金额中,并不包括由收购方享有的协同效应价值,因此相比于商誉初始计量金额中所包含的总协同效应价值,商誉后续计量中的协同效应价值会出现减值情形(收入与费用配比原则;基于被收购方的商誉后续计量价值中不再包含由收购方享有的协同效应,以免重复计量)。当并购形成的协同效应价值未能如预期般实现,则无论哪种情况商誉后续计量中的协同效应价值都会出现减值。

(4) 交易过程中形成的合同权益的价值。按照现行准则规定的商誉确认方法,交易过程中形成的合同权益错误地计入商誉这个"总计价账户"当中。在商誉初始计量时就存在的未单独识别并购交易过程中形成的合同权益这一错误,会在商誉后续计量过程中持续存在,其后果是在虚增商誉金额的同时,虚减了企业取得的被收购方的可辨认资产,进而虚减了应分摊计入损益的成本,这非常不利于收购方会计计量目标的实现。对于合同权益形成的可辨认资产,是收购方在并购交易过程中取得的可辨认资产,也就是说,收购方在并购过程中取得了被收购方股权和合同权益这两项资产,合同权益宜直接作为收购方的外购资产在收购方的个别报表中进行核算,收购成本扣除合同权益价值的余额,作为取得被收购方股权的合并对价。至于合同权益资产的后续计量,还未能形成统一的认知,不过基本上都认为应当区别支付方式分别处理。例如,现金作为对价方式的,后续价值变动需要计入当期损益;股份作为对价方式,应视为权益性交易进行会计处理。

依据国际财务报告准则和美国财务会计准则,企业合并中的业绩承诺补偿属于或有对价,本质上是一项金融资产(IFRS 3.40,ASC 805-30-25-5,ASC 805-30-25-7)。对于企业合并中的业绩承诺补偿,这两个准则都规定,在或有安排被解除之前或有对价的公允价值变动计入当期损益。也就是说,两个准则都将或有对价分类为"以公允价值计量且其变动计入损益的金融资产"(IFRS9,SFAS NO.107)。

业绩承诺补偿如果由收购方（非收购方控股股东）作出，已经在初始计量时按预计数额计入商誉的，后续需要根据或有对价的支付形式，分别以现金方式和股份方式进行会计处理。以现金作为补偿方式的，初始计量形成的金融负债，其后续价值变动应计入当期损益；以股份作为补偿方式的，初始计量形成权益，其后续价值变动也应当计入权益。

（5）股份支付方式对交易价格的影响值。在商誉初始计量中，虽然股份支付方式对交易价格的影响值与商誉本质无关，但基于"剩余价值论"而被计入了商誉这项"总计价账户"当中。在商誉的后续计量当中，不应继续考虑和计量该事项对商誉价值的影响。也即，若收购方以蕴含泡沫或具有限售要求的股票作为支付工具，以此为基础计算的商誉金额高于被收购方不可辨认资产对应的收益能力，而表现出商誉初始计量金额虚高的情形，这部分虚高的商誉金额并无对应的获利能力作支撑，因而在后续计量时应作剔除，表现为商誉在后续计量时存在减值情形。该商誉减值情形，并非被收购方经营状况恶化所致，而是对商誉初始计量金额中与商誉本质无关的因素（即股份支付方式对交易价格的影响值）进行了修复和还原，使调整后的商誉金额反映被收购方的超额获利能力。

（6）错误判断对交易价格的影响值。在商誉初始计量中，即便错误判断对交易价格的影响值完全与商誉本质无关，但基于"剩余价值论"而被计入了商誉这项"总计价账户"当中，商誉这项"总计价账户"也正因为容纳了错误判断对交易价格的影响值而有了"垃圾桶"的别称。在商誉的后续计量当中，不应继续考虑和计量错误判断对商誉价值的影响，显现出商誉在后续计量时出现减值情形。该商誉减值情形，正是对收购方的错误判断作出的反映和修正，是并购高潮之后本该退去的"潮水"，使经过减值测试后的商誉金额恰当反映被收购方的超额获利能力。

（四）对商誉后续计量方法的进一步讨论

减值计提法在运用过程中也存在一些问题，例如，需要运用估值技术进行减值测试测试成本较高；估值技术运用过程也可能出现不规范抑或是操纵利润的情形；不能区分企业后来产生的新增自创商誉。

对于减值计提法运用过程中存在的上述问题，有人提出恢复采用系统摊销法，或采用"系统摊销＋减值测试"法。按照依次为机制性目标、解释性目标和行为性目标的会计计量目标的要求，会计计量应旨在反映真实收益，进而对决策有用。商誉并不必然随着时间的推移而被消耗，且商誉的受益期不确定，采用系统摊销法对商誉进行后续计量不仅是武断的，缺乏合理的依据，也与商誉后续计量的目标不相吻合。系统摊销法是会计相关性原则向稳健性原则作出妥协的结果，也是会计相关性原则在信息成本的挑战下作出的让步。因此，商誉后续计量中的系统摊销法不合理。而"系统摊销＋减值测试"法，虽有"中庸"之道，试图通过"组合拳"来提高会计信息质量，但系统摊销行为的存在仍然违背着商誉的实质。

笔者认为，如果没有高溢价收购的动机（财富转移效应），则商誉的初始计量就是合理的，则减值测试的后续计量方法也就不需要修改，会计方法能否预期在经济后果上抑制利益侵占值得讨论，利益侵占本质上是一个道德风险的问题。对商誉的减值改为追溯调整摊销法，发生减值的当期对于减值金额追溯调整以前各期收益，以反映各期真实损益，反映减值的经济实质：商誉本质是一种预期并购协同效应的提前兑现。

第三节 下推会计

被并子公司在购受合并后，由于子公司仍然是一个独立的法人，出于法规制度及贷款合约或其他合约的要求，需要向外界发布单独财务报表。随之而来的问题就是如何确定子公司资产负债的计价基础，即按原账面价值还是按购受时所体现的公允价值反映。一种观点认为，由于一般公认会计原则不允许持续经营且状况良好的企业调整账面价值到公允价，因而在子公司单独财务报表中，其资产负债及收入费用的确认应以合并前的账面值为准，而母公司在收购时要对所收购的子公司可辨认净资产按公允价值进行调整，确认并购商誉。在以后每期的集团报表中，要按照收购日确认的商誉和子公司资产、负债公允价值与其账面价值之差，按一定的方法进行转销。由于上述数据在母子公司的个别会计报表中没有直接提供，因而只能在集团报表上反映。为此，会计人员必须保留收购日合并财务报表工作底稿及相关资料，并在以后各期编制合并财务报表时，随时掌握合并日的商誉和增值在各个资产负债表日尚未摊销的数额，并重复转销等一系列合并工作程序，使每年的集团报表编制工作变得相当复杂和烦琐。另一种观点则认为，运用购买法编制合并财务报表时被并子公司净资产价值的调整应"下推"（Push Down）到被并子公司的单独财务报表中，因为企业合并行为本身就承认子公司净资产的公允价。

一、"下推会计"的含义

美国注册会计师协会（AICPA）在1979年10月公布了"下推会计"的文献；加拿大会计准则指导委员会（CASSC）在1987年也发表了一份关于"下推会计"的指南，提议并允许在购买法下运用下推会计编制合并财务报表。下推会计（Push Down Accounting 或 Pushing Down）被定义为"一个会计主体在其单独的财务报表中，根据购买该主体有表决权股份的交易，重新确立会计和报表的基础。这一交易将导致该主体发行在外有表决权股份的所有权发生重大变更"，即将原来由收购企业在合并时对所获得净资产进行确认的公允价值，调整下移到被收购子公司的财务报表中。因此，采用下推会计后，就把原来由母公司在购买日适用的公允价值分配和并购商誉在购买日直接计入子公司账户，使合并后子公司的账面价值记录所列示的资产和负债，已不是合并前的账面价值，而是以合并日的公允价值来列示，因而有关资产增值和商誉只影响子公司记录的折旧和摊销费用。合并财务报表的工作底稿上就不再出现有关增值与合并商誉的处理和摊销业务，合并程序大大简化。

二、实行"下推会计"的主要理由

在大多数情况下，子公司资产和负债的计价，不受母公司在合并时所花代价的影响。美国证券交易委员会（SEC）允许被并购子公司的资产和负债其个别会计报表中，按代表母公司投资成本的公允价值反映。当子公司几乎全部（通常97%或以上）已被母公司所拥有，且没有大量发行在外的债券或优先股时，子公司向证券交易委员会所提交的会计报表应采用下推会计。美国证券交易委员会做出规定的理由是：

1. 下推会计可以简化合并财务报表的编制工作。由于不需要在合并财务报表工作底稿上将投资成本分摊到子公司的可辨认净资产和商誉，合并程序大为简化。

2. 在企业并购行为中，注重的应是并购活动本身，而不是并购所采用的具体形式是购买股份还是购买资产。这是"实质重于形式"原则的体现。在购买资产的过程中，所获得的资产和承担的债务，对购买方均按公允价值记录。如果合并导致被合并公司有表决权股份的所有权发生重大变更，不能因为获得的是股份而不是净资产，其相应的公允价值就不能直接进行会计确认。何况企业间收购行为本身是一项独立的讨价还价的公平交易，这一交易若以各种资产和负债的公允价值为基础应该更加合理。

3. 合并后子公司的所有权大部分已被母公司拥有，其财务、经营等政策也受到母公司的控制。在会计处理上也必然失去了与其法人资格相称的地位。由于母公司在对子公司投资时是以资产的公允价值确定投资成本的，因此母、子公司在计量基础上应保持相关性，即子公司的个别报表应以母公司购买成本的内涵价值进行反映与揭示。

三、"下推会计"在合并财务报表中的应用

现按照母公司理论，举例说明采用"下推会计"与不采用"下推会计"两种情况下集团报表编制上的差别。

【例2-1】2015年1月1日，A公司用10 000股面值25元的普通股和200 000元现金购买B公司所有股份。购买时，A公司的股票市价为每股62元。B公司1月1日相关资产负债表及公允价值资料如表2-1所示。

表 2-1　　　　　　　　　　A、B 公司资产负债表　　　　　　　　　单位：元

项目	A 公司	B 账面价值	B 公允价值
现金	320 000	60 000	60 000
应收款项	100 000	120 000	120 000
存货	330 000	210 000	240 000
固定资产	1 280 000	620 000	660 000
合计	2 030 000	1 010 000	1 080 000
流动负债	200 000	100 000	100 000
长期负债	400 000	340 000	340 000
股本	980 000	450 000	
留存收益	450 000	120 000	
合计	2 030 000	1 010 000	

1. 采用下推会计处理。

（1）B 公司在账上对有关项目进行价值调整，并将留存利润转销。

借：存货　　　　　　　　　　　　　　　　　　　　　30 000
　　固定资产（净）　　　　　　　　　　　　　　　　40 000
　　留存收益　　　　　　　　　　　　　　　　　　　120 000
　　商誉　　　　　　　　　　　　　　　　　　　　　180 000
　贷：资本公积　　　　　　　　　　　　　　　　　　　　　370 000

B 公司 2015 年 1 月 1 日被购并后的资产负债表如表 2-2 所示。

表 2-2　　　　　　　　　　B 公司资产负债表

2015 年 1 月 1 日　　　　　　　　　　　　　　　　　　单位：元

项目	金额	项目	金额
现金	60 000	流动负债	100 000
应收款项	120 000	长期负债	340 000
存货	240 000	股本	450 000
固定资产	660 000	资本公积	370 000
商誉	180 000	合计	1 260 000
合计	1 260 000		

(2) A 公司编制个别会计分录：

借：长期股权投资——B 公司　　　　　　　　　　　820 000
　　贷：现金　　　　　　　　　　　　　　　　　　200 000
　　　　股本　　　　　　　　　　　　　　　　　　250 000
　　　　资本公积　　　　　　　　　　　　　　　　370 000

为编制合并财务报表，A 公司编制以下抵销分录：

借：股本　　　　　　　　　　　　　　　　　　　　450 000
　　资本公积　　　　　　　　　　　　　　　　　　370 000
　　贷：长期股权投资　　　　　　　　　　　　　　820 000

编制购买日 A 公司集团资产负债表工作底稿，如表 2 - 3 所示。

表 2 - 3　　　　　A 公司集团工作底稿（资产负债表）　　　　单位：元

项目	A 公司	B 公司	抵销分录 借方	抵销分录 贷方	合并数
现金	120 000	60 000			180 000
应收款项	100 000	120 000			220 000
存货	330 000	240 000			570 000
长期股权投资	820 000			820 000	
固定资产	1 280 000	660 000			1 940 000
商誉		180 000			180 000
合计	2 650 000	1 260 000			3 090 000
流动负债	200 000	100 000			300 000
长期负债	400 000	340 000			740 000
股本	1 230 000	450 000	450 000		1 230 000
留存收益	450 000				450 000
资本公积	370 000	370 000	370 000		370 000
合计	2 650 000	1 260 000	820 000	820 000	3 090 000

2. 不采用下推会计。

B 公司被购并日资产负债表不做调整。

A 公司编制合并会计分录：

借：长期股权投资——B 公司　　　　　　　　　　　820 000
　　贷：现金　　　　　　　　　　　　　　　　　　200 000
　　　　股本　　　　　　　　　　　　　　　　　　250 000

资本公积	370 000

A 公司编制抵销分录：

借：股本	450 000	
留存收益	120 000	
存货	30 000	
固定资产（净）	40 000	
商誉	180 000	
贷：长期股权投资		82 000

编制购买日 A 公司集团资产负债表工作底稿（略）。

四、下推会计面临的问题

下推会计的出现打破了传统的不能确认"自创商誉"的禁区，它将母公司的购买成本与子公司净资产公允价值的差额直接以商誉形式反映在子公司的会计报表上，这是对商誉会计的一种大胆的改革尝试，同时对会计理论和会计实务产生深刻的影响。但是，下推会计的广泛普及还有待时日。从理论的角度看，下推会计面临以下问题：

1. 由于子公司作为独立的主体依然存在，而采用下推会计后其计量基础却由合并前的历史成本改为合并后的公允价值，这是对子公司持续经营假设的否认，也对会计主体的稳定性产生动摇。并且在下推会计下，公允价值的分配是以母公司的特定观点、按母公司认为的价值进行计算的，这与子公司会计报表的其他使用者没有多大关系。

2. 企业间的收购作为一项交易应是股东之间的交易，而不是主体之间的交易，因此，按传统会计模式，应在收购方作会计处理，而不应影响被收购方的会计记录。

3. 下推会计将合并商誉全部作为子公司的商誉也有失偏颇。此外，子公司会因资产增值和商誉存在而产生较高的销售成本、折旧费和商誉摊销费等，使其净收益下降，这对非控股股东收益产生不利影响，如果子公司非控股股东所占股权比例较大时（小于50%），影响面也较广。

从下推会计的应用情况看，其范围受到了较大限制。即使在美国，无论是 APB 还是 FASB，都未给出明确的要求，美国证券委员会（SEC）对下推会计基本持支持态度，要求当子公司几乎全部为母公司所拥有（通常为97%以上），且没有流通在外的债券或优先股时，上报的财务会计报告应采用下推会计。

思考题

1. 编制合并财务报表的目的是什么？
2. 阐述所有权理论、母公司理论及经济实体理论各自的特点。

3. 编制合并财务报表的基本原则是什么？

4. 哪些子公司的会计报表应纳入合并报表中，哪些子公司不应包括在合并报表的合并范围之内？

5. 合并财务报表的编制程序分哪几步？

6. 如果母子公司之间发生交易，产生的集团内部利润（利得）未做抵销，合并会计报表将受什么影响？

7. 什么是下推会计？实行下推会计的理由是什么？

第三章 合并财务报表——合并日

【学习目标】
1. 理解并掌握非同一控制下合并日拥有全部股权时合并财务报表的编制方法；
2. 理解并掌握非同一控制下合并日拥有部分股权时合并财务报表的编制方法；
3. 理解同一控制下合并日合并财务报表的编制方法。

第一节 合并日拥有全部股权

母子公司企业集团，指由母公司和全部子公司构成的企业集团。母子公司集团财务报表，根据现行会计准则，也就是合并财务报表。母子公司合并财务报表按其编制时间，可以分为合并日的合并财务报表和合并日后的合并财务报表。母公司常常在会计年度的中间取得对子公司的控股权，理论上，在控股权取得日即合并日不一定要求编制合并财务报表。但由于企业控股合并日的会计处理对以后各期的合并财务报表有很重大影响，而且为了全面反映控股合并完成时企业集团的财务状况，合并日一般需要编制集团的资产负债表。由于在合并日企业集团尚未进入正式的经营，不存在产生集团利润的问题，因而一般不必编制整个集团利润表等其他财务报表。以下以我国企业会计准则为依据对合并日的合并财务报表做案例解析。

一、合并日拥有全部股权——非同一控制下控股合并（购买法）

因为拥有子公司的全部股份，所以母公司控制该子公司是毫无疑问的，除非有其他明显证据表明实质上无法实施控制。根据我国《企业会计准则第 20 号——控股合并》的规定，对于非同一控制下控股合并应采用购买法进行会计处理。以下根据我国合并准则的规定举例说明母公司与其完全拥有的被并子公司的合并财务报表的编制。

【例 3-1】假定拓普公司于 2018 年 12 月 31 日，发行 100 000 股面值为 1 元的普通股（市场公允价为每股 5 元），来替换康胜公司股东持有的全部发行在外普通股，并假定没有偶然因素。并购日，拓普公司支付的控股合并费用为 85 000 元；合并过程中的法律与咨询费用为 50 000 元，股票发行费用 35 000 元。合并后，康胜公司将作为拓普公司完全拥有的子公司继续存在。两个公司均采用 12 月 31 日会计年度计算法，使用相同的会计原则和会计程序。如此，合并前各公司均无须做任何项目调整。两个公司的所得税率相等。合并前，拓普公司与康胜公司 2018 年的财务报表如表 3-1 所示。

表 3-1　　　　　　　拓普公司和康胜公司个别财务报表

（2018 年 12 月 31 日合并前）　　　　　　　　　　单位：元

	拓普公司	康胜公司
利润表		
营业收入	1 000 000	600 000
减：营业成本	605 000	400 000
营业税金及附加	30 000	10 000
销售费用	100 000	100 000
管理费用	100 000	50 000
财务费用	8 333	3 333
营业利润	156 667	86 667
加：营业外收支净额		
利润总额	156 667	86 667
减：所得税费用	62 667	34 667
净利润	94 000	52 000
所有者权益变动表（部分）		
年初未分配利润	65 000	100 000
加：净利润	94 000	52 000
小计	159 000	152 000
减：分配现金股利	25 000	20 000
年末未分配利润	134 000	132 000
资产负债表		
资产		
货币资金	100 000	40 000
存货	150 000	110 000
其他流动资产	110 000	70 000
应收账款（康胜公司）	25 000	
固定资产（净）	450 000	300 000

续表

	拓普公司	康胜公司
无形资产（净）		20 000
资产合计	835 000	540 000
负债与所有者权益		
应付账款（拓普公司）		25 000
应交所得税	26 000	10 000
其他负债	325 000	115 000
普通股	300 000	200 000
资本公积	50 000	58 000
未分配利润	134 000	132 000
负债与所有者权益合计	835 000	540 000

2018年12月31日，康胜公司的可辨认资产和负债的市场公允价，除了下列三项资产外，均与各自的账面值相同：

2018年12月31日市场公允价（单位：元）：

存货　　　　　　　135 000
固定资产（净）　　　365 000
无形资产　　　　　　25 000

因为康胜公司作为一单独的企业继续存在，并且公认会计准则也不认可一个经营状况良好而持续经营的公司资产账面值的提高，所以康胜公司不做合并业务会计分录。根据购买法，拓普公司将合并记作2018年12月31日的一笔购买业务，做以下分录：

借：长期股权投资—华发公司　　　　　　　　　　　500 000
　　贷：股本　　　　　　　　　　　　　　　　　　100 000
　　　　资本公积　　　　　　　　　　　　　　　　365 000
　　　　银行存款　　　　　　　　　　　　　　　　 35 000

其中，股票发行费用则冲减股票溢价。

借：管理费用　　　　　　　　　　　　　　　　　　50 000
　　贷：银行存款　　　　　　　　　　　　　　　　 50 000

合并直接费用计入当期损益。

登记入账后，拓普公司的上述账户余额（资产负债表数据）将发生变化（见表3-2）。

表 3-2　　　　　拓普公司及其子公司合并前资产负债表

2018 年 12 月 31 日　　　　　　　　　　　　　　　　　　　　　单位：元

	拓普公司	康胜公司
资产		
货币资金	15 000	40 000
存货	150 000	110 000
其他流动资产	110 000	70 000
母子公司间应收账款（应付账款）	25 000	(25 000)
长期股权投资	500 000	
固定资产（净）	450 000	300 000
无形资产		20 000
商誉（净）		
资产合计	1 250 000	515 000
负债与所有者权益		
应交所得税	26 000	10 000
其他负债	325 000	115 000
普通股	400 000	200 000
资本公积	415 000	58 000
未分配利润	84 000	132 000
负债与所有者权益合计	1 250 000	515 000

根据我国合并财务报表准则，对于非同一控制下的控股合并，运用购买法处理控股合并及编制合并财务报表时，被合并子公司资产、负债应当以购买日公允价值为基础进行调整，即以公允价值计量，如果长期股权投资成本超过该公允价值的相应份额，应将其差额确认为商誉。

为编制合并财务报表，2018 年 12 月 31 日（即并购日）需要编制合并分录如下：

借：股本（康胜公司）　　　　　　　　　　　　　　　　200 000
　　资本公积（康胜公司）　　　　　　　　　　　　　　 58 000
　　年末未分配利润（康胜公司）　　　　　　　　　　　132 000
　　贷：长期股权投资（拓普公司）　　　　　　　　　　　　　390 000
（抵销康胜公司并购日所有者权益以及长期股权投资账户里对应的部分）
借：存货（135 000 - 110 000）（康胜公司）　　　　　 25 000
　　固定资产（净）（365 000 - 300 000）（康胜公司）　 65 000
　　无形资产（专利）（25 000 - 20 000）（康胜公司）　 5 000

商誉（净）（500 000 – 485 000）（康胜公司）　　　　　　15 000
　　　贷：长期股权投资　　　　　　　　　　　　　　　　　　　　　110 000
（确认康胜公司可辨认资产及负债增值以及合并商誉，将长期股权投资账户中对应部分抵销）

　　以上合并分录冲销了并购日公司间投资和子公司的对等账户；将购买成本与获得的可辨认净资产公允价值的差额确认为商誉，将上述合并分录列入合并工作底稿（见表3–3）。

表3–3　　拓普公司及其子公司合并资产负债表的工作底稿

2018年12月31日　　　　　　　　　　　　　　　　　　　　　单位：元

项目	拓普公司	康胜公司	合并分录 借方	合并分录 贷方	合并数
资产					
货币资金	15 000	40 000			55 000
存货	150 000	110 000	25 000		285 000
其他流动资产	110 000	70 000			180 000
母子公司间应收账款（应付账款）	25 000	(25 000)			
长期股权投资	500 000			500 000	
固定资产（净）	450 000	300 000	65 000		815 000
无形资产		20 000	5 000		25 000
商誉（净）			15 000		15 000
资产合计	1 250 000	515 000	110 000	500 000	1 375 000
负债与所有者权益					
应交所得税	26 000	10 000			36 000
其他负债	325 000	115 000			440 000
普通股	400 000				400 000
普通股		200 000	200 000		
资本公积	415 000	58 000	58 000		415 000
未分配利润	84 000	132 000	132 000		84 000
负债与所有者权益合计	1 250 000	515 000	500 000	500 000	1 375 000

　　应注意到并购日合并资产债表工作底稿的以下几个特点：

　　1. 合并分录并不记入母公司或子公司的会计账簿中去，只是用做编制合并财务报表；

　　2. 因为子公司不能在并购日将其资产账面值提高到公允价，所以合并分录调整了子公司可辨认净资产公允价与账面值之间的差额；

3. 合并资产负债表工作底稿中的抵销列表示增减而不是借贷；

4. 在合并资产负债表工作底稿中，公司间的应收款与应付款被列在同一行，结合在一起使合并总数归零；

5. 合并资本公积就等于母公司的资本公积，子公司的资本公积总是在合并过程中被冲销掉；

6. 并购日合并留存收益只包括母公司留存收益。这种处理方式与并购会计理论是相一致的，并购会计表示了净资产（资产减负债）获得的一个新起点的特性，而非股东权益的合并的新起点。

根据上述合并工作底稿编制合并资产负债表（见表3-4）。在拓普公司及其子公司的合并资产负债表中，按通常方式列示了合并资产负债表工作底稿中合并后的金额。为了简洁起见，省略了财务报表的附注和所要求的其他披露。合并金额与上述合并资产负债表中的金额相同。

除了以上合并资产负债表外，2018年12月31日，拓普公司公布的2018年12月31日财务报表还包括前面所述未合并利润表、未合并留存收益表以及未合并现金流量表。

表3-4　　　　　　　　拓普公司及其子公司合并资产负债表

2018年12月31日　　　　　　　　　　　　　　　　　　单位：元

资产		
流动资产：		
货币资金	55 000	
存货	285 000	
其他	180 000	
流动资产合计		520 000
固定资产（净）		815 000
无形资产：		
专利权（净）	25 000	
商誉（净）	15 000	40 000
资产合计		**1 375 000**
负债与所有者权益		
负债：		
应交所得税	36 000	
其他	440 000	

续表

负债合计	476 000
所有者权益：	
普通股	400 000
资本公积	415 000
未分配利润	84 000
所有者权益合计	899 000
负债与所有者权益合计	1 375 000

二、合并日拥有全部股权——同一控制下控股合并（权益结合法）

根据我国《企业会计准则第 20 号——控股合并》的规定，对于同一控制下的控股合并，应采用类似于权益结合法的方法进行会计处理，既不考虑母公司发行股票的公允市价，也不考虑子公司净资产的公允市价，母公司对子公司的投资按取得的子公司净资产的账面价值入账，因而采用权益结合法编制合并财务报表不会产生合并价差。以下根据我国控股合并会计准则的规定举例说明。

【例 3-2】根据【例 3-1】中的资料，即拓普公司于 2018 年 12 月 31 日发行 100 000 股面值为 1 元的普通股（每股市价为 5 元），来替换康胜公司股东持有的全部发行在外普通股。合并后，康胜公司将作为拓普公司完全拥有的子公司继续存在。另假设拓普公司与康胜公司同为某母公司控制的子公司。

拓普公司在合并日，应编制会计分录如下：

借：长期股权投资—康胜公司　　　　　　　　　　　　390 000
　　贷：股本　　　　　　　　　　　　　　　　　　　100 000
　　　　资本公积　　　　　　　　　　　　　　　　　255 000
　　　　银行存款　　　　　　　　　　　　　　　　　 35 000

对于合并直接费用 50 000 元，计入拓普公司当期损益，分录为：

借：管理费用　　　　　　　　　　　　　　　　　　　 50 000
　　贷：银行存款　　　　　　　　　　　　　　　　　 50 000

在编制合并日的合并财务报表时，需要将拓普公司对康胜公司的投资与康胜公司合并日的股东权益全部抵销，合并分录为：

借：股本（康胜公司）　　　　　　　　　　　　　　　200 000
　　资本公积（康胜公司）　　　　　　　　　　　　　 58 000
　　年末未分配利润（康胜公司）　　　　　　　　　　132 000
　　贷：长期股权投资（拓普公司）　　　　　　　　　390 000

同时，在合并财务报表里确认康胜公司留存收益：

借:资本公积(拓普公司) 132 000
　　贷:年末未分配利润(康胜公司) 132 000

其合并工作底稿如表3-5和表3-6所示。

表3-5　　拓普公司和康胜公司合并利润表工作底稿

2018年度　　　　　　　　　　　　　　　　单位:元

	拓普公司	康胜公司	合并数
利润表			
营业收入	1 000 000	600 000	1 600 000
减:营业成本	605 000	400 000	1 005 000
营业税金及附加	30 000	10 000	40 000
销售费用	100 000	50 000	105 000
管理费用	150 000	50 000	200 000
财务费用	8 333	3 333	11 666
营业利润	106 667	86 667	193 334
加:营业外收支净额			
利润总额	106 667	86 667	193 334
减:所得税	62 667	34 667	97 334
净利润	44 000	52 000	96 000
所有者权益变动表(部分)			
年初未分配利润	65 000	100 000	165 000
加:净利润	44 000	52 000	96 000
小计			276 000
减:分配现金股利	25 000	20 000	45 000
年末未分配利润	84 000	132 000	216 000

表3-6　　拓普公司及其子公司合并资产负债表的工作底稿

2018年12月31日　　　　　　　　　　　　单位:元

项目	拓普公司	康胜公司	合并分录		合并数
			借方	贷方	
资产					
货币资金	15 000	40 000			55 000
存货	150 000	110 000			260 000
其他流动资产	110 000	70 000			180 000

续表

项目	拓普公司	康胜公司	合并分录 借方	合并分录 贷方	合并数
母子公司间应收账款（应付账款）	25 000	(25 000)			
长期股权投资	390 000			390 000	
固定资产（净）	450 000	300 000			750 000
无形资产		20 000			20 000
商誉（净）					
资产合计	1 140 000	515 000			1 265 000
负债与所有者权益					
应交所得税	26 000	10 000			36 000
其他负债	325 000	115 000			440 000
普通股	400 000				400 000
普通股		200 000	200 000		
资本公积	305 000	58 000	58 000		173 000
			132 000		
未分配利润	84 000	132 000	132 000	132 000	216 000
负债与所有者权益合计	1 140 000	515 000	390 000	390 000	1 265 000

注：母公司年末未分配利润 = 合并后未分配利润 = 216 000 = 84 000 + 132 000；在集团资产负债表里需单列子公司未分配利润 132 000 元。

根据合并工作底稿编制合并财务报表，如表 3 – 7 和表 3 – 8 所示。

表 3 – 7　　　　　　　拓普公司和康胜公司合并利润表

2018 年度　　　　　　　　　　　　　　　　　　　单位：元

利润表	
营业收入	1 600 000
减：营业成本	1 005 000
营业税金及附加	40 000
销售费用	105 000
管理费用	200 000
财务费用	11 666
营业利润	193 334
加：营业外收支净额	

续表

利润总额	193 334
减：所得税	97 334
净利润	96 000

所有者权益变动表（部分）

年初未分配利润	165 000
加：净利润	96 000
小计	276 000
减：分配现金股利	45 000
年末未分配利润	216 000
其中：子公司未分配利润	132 000

表 3-8 　　拓普公司及其子公司合并资产负债表

2018 年 12 月 31 日　　　　　　　　　　单位：元

项目	金额
资产	
货币资金	55 000
存货	260 000
其他流动资产	180 000
母子公司间应收账款（应付账款）	
长期股权投资	
固定资产（净）	750 000
无形资产	20 000
商誉（净）	
资产合计	1 265 000
负债与所有者权益	
应交所得税	36 000
其他负债	440 000
普通股	400 000
普通股	
资本公积	173 000
未分配利润	216 000
其中：子公司未分配利润	132 000
负债与所有者权益合计	1 265 000

第二节 合并日拥有部分股权

母公司和其部分拥有的子公司之间的合并，与母公司及其完全拥有的子公司间合并不同，一个主要的不同方面是对非控股股东权益的确认。非控股股东权益或非控制性股权，是指母公司以外的股东对子公司净利润或亏损和净资产的要求权。子公司净利润或亏损的非控股股东收益列示于集团利润表中，而子公司净资产的非控股股东权益则列示在集团资产负债表中。现举例说明部分拥有子公司时合并财务报表的编制，并分别同一控制控股合并和非同一控制控股合并展开讨论。

一、合并日拥有部分股权——非同一控制下控股合并

【例3-3】假定2018年12月31日，和永公司在并购过程中，发行57 000股面值为1元（总市场公允价1 192 250元）的股票给华发公司股东，以替换华发公司的发行在外普通股400 000股中的380 000股股票。如此，和永公司获得了华发公司95%（380 000÷400 000）的股权，华发公司成为其子公司。假设无偶然因素。2018年12月31日和永公司用现金支付的合并成本如下（金额单位：元）：

合并过程中的咨询费与法律费用	52 250
和永公司的证券发行费用	72 750
控股合并费用支付总额	125 000

合并前和永公司与华发公司2018年12月31日财务报表如表3-9所示。假设合并前没有公司间的内部交易。

表3-9　　　　和永公司与华发公司个别会计报表（合并前）

2018年12月31日　　　　　　　　　　　　　　　　单位：元

	和永公司	华发公司
利润表		
营业收入	5 500 000	1 000 000
减：营业成本	3 750 000	615 000
营业税金及附加	150 000	35 000
销售费用	620 000	100 000
管理费用	305 000	70 000
财务费用	75 000	40 000

续表

	和永公司	华发公司
营业利润	650 000	140 000
加：营业外收支净额		
利润总额	650 000	140 000
减：所得税	260 000	56 000
净利润	390 000	84 000
所有者权益变动表（部分）		
年初未分配利润	810 000	290 000
加：净利润	390 000	84 000
小计	1 200 000	374 000
减：分配现金股利	150 000	40 000
年末未分配利润	1 050 000	334 000
资产负债表		
资产		
货币资金	200 000	100 000
存货	800 000	500 000
其他流动资产	550 000	215 000
固定资产（净）	3 500 000	1 100 000
商誉（净）	100 000	
资产合计	5 150 000	1 915 000
负债与所有者权益		
应交所得税	100 000	16 000
其他负债	2 450 000	930 000
普通股	1 000 000	
普通股		400 000
资本公积	550 000	235 000
未分配利润	1 050 000	334 000
负债与所有者权益合计	5 150 000	1 915 000

2018年12月31日，华发公司可辨认资产与负债，除了下列几项资产外，其公允价等于各自的账面值。

2018年12月31日市场公允价（金额单位：元）：

存货　　　　　　　　　　　526 000
固定资产（净）　　　　　1 290 000
专利权　　　　　　　　　　 30 000

华发公司仍作为一个独立的公司继续存在，无须做关于合并的会计分录，因一般公认会计准则不允许一个持续经营的企业将资产账面值提高到公允价，而和永公司对合并业务做以下会计分录：

　　借：长期股权投资—华发公司　　　　　　　　　　　1 192 250
　　　　贷：股本　　　　　　　　　　　　　　　　　　　　57 000
　　　　　　资本公积　　　　　　　　　　　　　　　　1 062 500
　　　　　　银行存款　　　　　　　　　　　　　　　　　 72 750

合并直接费用计入当期损益：

　　借：管理费用　　　　　　　　　　　　　　　　　　　 52 250
　　　　贷：银行存款　　　　　　　　　　　　　　　　　 52 250

为编制合并财务报表，2018年12月31日（即并购日）和永公司与其子公司的合并分录如下：

　　借：股本（华发公司）　　　　　　　　　　　　　　　400 000
　　　　资本公积（华发公司）　　　　　　　　　　　　　235 000
　　　　期末分配利润（华发公司）　　　　　　　　　　　334 000
　　　　贷：长期股权投资（和永公司）　　　　　　　　　920 550
　　　　　　非控股股东权益（华发公司）　　　　　　　　 48 450

（抵销华发公司合并日所有者权益以及长期股权投资账户里对应的部分）

　　借：存货（526 000 - 500 000）（华发公司）　　　　 26 000
　　　　固定资产（净）（1 290 000 - 1 100 000）（华发公司）　190 000
　　　　无形资产（专利）（华发公司）　　　　　　　　　 30 000
　　　　商誉（净）（1 192 250 - 1 154 250）（华发公司）　 38 000
　　　　贷：长期股权投资（和永公司）　　　　　　　　　271 700
　　　　　　非控股股东权益（华发公司）　　　　　　　　 12 300

（确认华发公司可辨认资产及负债增值以及合并商誉，将长期股权投资账户中对应部分抵销）

和永公司及其子公司合并资产负债表及其工作底稿如表3-10和表3-11所示。

表 3-10　和永公司及其子公司合并资产负债表的工作底稿

2018 年 12 月 31 日　　　　　　　　　　　　　　　　　　　　　　单位：元

	和永公司	华发公司	合并分录 借方	合并分录 贷方	合并数
资产					
货币资金	75 000	100 000			175 000
存货	800 000	500 000	26 000		1 326 000
其他流动资产	550 000	215 000			765 000
长期股权投资	1 192 250			1 192 250	
固定资产（净）	3 500 000	1 100 000	190 000		4 790 000
无形资产（专利）			30 000		30 000
商誉（净）	100 000		38 000		138 000
资产合计	6 217 250	1 915 000		908 250	7 224 000
负债与所有者权益					
应交所得税	100 000	16 000			116 000
其他负债	2 450 000	930 000			3 380 000
非控股股东权益				60 750	60 750
普通股，面值	1 057 000				1 057 000
普通股，面值		400 000	400 000		
资本公积	1 612 500	235 000	235 000		1 612 500
未分配利润	997 750	334 000	334 000		997 750
负债与所有者权益合计	6 217 250	1 915 000		(908 250)	7 224 000

表 3-11　和永公司及其子公司合并资产负债表

2018 年 12 月 31 日　　　　　　　　　　　　　　　　　　　　　　单位：元

资产	
流动资产：	
货币资金	175 000
存货	1 326 000
其他	765 000
流动资产合计	2 266 000
固定资产（净）	4 790 000
无形资产：	

续表

专利权（净）	30 000	
商誉（净）	138 000	168 000
资产合计		7 224 000
负债与所有者权益		
负债：		
应交所得税	116 000	
其他负债	3 380 000	
负债合计		3 496 000
所有者权益：		
普通股	1 057 000	
资本公积	1 612 500	
未分配利润	997 750	
归属于母公司的股东权益		3 667 250
非控股股东权益		60 750
所有者权益合计		3 728 000
负债与所有者权益合计		7 224 000

注：例中非控股股东权益也应按子公司公允价值反映。

二、合并日拥有部分股权——同一控制下控股合并

对于同一控制下的控股合并，控股合并会计准则规定采用类似于权益结合法的会计处理方法。权益结合法的特点为：既不考虑母公司发行股票的公允市价，也不考虑子公司净资产的公允市价，母公司对子公司的投资按取得的子公司净资产的账面价值入账，因而采用权益结合法编制合并财务报表不会产生合并价差。但应注意的是合并日既要编制合并资产负债表，又要编制合并利润表。以下举例说明。

【例3-4】承接【例3-3】的资料，即和永公司发行57 000股面值为1元（市价为20元）的股票，以替换华发公司发行在外普通股400 000股中的380 000股。和永公司与华发公司为同一母公司控制下的子公司。

华发公司仍作为一个独立的公司继续存在，无须做关于合并的会计分录。而和永公司对合并业务做以下会计分录：

借：长期股权投资—华发公司　　　　　　　　　　　920 550
　　贷：股本　　　　　　　　　　　　　　　　　　　57 000
　　　　资本公积　　　　　　　　　　　　　　　　790 800

| | 银行存款 | | | 72 750 |

对于合并的直接费用，和永公司记入当期损益，分录为：

借：管理费用　　　　　　　　　　　　　　　　　52 250
　　贷：银行存款　　　　　　　　　　　　　　　　52 250

为编制合并财务报表，2018年12月31日（即合并日）和永公司与其子公司的合并分录如下：

借：股本（华发公司）　　　　　　　　　　　　　400 000
　　资本公积（华发公司）　　　　　　　　　　　　235 000
　　年末未分配利润（华发公司）　　　　　　　　　317 300
　　年初未分配利润（华发公司）　　　　　　　　　 14 500
　　非控股股东本期收益　　　　　　　　　　　　　 4 200
　　贷：长期股权投资（和永公司）　　　　　　　　920 550
　　　　分配现金股利（华发公司）　　　　　　　　 2 000
　　　　非控股股东权益（华发公司）　　　　　　　 48 450

同时，在合并财务报表里确认华发公司2018年未分配利润属于母公司的部分：

借：资本公积　　　　　　　　　　　　　　　　　317 300
　　贷：年末未分配利润　　　　　　　　　　　　　317 300

其中，借方年初未分配利润14 500元为子公司年初未分配利润中属于非控股股东的部分，贷方分配现金股利2 000元是子公司当年利润分配中属于非控股股东的部分，非控股股东本期收益由子公司当年实现净收益84 000元的5%得到，而非控股股东权益由华发公司年末净资产账面价值计算得到（注：非控股股东合并前就已存在，其抵销应考虑期初与本期收益。可以将上述合并分录分解以便理解）。

根据以上合并分录编制合并工作底稿（见表3-12）。

表3-12　　　　和永公司与华发公司合并工作底稿

（2018年12月31日）　　　　　　　　　　　　　　单位：元

	和永公司	华发公司	合并分录		合并数
			借方	贷方	
利润表					
营业收入	5 500 000	1 000 000			6 500 000
减：营业成本	3 750 000	615 000			4 365 000
营业税金及附加	150 000	35 000			185 000
销售费用	620 000	100 000			720 000
管理费用	357 250	70 000			427 250
财务费用	75 000	40 000			115 000

续表

	和永公司	华发公司	合并分录 借方	合并分录 贷方	合并数
营业利润	597 750	140 000			737 750
加：营业外收支净额					
利润总额	597 750	140 000			737 750
减：所得税	260 000	56 000			316 000
合并净利润	337 750	84 000			**421 750**
非控股东本期收益				4 200	4 200
归属于母公司股东利润					417 550
留存收益表					
年初未分配利润	810 000	290 000	14 500		1 085 500
加：净利润	337 750	84 000			**417 750**
小计		1 200 000	374 000		1 507 250
减：分配现金股利	150 000	40 000		2 000	188 000
未分配利润	997 750	334 000			1 315 050
资产负债表					
资产					
货币资金	75 000	100 000			175 000
存货	800 000	500 000			1 300 000
其他流动资产	550 000	215 000			765 000
长期股权投资	920 550			920 550	
固定资产（净）	3 500 000	1 100 000			4 600 000
商誉（净）		100 000			100 000
资产合计	5 945 550	1 915 000			**6 940 000**
负债与所有者权益					
应交所得税	100 000	16 000			116 000
其他负债	2 450 000	930 000			3 380 000
非控股东权益				48 450	48 450
普通股	1 057 000				1 057 000
普通股		400 000	400 000		
资本公积	1 340 800	235 000	552 300		1 023 500
留存收益	997 750	334 000			1 315 050
归属于母公司股东权益					3 395 550
负债与所有者权益合计	5 945 550	1 915 000			**6 940 000**

根据合并工作底稿编制合并财务报表,如表 3-13 和表 3-14 所示。

表 3-13　　　　　　和永公司及其子公司合并利润表

2018 年度　　　　　　　　　　　　　　　　　　　单位:元

项目	金额
营业收入	6 500 000
减:营业成本	4 365 000
营业税金及附加	185 000
销售费用	720 000
管理费用	427 250
财务费用	115 000
营业利润	737 750
加:营业外收支净额	
利润总额	737 750
减:所得税	316 000
合并净利润	421 750
非控股股东本期收益	4 200
归属于母公司股东利润	**417 550**
留存收益表	
年初未分配利润	1 085 500
加:净利润	**417 750**
小计	1 507 250
减:分配现金股利	188 000
未分配利润	1 315 050

表 3-14　　　　　　和永公司及其子公司合并资产负债表

2018 年 12 月 31 日　　　　　　　　　　　　　　单位:元

资产	金额
货币资金	175 000
存货	1 300 000
其他流动资产	765 000
长期股权投资	920 550
固定资产(净)	4 600 000
商誉(净)	100 000
资产合计	**6 940 000**

续表

负债与所有者权益	
应交所得税	116 000
其他负债	3 380 000
非控股股东权益	48 450
普通股	1 057 000
资本公积	1 023 500
留存收益	1 315 050
归属于母公司股东权益	3 395 550
负债与所有者权益合计	**6 940 000**

思考题

1. 合并日对于非同一控制企业合并与同一控制企业合并在编制合并财务报表时区别主要表现在哪里？

2. 合并财务报表的主要局限性在于其缺乏各公司资产、负债、收入与支出的独立信息。请列示由于该局限性，合并财务报表的各类使用者所面临的问题。

3. 非同一控制下企业合并子公司可辨认净资产必须按合并日各自的公允价予以反映，这是否要求子公司将可辨认净资产的公允价载入其会计记录？

练习题

【3-1】练习非同一控制下并购日拥有全部股权时合并财务报表的编制。

资料：明星公司于2019年年初以现金方式购买了安利公司发行在外的全部普通股，并购后明星、安利公司的独立资产负债表如下：

资产负债表

2019年1月1日　　　　　　　　　　　　　　　　　　　　　　单位：元

项目	明星	安利
资产		
存货	60 000	30 000
其他流动资产	140 000	110 000
长期股权投资（对安利）	250 000	
固定资产（净）	220 000	160 000
无形资产（净）	10 000	
资产合计	680 000	300 000

续表

项目	明星	安利
负债及所有者权益		
流动负债	100 000	70 000
应付债券	104 000	30 000
股本（面值1元）	200 000	80 000
资本公积	116 000	70 000
留存收益	160 000	50 000
负债及所有者权益合计	680 000	300 000

2019年1月1日，安利公司存货与固定资产（净）公允价分别为40 000元和180 000元，安利公司其他资产和负债的公允价均等于各自账面价，假设此合并为非同一控制下企业合并，并假设明星、安利公司之间没有其他内部交易事项。

要求：编制2019年1月1日明星公司与安利公司合并报表合并分录及合并资产负债表。

【3-2】练习非同一控制下并购日拥有部分股权时合并报表的编制。

资料：2018年12月31日美丰公司以50 000元现金，同时发行公允价为每股20元的股票5 000股（面值10元）购买了大地公司发行在外普通股的88%。美丰公司在并购过程中现金支付的购并费用为：咨询与法律费用15 000元，证券发行费用10 000元。假设此合并为非同一控制下企业合并。

2018年年末，大地公司所有者权益构成如下：股本10 000元（面值每股1元），资本公积30 000元，留存收益60 000元。除以下资产账面价值小于公允价以外，大地公司其他资产负债账面值均等于公允值，具体差额为（金额单位：元）：

存货	20 000
固定资产（净）	80 000
应付债券（5年后到期）	30 000
合计	130 000

要求：

（1）编制美丰公司2018年12月31日合并大地公司的会计分录；

（2）计算2018年末合并资产负债表中商誉（假设美丰公司、大地公司独立报表中都无商誉）、少数股东权益。

【3-3】练习同一控制下企业合并合并日合并报表的编制。

资料：2019年12月31日，瑞意公司发行新股300 000股，每股面值1元，以换取祥硕公司每股面值1元的全部普通股1 000 000股，瑞意公司当时股票的市价为10元。瑞意公司取得祥硕公司股权之前两公司的资产负债表如下：

资产负债表

2019 年 12 月 31 日　　　　　　　　　　　　　　单位：万元

项目	祥硕公司	瑞意公司
银行存款	80	100
应收账款（净）	50	140
存货	70	230
固定资产（净）	130	620
无形资产	20	100
资产合计	350	1 190
应付账款	15	120
长期借款	55	100
股本	100	300
资本公积	100	360
盈余公积	60	210
未分配利润	20	100
负债及所有者权益合计	350	1 190

要求：

（1）编制瑞意公司取得祥硕公司股权时的会计分录；

（2）编制瑞意公司合并日合并报表有关合并分录。

【3-4】练习同一控制下企业合并时拥有部分股权时合并报表的编制。

资料：2018 年 12 月 31 日，AB 公司发行了 10 000 股面值为 10 元（公允价为 30 元）的普通股，以交换法布尔公司发行在外的 99%、面值 100 元的普通股，完成了联营型合并。合并中涉及的现金支付费用如下：咨询和法律费用 15 000 元；股票注册费用 20 000 元，合计 35 000 元。

法布尔公司 2018 年 12 月 31 日所有者权益的构成如下（金额单位：元）：

股本，面值 100 元	10 000
资本公积	140 000
留存收益	70 000
合计	220 000

要求：编制 AB 公司合并业务的会计分录及合并财务报表有关合并分录。

【3-5】练习非同一控制下企业合并合并日合并底稿合并分录的编制。

资料：2019 年 7 月 1 日，西山公司与其子公司合并资产负债表工作底稿的合并分录如下所示。该日，西山公司以现金方式购买了经纬公司的多数发行在外普通股。

　　借：股本　　　　　　　　　　　　　　　　　　　95 250
　　　　留存收益　　　　　　　　　　　　　　　　　50 100

存货（净）	3 900
固定资产（净）	28 500
无形资产（专利）	4 500
无形资产（商誉）	5 280
贷：长期股权投资	165 660
少数股东权益	21 870

在合并日，抵销了公司间投资与子公司对等账户，并将成本超过所获得的可辨认净资产公允价的差额确认为商誉。在并购日，确立了子公司净资产少数股东权益（不考虑所得税的影响）。

要求：

（1）计算西山公司获得的经纬公司发行在外的普通股的比例；

（2）计算2019年7月1日，子公司可辨认净资产的公允价总额；

（3）如采用全部商誉法，则按母公司投资为基础来计算的商誉是多少？

（4）在（3）的情况下，子公司少数股东权益应为多少？

第四章 合并财务报表——合并日以后

【学习目标】
1. 理解并掌握非同一控制下拥有全部股权合并日以后合并财务报表的编制原理和方法;
2. 理解并掌握非同一控制下拥有部分股权合并日以后合并财务报表的编制原理和方法;
3. 理解同一控制下合并日以后合并财务报表的编制原理及方法。

第一节 母公司对子公司经营业绩的会计处理方法

母公司对子公司经营业绩的会计处理方法有三种,即权益法、部分权益法和成本法。鉴于我国会计准则没有涉及部分权益法的规定,以下重点讨论权益法和成本法。

一、权益法

采用权益法记账时,母公司按持股比率确认它所享有的在子公司净损益中的份额,当子公司宣布股利时,视为投资的部分清偿。同时应按控股合并日被购子公司净资产公允市价和账面价值之间差异的折旧和摊销进行调整,因为合并时需要按公允价值重新表述子公司的资产与负债,而子公司个别会计报表仍然按照账面价值反映。

赞成权益法的人认为这种方法更符合权责发生制,因为它在子公司净损益实现时确认母公司的投资收益并调整投资账户,而不是在发放股息时。因此,支持者强调,权益法注重母子公司关系的经济实质,因为两个公司实际上组成了一个经济实体。另外,由于公司发放的股利并不像成本法那样组成母公司的收入,恰恰相反,股利是母公司对子公司投资的部分清偿。

二、成本法

成本法下,母公司记录子公司的经营业绩仅限于由子公司发放的股利。子公司从合并日后净收益中发放的股利被母公司作为收入确认;超过合并后净利发放的股利视为母公司对子公司投资的清偿。成本法下母公司不予确认子公司的净损益。

赞成成本法的人认为这种方法能合理地从法律形式上确认母子公司关系。因为母子公司都是独立的法律实体，因此，母公司在记录子公司的经营业绩时应考虑其法律上的独立性。母公司确认从子公司投资获取的收益是在公司宣布发放股利时而不是在公司报告净损益时。

三、权益法和成本法的选择

不管母公司采用权益法还是成本法来记录子公司的经营业绩，合并财务报表都是一样的。然而，两种方法使用的工作底稿抵销是不同的，本章后面将做介绍。

根据我国现行准则的规定，当投资企业对被投资企业具有共同控制或重大影响时，长期股权投资应当采用权益法核算；当投资企业能够对被投资企业实施控制时，长期股权投资应当采用成本法（对于同一控制和非同一控制，初始投资成本的确定有所不同）核算，但在编制合并财务报表时应按照权益法进行调整。由于我国规定母公司对长期股权投资的日常核算采用成本法，本章案例主要以母公司股权投资采用成本法进行日常核算为背景阐述合并日以后合并财务报表（分别非同一控制控股合并即购买法的应用和同一控制控股合并即权益结合法的应用）的编制。

第二节　非同一控制下控股合并——拥有全部股权

一、合并日后首个报表日期末合并财务报表的编制

【例 4-1】承接【例 3-1】，假设拓普公司 2015 年 12 月 31 日已记录了与完全控股康胜公司的合并业务，康胜公司 2016 年实现了 60 000 元的净收益。2016 年 12 月 20 日康胜公司董事会宣布给拓普公司拥有的 40 000 股普通股发放每股 0.60 元的股利，并提取了盈余公积 6 000 元。股利在 2017 年 1 月 8 日发放，2016 年 12 月 29 日是除权日。

（1）康胜公司会计处理。

2016 年 12 月 20 日记录应分配的股利：

借：利润分配—现金股利　　　　　　　　　　　24 000
　　　　　—提取盈余公积　　　　　　　　　　　6 000
　　贷：应付股利　　　　　　　　　　　　　　　　24 000
　　　　盈余公积　　　　　　　　　　　　　　　　6 000

（2）拓普公司的会计处理。

成本法下，拓普公司做以下分录来记录 2016 年来自康胜公司的股利和净收益：

借：应收股利　　　　　　　　　　　　　　　　24 000
　　贷：投资收益　　　　　　　　　　　　　　　　24 000

在上述各分录过账后，拓普公司"长期股权投资"账户和"投资收益"账户余

额分别为 500 000 元（不变）、24 000 元。2016 年年末拓普公司及康胜公司个别财务报表如表 4-1 所示。

表 4-1　　个别公司财务报表（2016 年）　　单位：元

	拓普公司	康胜公司
利润表		
营业收入	1 100 000	680 000
减：营业成本	700 000	441 000
营业税金及附加	17 000	9 000
销售费用	50 000	30 000
管理费用	150 000	70 000
财务费用	49 000	30 000
加：投资收益	24 000	
营业利润	158 000	100 000
加：营业外收支净额		
利润总额	158 000	100 000
减：所得税	53 000	40 000
净收益	105 000	60 000
所有者权益变动表（部分）		
期初未分配利润	84 000	132 000
净收益	105 000	60 000
小计	189 000	192 000
分配现金股利	30 000	24 000
提取盈余公积	10 000	6 000
年末未分配利润	149 000	162 000
资产负债表		
资产		
货币资金	16 900	72 100
公司间应收（应付）款项	24 000	(24 000)
存货	136 000	115 000
其他流动资产	88 000	131 000
长期股权投资	500 000	

续表

	拓普公司	康胜公司
固定资产（净值）	440 000	340 000
无形资产（专利）		16 000
商誉（净值）		
资产总计	1 204 900	650 100
负债和所有者权益		
应交所得税	40 000	20 000
其他负债	190 900	204 100
普通股	400 000	
普通股		200 000
资本公积	415 000	58 000
盈余公积	10 000	6 000
未分配利润	149 000	162 000
负债和所有者权益总计	1 204 900	650 100

由于非同一控制控股合并要求合并财务报表需要按照康胜公司合并日公允价值反映，但康胜公司没有采用下推会计，康胜公司个别报表仍基于合并日账面价值，因此编制合并财务报表需要将康胜公司个别报表计量属性从账面价值调整为公允价值。

2015 年 12 月 31 日（合并日），康胜公司可辨认净资产公允价和账面价值之间差异如下：

存货（先进先出法）		25 000
固定资产（净值）：		
建筑物（经济寿命 22.5 年）	45 000	
机器设备（经济寿命 10 年）	20 000	65 000
专利（经济寿命 5 年）		5 000
总计		95 000

另外，合并时产生商誉为 15 000 元。

2016 年子公司净资产公允价与账面价值差异的摊销如下：

存货—销货成本	25 000
建筑物—折旧（45 000÷22.5）	2 000
机器设备—折旧（20 000÷10）	2 000
专利—摊销（5 000÷5）	1 000
2016 年摊销总计	30 000

（不考虑所得税影响）

根据我国《企业会计准则第 20 号——控股合并》，控股合并过程产生的商誉应予以确认为入账，初始确认后的商誉，应当以其成本扣除累计减值准备后的金额计量。商誉的减值应当按照《企业会计准则第 8 号——资产减值》处理。因此，商誉在后续计量中无须摊销，但需要进行减值测试。

可辨认资产与负债公允价超额摊销表如表 4-2 所示。

表 4-2　　可辨认资产与负债公允价超额摊销表　　单位：元

	2016 年 1 月 1 日余额	2016 年的摊销	2016 年 12 月 31 日余额
存货	25 000	(25 000)	
固定资产（净值）：			
土地	15 000		15 000
建筑物	30 000	(2 000)	28 000
机器设备	20 000	(2 000)	18 000
固定资产	65 000	(4 000)	61 000
无形资产（专利）	5 000	(1 000)	4 000
总计	95 000	(30 000)	65 000

因为合并后的会计期间内三种基本财务报表都要合并，所以合并后的工作底稿抵销分录涉及各成员公司收益表、留存收益表和资产负债表上的账户。冲销或调整的项目包括：(1) 子公司期初所有者权益、发放的股利和母公司投资；(2) 母公司投资收益；(3) 未摊销的子公司现行公允价超额部分；(4) 子公司某些经营费用。

假定康胜公司将机器折旧分配计入营业成本，专利摊销分配计入管理费用，建筑物折旧分配计入营业成本和管理费用中各 50%，具体为：

华发公司净资产公允价与账面价差异的 2016 年度摊销如下：

	营业成本	管理费用
出售的存货	25 000	
建筑物折旧	1 000	1 000
机器折旧	2 000	
专利摊销		1 000
总计	28 000	2 000

据此，编制合并报表的抵销分录为：

①借：股本（康胜）　　　　　　　　　　　　　　　　200 000
　　　资本公积（康胜）　　　　　　　　　　　　　　 58 000
　　　年初未分配利润（康胜）　　　　　　　　　　　132 000
　　贷：长期股权投资（拓普）　　　　　　　　　　　　　　　390 000

抵销康胜公司期初所有者权益及拓普公司长期股权投资项目余额中对应部分。

②借：存货（康胜） 25 000
　　　固定资产（净值）（康胜） 65 000
　　　无形资产（康胜） 5 000
　　　商誉（净值）（康胜） 15 000
　　贷：长期股权投资（拓普） 110 000

在合并财务报表中确认期初康胜公司可辨资产及负债的公允价值超额。

③借：投资收益（拓普） 24 000
　　贷：分配现金股利（康胜） 24 000

抵销拓普公司个别报表中确认的投资收益与康胜公司个别报表中对拓普公司的股利分配，以便将康胜公司收入和费用予以合并。

④借：营业成本（康胜） 28 000
　　　管理费用（康胜） 2 000
　　贷：存货（康胜） 25 000
　　　　固定资产（净）（康胜） 4 000
　　　　无形资产（净）（康胜） 1 000

在合并财务报表中确认康胜公司可辨认资产及负债公允价值超额在当年的摊销。

⑤借：盈余公积（康胜） 6 000
　　贷：提取盈余公积（康胜） 6 000

抵销康胜公司当年提取盈余公积。

其工作底稿如表 4-3 所示。

表 4-3　　　　拓普公司和子公司合并财务报表工作底稿

2016 年 12 月 31 日　　　　　　　　　　　　　　单位：元

	拓普公司	康胜公司	抵销分录		合并数
			借方	贷方	
收益表					
营业收入	1 100 000	680 000			1 780 000
减：营业成本	700 000	441 000	28 000		1 169 000
营业税金及附加	17 000	9 000			26 000
销售费用	50 000	30 000			80 000
管理费用	150 000	70 000	2 000		222 000
财务费用	49 000	30 000			79 000
加：投资收益	24 000		24 000		
营业利润	158 000	100 000	54 000		204 000

续表

	拓普公司	康胜公司	抵销分录 借方	抵销分录 贷方	合并数
加：营业外收支净额					
利润总额	158 000	100 000			204 000
减：所得税	53 000	40 000			93 000
净收益	105 000	60 000			111 000
权益变动表					
期初未分配利润	84 000	132 000	132 000		84 000
净收益	105 000	60 000			111 000
小计	189 000	192 000			195 000
分配现金股利	30 000	24 000		24 000	30 000
提取盈余公积	10 000	6 000			16 000
未分配利润	149 000	162 000			149 000
资产负债表					
资产					
货币资金	16 900	72 100			89 000
公司间应收（应付）款项	24 000	(24 000)			
存货	136 000	115 000	25 000	25 000	251 000
其他流动资产	88 000	131 000			219 000
长期股权投资	500 000			390 000, 110 000	
固定资产（净值）	440 000	340 000	65 000	4 000	841 000
无形资产（专利）		16 000	5 000	1 000	20 000
商誉（净值）			15 000		15 000
资产总计	1 204 900	650 100	110 000	530 000	1 435 000
负债和所有者权益					
应交所得税	40 000	20 000			60 000
其他负债	190 900	204 100			395 000
普通股	400 000				400 000
普通股		200 000	200 000		
资本公积	415 000	58 000	58 000		415 000
盈余公积	10 000	6 000			16 000
未分配利润	149 000	162 000			149 000
负债和所有者权益总计	1 204 900	650 100			1 435 000

母子公司合并财务报表工作底稿编制中应注意以下几个问题:

(1) 母子公司应收应付项目放在相邻列相同行,并自动抵销;

(2) 康胜公司用先进先出法记录存货,因此,康胜公司期初存货 25 000 元的差异被全部分配到 2016 年的营业成本中;

(3) 在公允表达母子公司的财务状况和经营业绩方面合并财务报表要优于母公司财务报表。母子公司合并过程的结果是将拓普公司所享有的子公司(调整后)净收益重新分类到组成净收益的收入和费用中去。同样地,拓普公司拥有的子公司 500 000 元的投资也被组成子公司净资产的资产和负债所替代。

根据上述工作底稿,可以编制 2016 年 12 月 31 日的拓普公司和子公司合并损益表、合并留存收益表和合并资产负债表,如表 4-4 所示。

年末未分配利润合并数 149 000 元验证如下:

(1) 托普公司年末未分配利润: 149 000 元。

(2) 康胜公司 2016 年经营形成的年末未分配利润: 60 000 - 24 000 - 30 000 = 6 000 - 6 000(提取盈余公积数)= 0 元,其中 30 000 元为公允价超额摊销。

注意:托普虽已确认当年投资收益(无论权益法或成本法),但该投资收益与托普经营收益及年初未分配利润合在一起,对投资者(即托普的股东)做了分配,无法再区分有多少来自康胜当年实现的收益(或分配的股利)。

如将盈余公积也抵销,即合并报表不确认康胜提取的盈余公积,则年末未分配利润合并数将为 155 000 元,验证如下:

(1) 托普公司年末未分配利润: 149 000 元。

(2) 康胜公司 2016 年经营形成的年末未分配利润: 60 000 - 24 000 - 30 000 = 6 000元,其中 30 000 元为公允价超额摊销。

表 4-4　　　　　　　拓普公司与康胜公司合并财务报表

2016 年 12 月 31 日　　　　　　　　　　　　　　　单位:元

利润表	
营业收入	1 780 000
减:营业成本	1 169 000
营业税金及附加	26 000
销售费用	80 000
管理费用	222 000
财务费用	79 000
加:投资收益	
营业利润	204 000

续表

加：营业外收支净额		
利润总额		204 000
减：所得税		93 000
净收益		111 000
所有者权益变动表（部分）		
期初未分配利润	84 000	
净收益	111 000	
小计		195 000
分配现金股利	30 000	
提取盈余公积	16 000	
期末未分配利润		149 000
资产负债表		
资产		
货币资金	89 000	
公司间应收（应付）款项		
存货	251 000	
其他流动资产	219 000	
长期股权投资		
固定资产（净值）	841 000	
无形资产（专利）	20 000	
商誉（净值）	15 000	
资产总计		1 435 000
负债和所有者权益		
应交所得税	60 000	
其他负债	395 000	
普通股	400 000	
普通股		
资本公积	415 000	
盈余公积	16 000	
未分配利润	149 000	
负债和所有者权益总计		1 435 000

二、合并日后第二年合并财务报表的编制

这里继续使用拓普公司—康胜公司的例子来说明合并日以后 2016 年成本法在完全控股子公司中的应用。2017 年 12 月 17 日，康胜公司宣布发放股利 40 000 元，并于 2018 年 1 月 6 日将股利发放给 2017 年 12 月 28 日登记在册的股东——拓普公司。2017 年度康胜公司实现了 90 000 元净收益。

（1）康胜公司会计处理。

2017 年 12 月 20 日记录应分配的股利：

借：利润分配—现金股利　　　　　　　　　　　　　40 000
　　贷：应付股利　　　　　　　　　　　　　　　　　　　　40 000

（2）拓普公司的会计处理。

成本法下，拓普公司做以下分录来记录 2017 年 12 月 31 日来自康胜公司的股利和净收益：

借：应收股利　　　　　　　　　　　　　　　　　　40 000
　　贷：投资收益　　　　　　　　　　　　　　　　　　　　40 000

编制合并财务报表的抵销分录。2017 年 12 月 31 日的工作底稿上的抵销分录在很大程度上与 2015 年 12 月 31 日类似，如下所示：

由于拓普公司采用成本法核算股权投资，对于康胜公司合并日以后至 2017 年年初实现净收益，编制合并报表时需要按权益法调整拓普公司长期股权投资和拓普公司期初留存收益。

借：长期股权投资（拓普）　　　　　　　　　　　　6 000
　　贷：年初未分配利润（拓普）　　　　　　　　　　　　　6 000

调整数 6 000 = 60 000（2016 年度康胜公司净收益）− 24 000（2016 年度股利分配）− 30 000（2016 年公允价值超额摊销）

① 借：股本（康胜）　　　　　　　　　　　　　　　200 000
　　　资本公积（康胜）　　　　　　　　　　　　　　58 000
　　　年初未分配利润（康胜）　　　　　　　　　　　162 000
　　　盈余公积（期初）（康胜）　　　　　　　　　　　6 000
　　贷：长期股权投资（拓普）　　　　　　　　　　　　　　426 000

抵销康胜公司期初所有者权益及拓普公司长期股权投资项目余额中对应部分。

② 借：固定资产（净值）（康胜）　　　　　　　　　　61 000
　　　无形资产（康胜）　　　　　　　　　　　　　　4 000
　　　商誉（净值）（康胜）　　　　　　　　　　　　15 000
　　贷：长期股权投资（拓普）　　　　　　　　　　　　　　80 000

在合并财务报表中确认期初康胜公司可辨资产及负债的公允价值超额。

③借:投资收益(拓普) 40 000
　　贷:股利分配—现金股利(康胜) 40 000

抵销拓普公司个别报表中确认的投资收益与康胜公司个别报表中对拓普公司的股利分配,以便将康胜公司收入和费用予以合并。

④借:营业成本(康胜) 3 000
　　管理费用(康胜) 2 000
　　贷:固定资产(净)(康胜) 4 000
　　　　无形资产(净)(康胜) 1 000

2017年的摊销计算如下:

	营业成本	管理费用
建筑物—折旧(30 000÷15)	1 000	1 000
机器设备—折旧(20 000÷10)	2 000	
专利—摊销(5 000÷5)		1 000
总计	3 000	2 000

在合并财务报表中确认康胜公司可辨认资产及负债公允价值超额在当年的摊销。

⑤借:年初未分配利润(康胜) 6 000
　　贷:盈余公积(康胜) 6 000

在合并财务报表中确认康胜公司合并日至本期期初提取的盈余公积(上年提取6 000元)。

验证:合并后年初未分配利润:149 000 + 162 000 − 162 000 + 6 000 − 6 000 = 149 000元,与上年合并利润表年末未分配利润合并数一致。

第三节　非同一控制下控股合并——拥有部分股权

在对部分控股子公司的经营业绩进行会计处理时,必须计算非控股股东在子公司中应享有的权益。编制合并财务报表时,母公司和部分购受控股子公司的合并收益表应包括一个特殊项目——即子公司净收益中的非控股股东权益应享部分(非控股股东损益),在计算合并净收益时作为减项。而非控股股东权益则在集团资产负债表股东权益项目单列。

一、合并日后第一年合并财务报表的编制

为了说明成本法在部分控股子公司中的运用,这里继续采用第三章第二节中和永公司和华发公司的合并案例。

【例4-2】和永公司拥有华发公司的95%发行在外普通股,非控股股东拥有余下

的 5% 股份。假定华发公司在 2016 年 11 月 24 日宣布发放股利，每股 1 元，该年的 12 月 1 日为股权登记日，12 月 16 日为股利发放日。另外，华发公司该年度报告的净收益为 90 000 元。

华发公司在股利宣布日和发放日做以下分录：

（1）11 月 24 日宣布发放股利。

借：利润分配　　　　　　　　　　　　　　　　40 000
　　贷：应付股利　　　　　　　　　　　　　　　　　　40 000

（2）12 月 16 日发放股利。

借：应付股利　　　　　　　　　　　　　　　　40 000
　　贷：现金　　　　　　　　　　　　　　　　　　　　40 000

和永公司采用成本法核算，应做以下分录：

11 月 24 日华发公司宣布股利。

借：应收股利　　　　　　　　　　　　　　　　38 000
　　贷：投资收益　　　　　　　　　　　　　　　　　　38 000

12 月 16 日华发公司发放股利。

借：现金　　　　　　　　　　　　　　　　　　38 000
　　贷：应收股利　　　　　　　　　　　　　　　　　　38 000

2016 年个别公司财务报表如表 4-5 所示。

表 4-5　　　　　　　　　　2016 年个别公司财务报表　　　　　　　　　单位：元

收益表	和永公司	华发公司
营业收入	5 611 000	1 089 000
减：营业成本	4 225 000	720 000
营业税金及附加	100 000	50 000
销售费用	50 000	28 000
管理费用	506 000	101 000
财务费用	100 000	50 000
加：投资收益	38 000	
营业利润	668 000	140 000
加：营业外收支净额		
利润总额	668 000	140 000
减：所得税	210 000	50 000
净收益	458 000	90 000

续表

	和永公司	华发公司
所有者权益变动表（部分）		
期初留存收益	1 050 000	334 000
净收益	458 000	90 000
小计	1 508 000	424 000
分配现金股利	158 550	40 000
期末留存收益	1 349 450	384 000
资产负债表		
资产		
货币资金	861 000	439 000
公司间应收（应付）款项		
存货	639 000	371 000
其他流动资产		
长期股权投资	1 192 250	
固定资产（净值）	3 600 000	1 150 000
无形资产（专利）	95 000	
商誉（净值）		
资产总计	6 387 250	1 960 000
负债和所有者权益		
应交所得税	100 000	
其他负债	2 320 550	941 000
普通股	1 057 000	
普通股		400 000
资本公积	1 560 250	235 000
留存收益	1 349 450	384 000
负债和所有者权益总计	6 387 250	1 960 000

由于华发公司仍然按合并前的账面价值反映资产和负债，也就是假定华发公司没有采用下推会计，在合并财务报表中必须确认2015年12月31日合并日子公司净资产公允价与账面价值之间差异及其摊销。因为这些差异子公司没有记录，所以从整个集

团经济实体来看子公司的净收益被高估了。

华发公司各项可确认净资产的差异列示如下：

存货（先进先出法）		26 000
固定资产（净）		
建筑物（使用寿命 35 年）	140 000	
机器设备（使用寿命 5 年）	50 000	190 000
无形资产（专利，使用期限 6 年）		30 000
总计		246 000

此外，和永公司在购受过程中还获得 38 000 元的商誉。

上述子公司净资产公允价与账面价值之间差异及其摊销（2016 年度）计算如下：

存货	26 000
建筑物—折旧（140 000÷35）	4 000
机器设备—折旧（50 000÷5）	10 000
无形资产（专利 30 000÷6）	5 000
合计	45 000

由于非全部拥有股份，必须在合并财务报表中确认非控股股东权益（不在账上做分录）。分析如下，依据编制合并财务报表的母公司理论，非控股股东权益不含商誉（但非控股股东权益基于合并日子公司可辨认净资产公允价反映），如表 4-6 所示。

表 4-6　　2016 年 12 月 31 日华发公司非控股股东权益　　单位：元

	账面价值	公允市价溢价	商誉	合计
期初余额	48 450	12 300		60 750
享有的华发公司净收益	4 500			4 500
华发公司可确认净资产的公允市价和账面价值之间差异的摊销		(2 250)		(2 250)
华发公司宣布发放的股利	(2 000)			(2 000)
期末余额	50 950	10 050		61 000

假设华发公司的机器折旧和存货的摊销全部计入营业成本，建筑物折旧的 50% 计入营业成本，另外的 50% 计入管理费用，具体计算如下：

	营业成本	管理费用
存货	26 000	
建筑物—折旧（80 000÷20）	2 000	2 000
机器设备—折旧（50 000÷5）	10 000	

无形资产（专利 30 000÷6）		5 000
合计	38 000	7 000

据此，编制合并报表的抵销分录为：

① 借：股本（华发）　　　　　　　　　　　　　　　400 000
　　　资本公积（华发）　　　　　　　　　　　　　 235 000
　　　年初未分配利润（华发）　　　　　　　　　　 334 000
　　　贷：长期股权投资（和永）　　　　　　　　　　　　920 550
　　　　　非控股股东权益（华发）　　　　　　　　　　　 48 450

抵销华发公司期初所有者权益及和永公司长期股权投资项目余额中对应部分。

② 借：存货（华发）　　　　　　　　　　　　　　　 26 000
　　　固定资产（净值）（华发）　　　　　　　　　 190 000
　　　无形资产（华发）　　　　　　　　　　　　　　30 000
　　　商誉（净值）（华发）　　　　　　　　　　　　38 000
　　　贷：长期股权投资（和永）　　　　　　　　　　　　233 700
　　　　　非控股股东权益　　　　　　　　　　　　　　　 12 300

在合并财务报表中确认期初华发公司可辨认资产及负债的公允价值超额。

③ 借：投资收益（和永）　　　　　　　　　　　　　 38 000
　　　非控股股东权益　　　　　　　　　　　　　　　 2 000
　　　贷：股利分配（华发）　　　　　　　　　　　　　　 40 000

抵销和永公司个别报表中确认的投资收益与华发公司个别报表中对和永公司的股利分配，以便将华发公司收入和费用予以合并。

④ 借：营业成本（华发）　　　　　　　　　　　　　 38 000
　　　管理费用（华发）　　　　　　　　　　　　　　 7 000
　　　贷：存货（华发）　　　　　　　　　　　　　　　　 26 000
　　　　　固定资产（净）（华发）　　　　　　　　　　　 14 000
　　　　　无形资产（净）（华发）　　　　　　　　　　　　5 000

在合并财务报表中确认华发公司可辨认资产及负债公允价值超额在当年的摊销。

⑤ 借：非控股股东损益（华发）　　　　　　　　　　　2 250
　　　贷：非控股股东权益（华发）　　　　　　　　　　　　2 250

确认非控股股东应享有的 2016 年华发公司净收益。

根据以上抵销分录编制合并财务报表工作底稿及合并财务报表（略），如表 4-7 所示。

表 4-7　和永公司和华发公司合并财务报表工作底稿

2016 年 12 月 31 日　　　　　　　　　　　　　　　　　　　　　　单位：元

	和永公司	华发公司	抵销分录 借方	抵销分录 贷方	合并数
收益表					
营业收入	5 611 000	1 089 000			6 700 000
减：营业成本	4 225 000	720 000	38 000		4 983 000
营业税金及附加					
销售费用	100 000	50 000			150 000
管理费用	50 000	28 000			78 000
财务费用	506 000	101 000	7 000		614 000
加：投资收益	100 000	50 000			150 000
营业利润	38 000		38 000		
加：营业外收支净额	668 000	140 000	83 000		725 000
利润总额					
减：所得税	668 000	140 000			725 000
合并净利润	210 000	50 000			260 000
非控股股东损益	458 000	90 000			465 000
归属母公司股东净利润			2 250		2 250
权益变动表（部分）					462 750
年初未分配利润	1 050 000	334 000	334 000		1 050 000
净收益	458 000	90 000			462 750
小计	1 508 000	424 000			
分配现金股利	158 550	40 000		40 000	158 550
期末留存收益	1 349 450	384 000			1 354 200
资产负债表					
资产					
货币资金	861 000	439 000			1 300 000
公司间应收（应付）款项			26 000		
存货	639 000	371 000		26 000	1 010 000
其他流动资产					
长期股权投资	1 192 250			1 192 250	
固定资产（净值）	3 600 000	1 150 000	190 000	14 000	4 926 000

续表

	和永公司	华发公司	抵销分录 借方	抵销分录 贷方	合并数
无形资产（专利）	95 000		30 000	5 000	120 000
商誉（净值）			38 000		38 000
资产总计	6 387 250	1 960 000			7 394 000
负债和所有者权益					
应交所得税	100 000				100 000
其他负债	2 320 550	941 000			3 261 550
普通股	1 057 000				1 057 000
普通股		400 000	400 000		
资本公积	1 560 250	235 000	235 000		1 560 250
未分配利润	1 349 450	384 000			
非控股股东权益		1 960 000		61 000	1 354 200
负债和所有者权益总计	6 387 250			61 000	7 394 000

对各抵销项目的解释如下：

（1）非控股股东本期应享子公司 2016 年度净收益的计算如下：

子公司净收益	90 000
子公司净资产调整的摊销（38 000 + 7 000）	（45 000）
子公司调整后的净收益	45 000
非控股股东权益享有的收益（45 000 × 5%）	2 250

（2）在抵销分录中没有不考虑华发公司的成本和费用的增加所产生的所得税影响。

（3）2016 年 12 月 31 日的非控股股东权益数额验证如下：

2016 年 12 月 31 日华发公司的合计所有者权益	1 090 000
加：未摊销的差异	201 000
华发公司调整后的所有者权益	1 220 000
非控股股东权益所享有的子公司的净资产（5%）	61 000

二、合并日后第二年合并财务报表的编制

这里继续使用例 4-2 中和永公司和华发公司的合并案例，以说明成本法在合并日以后第二年在部分控股合并中的应用。假设 2017 年 11 月 24 日，华发公司宣布发放

股利50 000元,股利发放日为该年度的12月31日,发放对象为该年度12月1日记录在册的股东。另外,该年度华发公司获得105 000元的净收益。

和永公司及华发公司各自的会计处理不再赘述。这里主要阐述合并财务报表工作底稿中抵销分录如何编制。

由于和永公司采用成本法核算股权投资,对于华发公司合并日以后至2017年年初实现净收益,编制合并财务报表时需要按权益法调整和永公司期初留存收益和长期股权投资。

借:长期股权投资(和永)　　　　　　　　　　　　　　4 750
　　贷:年初未分配利润(和永)　　　　　　　　　　　　　　4 750

调整数计算如下:

2016年度华发公司净收益	90 000	
减:2016年度股利分配	(40 000)	
减:2016年公允价值超额摊销	(45 000)	5 000
和永公司控股比例		95%
权益法调整数		4 750

2017年12月31日工作底稿的抵销分录与2016年12月31日的抵销分录类似。

①借:股本(华发)　　　　　　　　　　　　　　　　　400 000
　　资本公积(华发)　　　　　　　　　　　　　　　　235 000
　　年初未分配利润(华发)　　　　　　　　　　　　　384 000
　　贷:长期股权投资(和永)　　　　　　　　　　　　　968 050
　　　　非控股股东权益(华发)　　　　　　　　　　　　 50 950

抵销华发公司期初所有者权益及和永公司长期股权投资项目余额中对应部分。

②借:固定资产(净值)(华发)　　　　　　　　　　　176 000
　　无形资产(华发)　　　　　　　　　　　　　　　　 25 000
　　商誉(净值)(华发)　　　　　　　　　　　　　　 38 000
　　贷:长期股权投资(和永)　　　　　　　　　　　　　228 950
　　　　非控股股东权益　　　　　　　　　　　　　　　 10 050

在合并财务报表中确认期初华发公司可辨认资产及负债的公允价值超额。

③借:投资收益(和永)　　　　　　　　　　　　　　　 47 500
　　非控股股东权益　　　　　　　　　　　　　　　　　 2 500
　　贷:股利分配(华发)　　　　　　　　　　　　　　　 50 000

抵销和永公司个别报表中确认的投资收益与华发公司个别报表中对和永公司的股利分配,以便将华发公司收入和费用予以合并。

④借:营业成本(华发)　　　　　　　　　　　　　　　 12 000
　　管理费用(华发)　　　　　　　　　　　　　　　　　 7 000

贷：固定资产（净）（华发）		14 000
无形资产（净）（华发）		5 000

在合并财务报表中确认华发公司可辨认资产及负债公允价值超额在当年的摊销。

公允价值超额摊销的计算：	营业成本	管理费用
建筑物折旧（80 000÷20）	2 000	2 000
机器折旧（50 000÷5）	10 000	
专利摊销（30 000÷6）		5 000
2017年摊销合计	12 000	7 000

⑤借：非控股股东损益（华发）		4 300
贷：非控股股东权益（华发）		4 300

确认非控股股东应享有的2017年华发公司净收益。

据此编制工作底稿及合并报表（略）。

第四节　同一控制下的控股合并——合并日以后

一、母公司拥有全部股权时合并报表的编制

【例4-3】沿用第三章【例3-2】的资料。假设在合并后2016年，康胜公司有净收益60 000元，2016年12月20日康胜公司董事会宣布给拓普公司拥有的40 000股普通股发放每股0.60元的股利，并提取了盈余公积6 000元。股利在2017年1月8日发放，2016年12月29日是除权日。

（1）康胜公司会计处理。

2016年12月20日记录应分配的股利：

借：利润分配—现金股利	24 000
—提取盈余公积	6 000
贷：应付股利	24 000
盈余公积	6 000

（2）拓普公司的会计处理。

成本法下，拓普公司做以下分录来记录2016年度来自康胜公司的股利和净收益：

借：应收股利	24 000
贷：投资收益	24 000

为编制合并报表，需要编制抵销分录如下：

首先在合并报表里需要确认康胜公司合并日之前实现的留存收益：

借：资本公积（拓普）	132 000
贷：年初未分配利润（康胜）	132 000

借：股本（康胜）	200 000	
资本公积（康胜）	58 000	
年初未分配利润（康胜）	132 000	
贷：长期股权投资（拓普）		390 000

抵销康胜公司期初所有者权益及拓普公司长期股权投资项目余额中对应部分。

借：投资收益（拓普）	24 000	
贷：股利分配—现金股利（康胜）		24 000

合并财务报表的编制（略）。

沿用上例的资料。假设在 2017 年 12 月 17 日，康胜公司宣布发放股利 40 000 元，并于 2018 年 1 月 6 日将股利发放给 2017 年 12 月 28 日登记在册的股东——拓普公司。2017 年度康胜公司实现了 90 000 元净收益。

拓普、康胜公司各自的会计处理（略）。

为编制合并报表，需要编制抵销分录如下：

首先在合并报表里需要确认康胜公司合并日之前实现的留存收益：

借：资本公积（拓普）	132 000	
贷：年初未分配利润（康胜）		132 000

由于拓普公司采用成本法核算长期股权投资，需要按权益法调整拓普公司期初留存收益及长期股权投资。

借：长期股权投资（拓普）	36 000	
贷：年初未分配利润（拓普）		30 000
盈余公积（康胜）（期初）		6 000
借：股本（康胜）	200 000	
资本公积（康胜）	58 000	
年初未分配利润（康胜）	162 000	
盈余公积（康胜）（期初）	6 000	
贷：长期股权投资（拓普）		426 000

抵销康胜公司期初所有者权益及拓普公司长期股权投资项目余额中对应部分。

借：投资收益（拓普）	40 000	
贷：股利分配—现金股利（康胜）		40 000

二、母公司拥有部分股权时合并报表的编制

【例 4-4】承接第三章【例 3-4】的资料。假设 2016 年 11 月 25 日华发公司宣布将于 12 月 16 日发放每股 1 元的现金股利。年末华发公司实现净收益为 90 000 元。

和永公司编制以下分录，以记录与投资有关的业务：

借：应收股利	38 000	

贷：投资收益　　　　　　　　　　　　　　　　　　　　　38 000

为编制合并财务报表，2016年12月31日和永公司与其子公司的抵销分录如下：

首先需要在合并财务报表里确认华发公司2016年末留存收益属于母公司的部分：

借：资本公积（和永）　　　　　　　　　　　　317 300
　　贷：年初未分配利润（华发）　　　　　　　　　　　　317 300
借：股本（华发）　　　　　　　　　　　　　　400 000
　　资本公积（华发）　　　　　　　　　　　　235 000
　　年初未分配利润（华发）　　　　　　　　　334 000
　　贷：长期股权投资（和永）　　　　　　　　　　　　　920 550
　　　　非控股股东权益（华发）　　　　　　　　　　　　 48 450

抵销华发公司期初所有者权益及和永公司长期股权投资项目余额中对应部分。

借：投资收益（和永）　　　　　　　　　　　　 38 000
　　非控股股东权益（华发）　　　　　　　　　　 2 000
　　贷：股利分配—现金股利（华发）　　　　　　　　　　 40 000
借：非控股股东损益（华发）　　　　　　　　　　4 500
　　贷：非控股股东权益（华发）　　　　　　　　　　　　　4 500

根据抵销分录编制工作底稿及合并报表（略）。

第五节　合并现金流量表

合并现金流量表是综合反映母公司及其子公司组成的企业集团在一定时期内现金流入量、现金流出量及其增减变动的会计报表。其编制方法有两种：第一种是根据母公司及其子公司的个别现金流量表按一定程序合并，并通过编制抵销分录来进行编制；第二种是根据合并资产负债表和合并利润表，按编制个别现金流量表的方法进行编制。由于第一种方法抵销分录的编制过于烦琐，实务中多数采用第二种编制方法。但即使按照第二种方法编制合并现金流量表，与编制个别企业现金流量表相比，仍有一些特殊问题需要解决，这些问题也是其区别于个别现金流量表编制的主要体现。

（一）合并方支付的对价

合并方支付的对价包括现金的，该现金部分（扣除被并方账面上已有现金），应在合并现金流量表投资活动产生的现金流量中反映；非现金支付部分应在合并现金流量表补充资料重大的非现金的投资和融资活动中予以说明。

（二）非控股股东损益的处理

在纳入合并范围的为非全资子公司的情况下，需要考虑子公司与非控股股东之间的现金流入流出的处理。由于在股利分配之前，非控股股东损益参与了企业当期现金的全部运转过程，合并资产负债表的现金项目包括子公司的全部现金。因此，在按间接法计算经营活动现金流量时，合并现金流量表调整的起点应是归属于母公司的净利润和非控股股东损益的合计数。

（三）母公司股权投资变动

母公司对子公司的股权投资的增减变动，母公司合并子公司以后，除了按权益法核算应享有子公司净收益及现金股利导致股权投资余额发生变动，还有以下几种情况与合并现金流量表的编制有关：

1. 母公司增购子公司股份。母公司增购子公司股份又可以有两种途径：（1）子公司向母公司增发普通股。在这种方式下，无论母公司认购多少股份，也无论付出多少现金，都只会是现金从股公司流向子公司，对整个集团的现金流量没有影响，因此在编制合并现金流量表时无须对此类活动进行调整。（2）母公司从非控股股东手中购买普通股。母公司不论出于何种考虑，从非控股股东手中购买其持有的子公司股份，现金从母公司流向非控股股东，对整个集团来讲，属于整个集团的现金流出，应在编制合并现金流量表时报告为投资活动的现金流量。

2. 母公司出售子公司股份。具体也需要分两种情况讨论：（1）出于财务上的考虑，如子公司为了分配股票股利或者为了减资，可以用现金从母公司手中回购发行在外的股份。这样，现金从子公司流入母公司，属于现金在集团内部的转移，无须再合并现金流量表中调整现金流量。（2）母公司将持有的子公司股份出售给企业集团外部的主体，这种交易会导致现金从集团外部的流入，合并现金流量表需要对此类业务的现金变动进行报告。如母公司出售子公司股份时确认了损益，则该损益属于投资活动的损益，体现在合并净利润中，在按间接法编制现金流量表计算经营活动的现金流量时，应从合并净利润中调整。

（四）现金股利

在合并现金流量表中，子公司向母公司支付的现金股利，属于现金在企业集团内部的循环，并不导致现金从集团流出；子公司支付给非控股股东的股利则属于整个集团筹资活动的现金流出。母公司支付的股利，一般来说都会导致现金从企业集团流出，在某些情况下，如子公司也持有母公司股权（即相互持股），这时母公司支付给子公司的股利也属于现金的内部循环。

(五) 可辨认资产及负债公允价值超过账面价值的摊销

在非同一控制的控股合并中,编制合并财务报表时,需要对可辨认资产和负债的公允价值超过账面价值的差额进行摊销,这种摊销虽然影响了合并净利润,但并不导致现金从整个集团的流出,因此应将其视为不运用的现金的费用加回到合并净利润中,以正确计算经营活动的现金流量。

【例 4-5】甲公司 2018 年 7 月 1 日收购了乙公司 90% 股权,支付对价为现金 774 000 元。在合并日,10% 少数股权的公允价值为 86 000 元。合并日乙公司各项资产及负债的账面价值和公允价值,以及公允价值超过账面价值差额的分配见表 4-8。甲公司 2018 年年初资产负债表、2018 年年末合并资产负债表以及 2018 年度合并利润表如表 4-9 和表 4-10 所示。

表 4-8　　　　　　乙公司资产及负债公允价值与账面价值

2018 年 7 月 1 日　　　　　　　　　　　　　单位:元

项目	账面价值	公允价值
货币资金	35 000	35 000
应收账款	145 000	145 000
存货	90 000	90 000
固定资产—建筑物	136 000	136 000
固定资产—设备	259 000	299 000
无形资产—非合约的客户关系	100 000	120 000
无形资产—特许权合约	0	50 000
应付账款	(15 000)	(15 000)
净额	750 000	860 000

乙公司公允价值超额部分的分配:

甲公司支付的合并对价	774 000
少数股权公允价值	86 000
乙公司公允价值	860 000
乙公司账面价值	750 000
公允价值超额	110 000
无形资产—非合约的客户关系(不确定经济期限)　20 000	
固定资产—设备(5 年经济期限)　40 000	
无形资产—特许权合约(25 年经济期限)　50 000	(110 000)

表 4-9　　　　　甲公司及乙公司合并资产负债表（比较）　　　　单位：元

项目	期初数（甲公司，1/1/2018）	期末合并数（12/31/2018）
货币资金	170 000	431 000
应收账款（净）	118 000	319 000
存货	310 000	395 000
无形资产—非合约客户关系	250 000	370 000
固定资产—建筑物（净）	350 000	426 000
固定资产—设备（净）	1 145 000	1 380 000
无形资产—特许权合约	0	49 000
总资产	2 343 000	3 370 000
应付账款	50 000	45 000
应付债券	18 000	522 000
股本	1 500 000	1 500 000
非控股股东权益	0	98 250
期末留存收益	775 000	1 204 750
负债和所有者权益合计	2 343 000	3 370 000

表 4-10　　　　　甲公司及乙公司合并利润表
（2018 年度）　　　　　　　　　　　　　　　　　单位：元

营业收入		1 255 000
营业成本	600 000	
折旧费用	124 000	
摊销费用	1 000	
利息及其他费用	35 500	760 500
合并净利润		494 500

其他有关资料：甲公司 2018 年度支付了 50 000 元股利，乙公司在 2018 年 8 月 1 日支付了 25 000 元股利；2018 年，甲公司按面值发行了长期债券 504 000 元；2018 年 12 月 1 日甲公司出售了 10% 乙公司股权，出售价款 98 250 元，出售后仍能继续控制乙公司。出售后整个集团现金增加 98 250 元，少数股权从 98 250 元增加到 98 250 × 2 = 196 500 元。

根据以上资料，编制甲乙公司合并现金流量表如表 4-11 所示。

表 4-11 甲公司及乙公司合并现金流量表

（2018 年度）　　　　　　　　　　　　　　　　　　　单位：元

合并净利润		494 500
折旧费用	124 000	
摊销费用	1 000	
应收账款的增加	(56 000)	
存货的减少	5 000	
应付账款的减少	(20 000)	54 000
经营活动现金净流量		548 500
收购乙公司支付的现金（净）	(739 000)	
投资活动现金净流量		(739 000)
发行长期债券	504 000	
分配现金股利	(52 250)	
融资活动现金净流量		451 500
现金净增加		261 000

合并现金流量表有关数据计算的说明：

（1）流动资产及流动负债项目的变化，计算如表 4-12 所示。

表 4-12　　　　　　　　　　　　　　　　　　　　　　　　　单位：元

	应收账款	存货	应付账款
甲公司年初余额	118 000	310 000	50 000
乙公司合并日余额	145 000	90 000	15 000
合并日合并数	263 000	400 000	65 000
合并期末数	319 000	395 000	45 000
变动数	56 000	(5 000)	(20 000)

（2）收购乙公司支付的现金（净额）。2018 年年初甲公司收购乙公司支付现金 774 000 元减去乙公司账面已有现金 35 000 元，净额 739 000 元应在合并现金流量表投资活动现金流量中反映（收购乙公司支付的现金净额）。

（3）现金股利。整个集团的现金股利为甲公司（母公司）支付的现金股利加上乙公司（子公司）支付给非控股股东的现金股利，应在合并现金流量表融资活动现金流量中反映。

（4）出售乙公司 10% 股权。甲公司出售 10% 乙公司的股权，获得的现金应在投资活动的现金流量中反映。

思考题

1. 合并日以后非同一控制下企业合并编制合并报表，少数股东权益和损益如何反映？
2. 合并现金流量表的编制相对于个别现金流量表的编制有什么不同？

练习题

【4-1】练习权益法及合并日以后合并报表有关项目的计算。

资料：假设HDY公司在2019年1月1日进行了以下投资：（1）用现金以每股70元的价格购买了MAW公司1 000股发行在外股票的80%，MAW公司2019年1月1日所有者权益构成为：股本50 000元（无面值），留存收益20 000元，合计70 000元。（2）用现金以每股40元的价格购买了KTT公司3 000股发行在外股票的70%，KTT公司2019年1月1日所有者权益的构成为：股本60 000元（面值20元），资本公积20 000元，留存收益40 000元，合计120 000元。MAW公司、KTT公司可辨认净资产公允价值等于其账面价值。

两次合并的有关费用不予考虑，当年各个公司的利润及利润分配情况如表4-13所示。

表4-13　　　　　各公司的利润及利润分配情况　　　　　单位：元

项目	HDY公司	MAW公司	KTT公司
期初余额	240 000	20 000	40 000
实现净收益	104 600*	36 000	(12 000)
宣布并发放股利	(40 000)	(16 000)	(9 000)
期末余额	304 600	40 000	19 000

注：*核算应享子公司净收益之前。

要求：

(1) 编制HDY公司合并MAW、KTT公司会计分录；

(2) 编制子公司实现净收益及分配现金股利时母公司的会计分录；

(3) 计算各个子公司净资产中的少数股东权益以及年末母子公司合并留存收益。

【4-2】练习合并日以后合并报表合并分录的编制。

资料：筑易公司于2019年1月1日获得建业公司75%的发行在外普通股，成本为547 500元。建业公司2019年年初所有者权益构成如下：股本（面值5元）250 000元，资本公积100 000元，留存收益200 000元，合计550 000元。其他资料：

(1) 建业公司可辨认资产公允价值超过账面价值金额如下：

	公允价超过账面价金额
存货（先进先出法）	30 000
固定资产（净，经济寿命10年）	50 000
无形资产（专利，经济寿命5年）	20 000

(2) 筑易公司、建业公司都将折旧费用计入营业成本，摊销费用计入管理费用，采用直线法进

行折旧和摊销。

(3) 截至 2020 年 12 月 31 日，建业公司的净收益和宣布发放的股利如下：

	净收益	股利
2019 年度	80 000	10 000
2020 年度	120 000	75 000

要求：

(1) 假定筑易公司于每年年末收到建业公司发放的股利，编制当建业公司实现净收益及利润分配时筑易公司有关会计分录；

(2) 编制 2019 年年末、2020 年年末为编制合并财务报表所需准备的有关合并分录。

【4-3】练习合并现金流量表的编制。

资料：风华公司及其各个全资子公司需要编制合并后第 2 年的合并现金流量表，请使用以下符号说明下列 13 项内容应在报表中如何列示：

A-O：计算经营活动现金流量时合并净收益外的增加项；

D-O：计算经营活动现金流量时合并净收益外的减少项；

IA：投资活动产生的现金净流量；

FA：融资活动产生的现金净流量。

(1) 子公司净收益中少数股东损益为 37 500 元；

(2) 风华公司向子公司发行应付票据以购买公允价值为 180 000 元的设备；

(3) 风华公司按 10% 比例送股，市值为 675 000 元；

(4) 风华公司派发现金股利 200 000 元；

(5) 风华公司总额为 2 000 000 元的长期负债转为普通股；

(6) 子公司以账面价值 80 000 元的价格将固定资产出售给集团外另一企业；

(7) 风华公司在一个能施加其影响力的被投资企业的净收益中 28 000 的份额，该企业当年未发放现金股利；

(8) 合并折旧及摊销费用合计为 285 000 元；

(9) 子公司摊销了外部持有的应付债券溢价 30 000 元；

(10) 风华公司将其持有的某子公司 80% 的股份以 3 000 000 元的价格全部出售；

(11) 风华公司与 K 公司合并，发行 150 000 股市值为 4 500 000 元的普通股用于换取 K 公司 98% 发行在外的普通股；

(12) 风华公司从子公司处收到现金股利合计 117 000 元；

(13) 子公司宣布发放给少数股东现金股利 21 500 元。

第五章　合并财务报表
——集团内部交易

> 【学习目标】
> 1. 理解并掌握企业集团内部存货交易、固定资产交易、无形资产交易及债券投资的抵销方法；
> 2. 理解企业集团内部交易产生的未实现利润对少数股权权益的影响；
> 3. 理解并掌握与合并财务报表有关的递延所得税会计处理。

第一节　集团内部存货交易

母公司与子公司、子公司相互之间发生的内部存货交易主要是指商品或产品的购销业务。对于发生在企业集团内部的购销业务，购销双方均以独立的会计主体的身份进行了核算。销售企业已将其销售收入和营业成本计入当期损益，列示在利润表中。

从购买企业来说，其购进的商品可能用于对外销售，也可能作为固定资产使用。在购买企业将内部购进的商品用于对外销售时，可能出现以下三种情况：第一种是内部购进的商品本期全部对外销售，按实现的销售收入再一次确认销售收入，并按内部购进的价格结转营业成本；第二种情况是内部购进的商品全部未对外销售，形成期末存货，因而期末存货的价值中含有销售企业已确认的毛利；第三种情况是内部购进的商品部分实现对外销售，销售企业实现的毛利一部分转入营业成本，另一部分形成期末存货价值。当购买企业将内部购进的存货作为固定资产使用时，销售企业实现的毛利则增加了固定资产价值。因此，对内部存货交易虚增的利润和资产价值予以抵销时，应分不同情况进行处理。

一、集团内部存货交易发生当期的抵销处理

1. 购买企业从集团内部购入的存货当期全部对外销售。在购买企业从集团内部购入的存货当期全部对外销售的情况下，从销售企业来说，销售给集团内部的其他成员的商品与销售给集团外部企业的会计处理是相同的，即在销售时确认销售收入、营业

成本、计算损益,并在个别利润表中反映。对于购买企业来说,当企业从内部购进的商品对外销售时,也要一方面确认销售收入,另一方面要按内部转让价格结转营业成本,在个别利润表中分别作为销售收入和营业成本反映,并确认损益。也就是说,对于同一批存货,在销售企业和购买企业的个别利润表上都反映销售收入和营业成本。但从企业集团整体来看,这批存货只实现了一次销售,其销售收入只是购买企业对集团外销售所形成的销售收入,其营业成本只是集团内生产并销售该产品的企业的营业成本,企业集团内部的存货购销业务应属于存货调拨活动,只是使存货的存放地点发生了变动。

因此,在编制合并会计报表时,就必须将销售企业的内部销售收入与购买企业按内部转让价格结转的营业成本予以抵销。在工作底稿中编制抵销分录为:

借:主营业务收入　　　　　　　　　　　(集团内销售企业的销售收入)
　　贷:主营业务成本　　　　　　　　　　(集团内购买企业的营业成本)

【例 5-1】 乙公司为甲公司的子公司,本期乙公司向甲公司购进 A 商品一批,甲公司该批商品成本价 300 000 元,向乙公司的销售价格为 350 000 元;年内乙公司将该批商品全部对集团外销售,销售价格为 380 000 元。

该笔业务在甲公司和乙公司的个别报表中,分别做出如下反映:

甲公司:主营业务收入 350 000 元,主营业务成本 300 000 元;

乙公司:主营业务收入 380 000 元,主营业务成本 350 000 元。

从企业集团角度看,该笔业务实际成本只是 300 000 元,实现的销售收入只有 380 000 元。在集团利润表上只能反映主营业务收入 380 000 元,主营业务成本 300 000 元。在工作底稿上应编制抵销分录:

借:主营业务收入　　　　　　　　　　　　　　　　　　350 000
　　贷:主营业务成本　　　　　　　　　　　　　　　　　　350 000

2. 购买企业从集团内部购进的存货全部未对外销售。在内部购进的存货未实现对集团外销售的情况下,从销售企业来说,将存货转让给集团内成员时,已按一般的销售业务确认了销售收入,结转了营业成本,并列示于利润表中,购买企业按内部的销售价格记录了存货的成本。这一业务从企业整体的角度看,实际上只是商品存放地点发生了变化,没有真正地实现对企业集团销售,不能确认实现的销售收入,也没有发生营业成本,存货也不会因存放地变动就发生增值。因此,在编制合并会计报表时,应当将销售企业由此而确认的内部销售收入和结转的营业成本予以抵销,同时还应将购买企业资产负债表的期末存货中包含的销售企业确认的毛利予以抵销,将集团内购买企业的存货成本还原为存货的原始成本,消除虚增的存货价值。在工作底稿中,编制抵销分录为:

借:主营业务收入　　　　　　　　　　　(集团内销售企业的销售收入)
　　贷:主营业务成本　　　　　　　　　　(集团内销售企业的营业成本)
　　　　存货　　　　　　　　　　　　　(购买企业存货中包含的销售企业的毛利)

【例5-2】乙公司为甲公司的子公司，接近期末乙公司向甲公司购进A商品一批，甲公司该批商品成本价300 000元，销售价350 000元。该批商品乙公司尚未对外销售。

该笔业务在甲公司和乙公司的个别报表中，分别做了如下记录：

甲公司：主营业务收入350 000元，主营业务成本300 000元；

乙公司：存货350 000元。

从企业集团角度看，该笔业务没有实现销售，存货的价值只有300 000元。在工作底稿上应编制抵销分录：

借：主营业务收入　　　　　　　　　　　　　　350 000
　　贷：主营业务成本　　　　　　　　　　　　　　300 000
　　　　存货　　　　　　　　　　　　　　　　　　 50 000

3. 购买企业从集团内部购进的存货部分对外销售，部分形成期末存货。购买企业从集团内部购进的存货部分对外销售，部分形成期末存货的情况可以将内部购买的商品分为两部分理解：一部分为当期购买的商品已全部对外销售，另一部分全部未对外销售而形成了期末存货。

【例5-3】乙公司为甲公司的子公司，本期乙公司向甲公司购进A商品一批，甲公司该批商品成本价为300 000元，向乙公司的销售价格为350 000元。年内乙公司将该批商品60%对集团外的销售，销售价格为250 000元。

该笔业务在甲公司和乙公司的个别报表中，分别做了如下记录：

甲公司：主营业务收入350 000元，主营业务成本300 000元；

乙公司：主营业务收入250 000元，主营业务成本210 000元，期末存货140 000元。

从企业集团角度看，该笔业务对外销售实际成本只能是180 000元（300 000×60%），实现的销售收入只有250 000元，期末存货成本为120 000元（300 000×40%）。在集团利润表上只能反映主营业务收入250 000元，主营业务成本180 000元。应抵销销售收入350 000元、营业成本330 000元（300 000＋210 000－180 000）、存货20 000元。在工作底稿上应编制抵销分录：

借：主营业务收入　　　　　　　　　　　　　　350 000
　　贷：主营业务成本　　　　　　　　　　　　　　330 000
　　　　存货　　　　　　　　　　　　　　　　　　 20 000

上笔业务也可做如下抵销分录：

借：主营业务收入　　　　　　　　　　　　　　350 000
　　贷：主营业务成本　　　　　　　　　　　　　　350 000

同时

借：主营业务成本　　　　　　　　　　　　　　 20 000
　　贷：存货　　　　　　　　　　　　　　　　　　 20 000

4. 购买企业从集团内部购进的商品作为固定资产使用。在集团内成员企业将存货销售给内部其他成员企业作为固定资产使用的情况下，对于销售企业来说是作为普通商品销售并进行会计处理，在销售时确认了收入，结转了销售成本，计算出损益反映在个别会计报表中；对于购买企业来说，则以内部购进价格作为固定资产原值记账，其固定资产原值中包含销售企业的毛利。但从整个企业集团来说，固定资产只能以销售企业生产该产品的成本在合并会计报表中反映。因此，在编制合并会计报表时，应将销售企业反映在利润表上未实际实现的收入和成本予以抵销，同时也应将购买企业固定资产中包含的未实现的内部销售利润予以抵销。

【例 5-4】某企业集团的子公司 A 企业将自己生产的产品销售给集团内部的另一子公司 B 企业作固定资产使用。其销售价格为 400 000 元，已知 A 企业的销售毛利率为 20%。A 企业该产品成本为 400 000×(1-20%)=320 000（元），实现的毛利为 400 000×20%=80 000（元）。

集团公司在工作底稿上应编制如下抵销分录：

借：主营业务收入　　　　　　　　　　　　　　　400 000
　　贷：主营业务成本　　　　　　　　　　　　　　320 000
　　　　固定资产　　　　　　　　　　　　　　　　 80 000

二、连续编制合并会计报表时内部购销存货的抵销处理

对于上期内部购进商品全部实现对外销售的情况，在本期连续编制合并会计报表时不需要考虑对本期的影响。但在上期内部购进商品形成期末存货的情况下，由于本期编制合并会计报表时是以母公司和子公司本期个别会计报表为基础，而母公司和子公司个别会计报表中未实现内部销售利润是作为上期实现利润包括在年初未分配利润之中，因此，上期编制合并会计报表时抵销的内部购进存货中包含的未实现内部销售利润，也对本期的年初未分配利润产生影响。本期编制合并会计报表时必须在合并母、子公司年初未分配利润的基础上，将上期抵销的未实现内部销售利润对本期年初未分配利润的影响予以抵销，调整本期年初未分配利润的数额。

在连续编制合并会计报表的情况下，首先必须将上期抵销的期末存货价值中包含的未实现内部销售利润对本期年初未分配利润的影响予以抵销，调整本期年初未分配利润的数额，然后再对本期内部购销存货进行抵销处理，其具体抵销处理程序和方法如下：

1. 将上期抵销的存货价值中包含的未实现内部销售利润对本期年初未分配利润的影响进行抵销。即按照上期内部购进期末存货价值中包含的未实现内部销售利润的数额，借记"年初未分配利润"项目，贷记"主营业务成本"项目。这一抵销分录，可以理解为上期内部购进的存货中包含的未实现内部销售利润在本期视同为实现利润，将上期未实现内部销售利润转为本期实现的利润，冲减当期的合并营业成本。

2. 对于本期内发生集团内部购销业务，将内部销售收入、内部营业成本予以抵

销。即按照销售企业内部销售收入的数额，借记"主营业务收入"项目，贷记"主营业务成本"项目。

3. 将期末内部购进存货价值中包含的未实现内部销售利润予以抵销。对于内部购进形成的期末存货（包括上期结转形成的本期期末存货），应按照购买企业期末内部交易存货价值中包含的未实现内部销售利润的数额，借记"主营业务成本"项目，贷记"存货"项目。这一抵销分录实际上可以理解为本期期末内部交易存货全部为本期购进商品形成的期末存货，按本期销售企业的销售毛利率进行抵销处理。

【例 5-5】乙公司为甲公司的子公司，乙公司期初存货中有从母公司购进的产品 100 000 元，本期乙公司又向甲公司购进 A 商品一批，购进价格 300 000 元，已知甲公司上年和本年销售毛利率均为 20%。年内乙公司将上年从甲公司购进的存货全部对集团外销售，本年购进 A 商品的 60% 对集团外销售。

甲公司上年内部销售实现的毛利，虽然在上年末编制合并会计报表的抵销分录予以抵销，但在个别报表中并未予以抵销，集团公司本年编制合并会计报表时，应将乙公司本年虚增的成本与甲公司的年初未分配利润抵销。根据上述资料，集团公司在工作底稿上应编制抵销分录包括：

（1）将乙公司销售期初存货虚增的成本与甲公司的年初未分配利润抵销。

借：年初未分配利润　　　　　　　　　　　　　　　20 000
　　贷：主营业务成本　　　　　　　　　　　　　　　　　　20 000

（2）将本期内部交易存货的内部销售收入与营业成本及期末存货虚增的成本予以抵销。

借：主营业务收入　　　　　　　　　　　　　　　　300 000
　　贷：主营业务成本　　　　　　　　　　　　　　　　　　276 000
　　　　存货　　　　　　　　　　　　　　　　　　　　　　24 000

或

借：主营业务收入　　　　　　　　　　　　　　　　300 000
　　贷：主营业务成本　　　　　　　　　　　　　　　　　　300 000
借：主营业务成本　　　　　　　　　　　　　　　　 24 000
　　贷：存货　　　　　　　　　　　　　　　　　　　　　　24 000

第二节　集团内部固定资产交易

对于企业集团内部固定资产交易，根据企业销售的是产品还是固定资产，可以划分为三种类型：第一类型是集团内某企业将自身使用的固定资产变卖给集团内的其他企业作为固定资产使用；第二种类型是集团内部某企业将自身生产的产品销售给集团内的其他企业作为固定资产使用；第三种类型是集团内部某企业将自身使用的固定资产变卖给集团内的其他企业作为普通商品对外销售。不过第三种类型的固定资产交易，在企业集团内部发生极少，所以下面只就第一种和第二种类型的固定资产内部交易进行讨论。

固定资产的使用往往跨越几个会计期间，内部交易的固定资产不仅与交易发生当期相关，而且与以后使用该固定资产的会计期间相关，在编制合并会计报表时，不仅在该交易发生的当期要考虑固定资产原价中包含的未实现内部销售利润的抵销，而且在以后持有该固定资产的期间每年都要考虑原价中包含的未实现内部销售利润的抵销。

固定资产在使用期内，是以其原值作为基数分期计提折旧的。由于购买企业的固定资产原价中含有未实现的内部销售利润，并据此计提了折旧，因此每期计提的折旧额必大于按集团主体历史成本计价而计提的折旧额。因此编制合并会计报表时，还应将多计提的折旧与多计的折旧费予以抵销。

一、固定资产内部交易发生当期抵销处理

（一）第一种类型的内部固定资产交易的抵销处理

企业集团内部某企业将自用的固定资产变卖给企业集团内的其他企业作为固定资产使用，对于销售企业来说，其资产负债表中已表现为固定资产原价和累计折旧的减少，处理固定资产的净收益或净损失，作为营业外收入或营业外支出列示在利润表中。对于购买企业来说，在其个别会计报表中则按销售企业的转让价值计入固定资产增加。因而在购买企业的固定资产原价中，既包括该固定资产在原销售企业的净值，也包括销售企业因变卖该固定资产所实现的收益。但从整个企业集团来看，这一交易属于企业集团内部固定资产调拨性质，只是使用地点发生了变化，既不能实现收益，也不会使固定资产的净值发生变化。因此，在编制会计报表时，必须将内部固定资产交易未实现的销售利润与固定资产净值的增加金额相抵销。

【例5-6】乙公司为甲公司的子公司，乙公司将净值为200 000元的某项固定资产，以220 000元的价格变卖给甲公司作为固定资产使用。甲公司固定资产按220 000元入账。对此，集团公司在编制合并会计报表时，应编制抵销分录：

借：营业外收入　　　　　　　　　　　　　　　　　　20 000
　　贷：固定资产原价　　　　　　　　　　　　　　　　　　20 000

上例中，假定甲公司从乙公司购入的固定资产使用期限为4年，预计净残值为零，乙公司采用平均年限法计提折旧，当年多提取的折旧额为5 000元。编制合并会计报表时，应编制抵销分录：

借：累计折旧　　　　　　　　　　　　　　　　　　　5 000
　　贷：管理费用　　　　　　　　　　　　　　　　　　　　5 000

（二）第二种类型的内部固定资产交易的抵销

企业集团内部某企业将自产的产品销售给企业集团内的其他企业作为固定资产使用，对于销售企业来说，已将销售产品的收入和营业成本计入了当期的损益，列示在利润表中。购买固定资产的企业则按销售企业的销售价格作为固定资产原价列示在资产负债表中。但从整个企业集团角度出发，应相当于自建固定资产然后交付使用，不可能产生利润。作为固定资产生产企业（销售企业），既不能实现销售收入，也不会发生营业成本。因此，编制会计报表时，必须将该项交易所形成的内部销售收入和内部营业成本及未实现的内部销售利润予以抵销，使合并报表上反映的固定资产原价是内部转让企业的原价。

【例5-7】乙公司为甲公司的子公司，甲公司自产的产品成本价200 000元，以250 000元的价格销售给乙公司作为固定资产使用。乙公司固定资产按250 000元入账。对此，集团公司在编制会计报表时，应编制如下抵销分录：

借：主营业务收入　　　　　　　　　　　　　　250 000
　　贷：主营业务成本　　　　　　　　　　　　　　200 000
　　　　固定资产原价　　　　　　　　　　　　　　 50 000

上例中，假定乙公司从甲公司购入的固定资产使用期限为5年，预计净残值为零，乙公司采用平均年限法计提折旧，当年多提取的折旧额为10 000元。编制合并会计报表时，应编制抵销分录：

借：累计折旧　　　　　　　　　　　　　　　　 10 000
　　贷：管理费用　　　　　　　　　　　　　　　　 10 000

二、内部固定资产交易以后各期的抵销处理

在固定资产交易以后的各会计期间，内部交易的固定资产购买企业仍然以其含有内部销售利润的原价在个别会计报表中列示。相应地，销售企业以前年度由于该内部交易的固定资产所实现的内部销售利润，形成销售当期的净利润结转到以后各期的年初未分配利润，列示于个别利润分配表中。因此，在以后各期编制合并会计报表时，首先，必须将其固定资产原价中包含的未实现的内部销售利润与销售企业的年初未分配利润予以抵销。其次，对于购买企业该固定资产在以前会计期间多计提的折旧而增加的费用使各期的利润减少，也已逐年结转影响到年初未分配利润，在编制合并会计报表时，还必须按照以前会计期间累计多计提的折旧额抵销期初累计折旧和年初未分配利润。最后，该内部交易固定资产在本期多计提折旧导致本期有关费用项目增加和累计折旧的增加，也应予以抵销。通过以上抵销，使该内部交易固定资产原价恢复为原销售企业的成本价，各期计提的累计折旧恢复为以不包含未实现内部销售利润的原价为基础计提的累计折旧额。其具体程序如下：

（1）将内部交易固定资产原价中包含的未实现内部销售利润抵销，并调整年初未分配利润，即按照固定资产原价中包含的未实现内部销售利润的数额，借记"年初未分配利润"项目，贷记"固定资产原价"项目。

（2）将以前会计期间内部交易固定资产多计提的累计折旧抵销，并调整年初未分配利润。借记"累计折旧"项目，贷记"年初未分配利润"项目。

（3）将本期由于该内部交易固定资产的使用而多计提的折旧费用予以抵销，并调整本期计提的累计折旧额。借记"累计折旧"项目，贷记"管理费用"等费用项目。

【例5-8】以【例5-7】资料为例，第二年至第四年集团公司在编制合并会计报表时，对甲、乙两公司内部交易的固定资产应作的抵销如下：

1. 第二年编制合并会计报表。

（1）将固定资产原价中包含的未实现内部销售利润抵销。

借：年初未分配利润　　　　　　　　　　　　　　　　　50 000
　　　贷：固定资产原价　　　　　　　　　　　　　　　　　　50 000

（2）将上年多计提的折旧予以抵销。

借：累计折旧　　　　　　　　　　　　　　　　　　　　10 000
　　　贷：年初未分配利润　　　　　　　　　　　　　　　　　10 000

（3）将当年多计提的折旧予以抵销。

借：累计折旧　　　　　　　　　　　　　　　　　　　　10 000
　　　贷：管理费用　　　　　　　　　　　　　　　　　　　　10 000

当年多计提的折旧和以前年度多计提的折旧也可以并成一笔进行抵销。

2. 第三年编制合并会计报表时，编制的抵销分录如下：

（1）将固定资产原价中包含的未实现内部销售利润抵销。

借：年初未分配利润　　　　　　　　　　　　　　　　　50 000
　　　贷：固定资产原价　　　　　　　　　　　　　　　　　　50 000

（2）将多计提的折旧予以抵销。

借：累计折旧　　　　　　　　　　　　　　　　　　　　30 000
　　　贷：年初未分配利润　　　　　　　　　　　　　　　　　20 000
　　　　　管理费用　　　　　　　　　　　　　　　　　　　　10 000

3. 第四年编制合并会计报表时，应编制的抵销分录如下：

（1）将固定资产原价中包含的未实现内部销售利润抵销。

借：年初未分配利润　　　　　　　　　　　　　　　　　50 000
　　　贷：固定资产原价　　　　　　　　　　　　　　　　　　50 000

（2）将多计提的折旧予以抵销。

借：累计折旧　　　　　　　　　　　　　　　　　　　　40 000

  贷：年初未分配利润   30 000
    管理费用   10 000

三、内部交易固定资产清理期间的抵销处理

  内部交易的固定资产，对于销售企业来说，交易实现的利润，总是作为年初未分配利润的一部分结转到以后各会计期间。对于购买企业来说，每年多计提的折旧减少的利润也累计结转到以后各会计期间年初未分配利润。站在集团公司的角度，当固定资产使用期满，销售企业销售固定资产未实现的年初未分配利润与购买企业多计提的折旧所减少的年初未分配利润已自然抵销。另外，购买企业在固定资产报废时，该固定资产原价和已计提的折旧也都通过"固定资产清理"账户予以转销，期末已不包含在资产负债表中。

  正常情况下，报废当年需要抵销的只有当年多计提的折旧费。由于固定资产的折旧年限是估计的使用年限，实际工作中固定资产清理的时间可能出现三种情况：（1）如期清理；（2）超期清理；（3）提前清理。所以需要分别不同情况讨论其有关的抵销问题。

  1. 内部交易固定资产使用期满如期进行清理时的抵销。

  【例 5 - 9】仍以【例 5 - 7】的资料为例，假设乙公司从甲公司购进的固定资产在第五年如期报废，根据前述内部交易固定资产的抵销处理，则第五年编制合并会计报表时，应编制如下抵销分录：

  （1）将固定资产原价中包含的未实现内部销售利润抵销。

  借：年初未分配利润   50 000
    贷：固定资产原价   50 000

  （2）将多计提的折旧予以抵销。

  借：累计折旧   50 000
    贷：年初未分配利润   40 000
      管理费用   10 000

  但是，在固定资产如期进行清理报废的情况下，内部交易的固定资产的折旧已提足，购买固定资产的企业将固定资产原价与其计提的折旧均已转账注销，固定资产原价中包含的未实现的内部销售利润和累计折旧中包含的因未实现内部销售利润多提的折旧在个别会计报表中均不复存在，不必再予以抵销。只有本期管理费用中包含的多计提的折旧费需要抵销。所以在固定资产清理当年只需作抵销分录：

  借：年初未分配利润   10 000
    贷：管理费用   10 000

  2. 内部交易固定资产超期使用的抵销处理。

  内部交易固定资产超期使用时，该固定资产在其预计的使用期内的最后一个会计

期间,仍然要计提折旧,同时,该固定资产的原价及其已经计提的折旧仍然列示在购买企业的资产负债表中。所以在最后一个会计期间,仍要将固定资产原价中包含的未实现内部销售利润予以抵销,以调整年初未分配利润,同时还要将以前各期多计提的折旧予以抵销,并将本期管理费用中多计提的折旧予以抵销。

【例5-10】以【例5-7】资料为例,假设乙公司从甲公司购进的固定资产第七年报废。

(1) 第五年编制合并会计报表时,应编制抵销分录。

①将固定资产原价中包含的未实现内部销售利润抵销。

借:年初未分配利润	50 000
贷:固定资产原价	50 000

②将多计提的折旧予以抵销。

借:累计折旧	50 000
贷:年初未分配利润	40 000
管理费用	10 000

(2) 第六年集团公司编制合并会计报表时,应编制抵销分录。

在内部交易的固定资产超期使用的各个会计期间内,虽然购买企业不再计提折旧,但由于固定资产仍在使用,并将其列示在资产负债表之中,集团公司在编制合并会计报表时,必须将该固定资产原价中包含的未实现利润与多计提的折旧予以抵销。销售企业年初未分配利润包含的未实现的利润与购买企业每年多确认的折旧费对年初未分配利润的累计影响已自然抵销。应编制抵销分录:

①将固定资产原价中包含的未实现内部销售利润抵销。

借:年初未分配利润	50 000
贷:固定资产原价	50 000

②将多计提的折旧予以抵销。

借:累计折旧	50 000
贷:年初未分配利润	50 000

或编制抵销分录:

借:累计折旧	50 000
贷:固定资产原价	50 000

(3) 第七年,该固定资产进行清理,因购买企业将固定资产原价与其计提的折旧均已注销,该内部的固定资产对合并会计报表不再产生影响,也不必作任何抵销分录。

3. 内部交易固定资产提前清理的抵销处理。

内部交易固定资产使用期限未满提前进行清理的情况下,购买企业将固定资产原价与其计提的折旧均已注销,固定资产原价中包含的未实现的内部销售利润和累计折旧中包含的因未实现销售利润多计提的折旧已不复存在,所以这些已不必再予以抵销。但是由于固定资产提前报废，购买企业计入"营业外支出"的固定资产清理净损失中含有固定资产原价中一部分未实现的内部销售利润，需要与销售企业的年初未分配利润予以抵销，此外，本期管理费用中包含的就未实现的因内部销售利润多计提的折旧费用也需要予以抵销。

【例 5-11】 以【例 5-7】资料为例，假设乙公司从甲公司购进的固定资产第四年进行清理。第四年集团公司编制合并会计报表时，应编制抵销分录：

（1）抵销当年多计提的折旧。

借：年初未分配利润　　　　　　　　　　　　　　　　10 000
　　贷：管理费用　　　　　　　　　　　　　　　　　　　　10 000

（2）抵销多确认的清理净损失。

借：年初未分配利润　　　　　　　　　　　　　　　　10 000
　　贷：营业外支出　　　　　　　　　　　　　　　　　　　10 000

第三节　集团内部债券交易

当企业集团内部一家公司持有另一家公司发行的债券时，这种业务就形成了集团内部的债权债务，因而在编制合并报表时，必须将一个企业的债券投资与另一个企业的应付债券予以抵销，同时由此产生的利息收入、利息费用和应计利息也必须抵销。

集团内部债券投资可以通过两种方式获得：（1）集团内公司从一级市场直接购买另一公司发行的债券；（2）从二级市场上购买集团内公司已发行的债券。

一、集团内公司从一级市场购买另一公司发行的债券

【例 5-12】 A 公司和 B 公司同属甲公司的控股子公司。2016 年 1 月 1 日 A 公司购买了 B 公司当日发行的三年期的债券面值 400 000 元，年利率 8%，该债券每年末计提利息，到期一次性还本付息。假定 B 公司筹集的资金用于生产经营。

2016 年年末，该项业务 A 公司反映在资产负债表的长期债权投资为 432 000 元，其中面值 400 000 元，应计利息 32 000 元；反映在利润表上的投资收益为 32 000 元。

该项业务 B 公司反映在资产负债表的应付债券为 432 000 元，其中面值 400 000 元，应计利息 32 000 元；反映在利润表上的财务费用为 32 000 元。

2016 年年末，集团公司编制合并会计报表时，应编制抵销分录：

（1）将资产负债表上的内部长期债权投资与应付债券予以抵销。

借：应付债券　　　　　　　　　　　　　　　　　　432 000
　　贷：债权投资　　　　　　　　　　　　　　　　　　　432 000

（2）将利润表上因内部投资与筹资活动形成的投资收益与财务费用予以抵销。

借：投资收益 32 000
  贷：财务费用 32 000

如果 B 公司筹集的资金是用于固定资产投资，其利息计入在建工程，集团公司在编制合并会计报表时，则应将 A 公司的投资收益与 B 公司的在建工程的成本予以抵销。

借：投资收益 32 000
  贷：在建工程 32 000

二、从二级市场购买集团内公司已发行的债券

当集团内公司在二级市场上购买了集团内另一家公司的债券后，对于整个企业集团来说，是属于债券的赎回，会产生交易利得或损失，因为获取债券的成本与当初发行债券的价格往往不相等。从会计处理上，购入企业的"长期债权投资"余额与发行企业的"应付债券"余额不相等，也就是存在赎回收益或损失。

在编制合并会计报表时，如果与债券赎回有关的子公司是全资子公司，则无论这种赎回损益属于母公司或子公司，合并报表的结果都是一样的；但当与债券赎回有关的子公司存在少数股权时，就需要明确赎回损益的归属问题，因为赎回损益归属于母公司还是归属于子公司，会导致合并净利润的不同。理论上对于赎回损益归属有四种不同的意见：（1）归属于母公司，因为母公司在企业集团中居于支配地位，因此赎回债券的损益应归属作出决策的母公司；（2）归属于发行债券的公司，也就是将集团内部的购买看成是发行企业提前赎回自己发行的债券，这样赎回损益就应当归属于发行企业；（3）归属于购买债券的公司，认为债券赎回损益产生于债券购买行为，理应由购买企业承担，但需要注意的是购买企业可能并没有赎回的决策权利，而是受母公司的安排进行购买的，因而这种做法较为不妥；（4）由发行债券的公司与购买债券的公司共同负担。以下的例子按照第二种做法进行处理。

【例 5-13】假设 S 公司（P 公司部分控股子公司）于 2015 年 1 月 1 日公开发行面值 500 000 元，利率为 10% 到期日为 2020 年 1 月 1 日的债券。发行时市场利率为 12%，债券采取折价发行，利息于每年的 1 月 1 日支付，不考虑债券发行费用。S 公司发行债券取得的净收入为 463 952 元（即按 12% 利率复利计算的面值与利息的折现值）。

又假设 P 公司在 2015 年年末从公开市场上以 257 175 元加上一年 30 000 元的应计利息购得面值为 300 000 元（即发行总额的 60%）的债券，当时市场利率为 15%。257 175 元购买成本即按 15% 利率复利计算的 300 000 元面值和 4 期 30 000 元利息的折现值。

（1）2015 年 S 公司的会计处理如下：

发行债券时：

借：银行存款 463 952
  应付债券—债券折价 36 048
  贷：应付债券—面值 500 000

年末计提利息并摊销折价（按实际利率法）：

借：财务费用　　　　　　　　　　　　　　　　　　55 674
　　贷：应付利息　　　　　　　　　　　　　　　　　　50 000
　　　　应付债券—债券折价　　　　　　　　　　　　　 5 674

（2）2015年P公司的会计处理如下：

年末购买债券时：

借：债权投资　　　　　　　　　　　　　　　　　　257 175
　　应收利息　　　　　　　　　　　　　　　　　　　30 000
　　贷：银行存款　　　　　　　　　　　　　　　　　287 175

从合并主体来看，P公司购入的S公司债券相当于债券清偿并实现了24 601元的利得，计算如下：

P公司所购买的S公司发行的60%部分债券的账面价值：281 776

减：P公司投资成本　　　　　　　　　　　　　　　　257 175

已实现的债券清偿利得：　　　　　　　　　　　　　　 24 601

但应注意上述利得并没有记录在任何一个公司的账户中。下面的抵销分录将其归属于S公司，认为母公司在公开市场上购入子公司债券实质上是子公司债务清偿（赎回）。母公司被视为子公司在公开市场上的代理，因此利得应归属于子公司。24 601元利得应体现在2001年合并损益表中。

（3）2015年年末合并报表的抵销分录：

借：应付债券—面值—S公司　　　　　　　　　　　　300 000
　　贷：应付债券—债券折价—S公司　　　　　　　　　 18 224
　　　　债权投资—P公司　　　　　　　　　　　　　　257 175
　　　　投资收益—S公司　　　　　　　　　　　　　　 24 601

（4）以后年度利得的处理。假设P公司使用与S公司同样的摊销方法对购入债券的折价进行摊销，那么24 601元在购入时已实现但尚未记录的利得将通过合并主体中两个公司对折价的摊销及其差异逐步得到记录。在以后年度编制合并报表时，需要抵销个别报表中未记录但已实现的利得对合并损益表期初未分配利润的影响，该影响数随着折价的摊销而逐步减少。

2016年S公司的会计处理：

年初支付利息：

借：应付利息　　　　　　　　　　　　　　　　　　30 000
　　贷：银行存款　　　　　　　　　　　　　　　　　30 000

年末计提利息并摊销折价（按实际利率法）：

借：财务费用　　　　　　　　　　　　　　　　　　56 355
　　贷：应付利息　　　　　　　　　　　　　　　　　50 000

应付债券—债券折价	6 355

2016 年 P 公司的会计处理：

借：应收利息	30 000
债权投资	8 576
贷：投资收益	38 576

2016 年年末编制合并报表的抵销分录如下：

借：投资收益—P 公司	38 576
应付债券—面值—S 公司	300 000
贷：应付债券—债券折价—S 公司	14 411
财务费用—S 公司	33 813
债权投资—P 公司	265 751
年初未分配利润—S 公司	24 601

上述抵销分录确认了合并损益表年初留存收益 24 601 元，这是集团内部购入债券 2015 年实现的利得，而将 2016 年当年个别报表上多确认的收益及费用冲销掉。

2017 年的抵销分录必须考虑 2015 年及 2016 年个别报表对于内部购入债券的处理。显然，2015 年内部购入债券从集团主体来看已实现的利得 2017 年个别报表仍然没有确认，致使 2017 年合并年初留存收益减少了 24 601 元；同时 2016 年个别报表上多计了由于内部债券交易而产生的投资收益 38 576 元及财务费用 33 813 元，两者的综合影响导致 2017 年按个别报表合并的年初留存收益（也就是 2002 年年末的留存收益）多计了 4 763 元。2017 年当年内部债券交易个别报表多计的收益及费用冲销掉。抵销分录列示如下：

借：投资收益—P 公司	39 863
应付债券—面值—S 公司	300 000
贷：应付债券—债券折价—S 公司	10 140
财务费用—S 公司	34 271
债权投资—P 公司	275 596
年初未分配利润—S 公司	19 856

2018 年、2019 年的合并抵销与前面基本相同，2020 年当 S 公司偿还了所有的到期债券后就无须再做与债券投资有关的抵销了。

第四节　集团内部往来债权债务

母公司与子公司之间、子公司相互之间的债权与债务项目，包括母公司与子公司之间、子公司与子公司之间的应收票据与应付票据、应收账款与应付账款、预付账款与预收账款、其他应收款与其他应付款等。发生在母公司与子公司之间、子公司与子公司之间的这些债权债务,在其个别会计报表中,债权方与债务方分别以资产、负债列示于资产负债表上,但是,从整个企业集团的角度出发,这些债权债务只是内部资金往来,既不会因此而产生额外的资产,也不会产生额外的负债。因此,在编制合并会计报表时,应当将内部的债权债务项目相互抵销,同时还应将因这种债权所计提的坏账准备予以抵销。

一、内部往来发生当期的抵销处理

【例 5-14】母公司个别资产负债表中应收账款 80 000 元中有 50 000 元为子公司的应付账款;预收账款 30 000 元中有 10 000 元是子公司的预付账款;另有子公司甲的其他应收款 200 000 元为子公司乙的其他应付款。年末编制合并会计报表时,集团公司编制抵销分录:

1. 抵销集团内部往来款项。

借:应付账款　　　　　　　　　　　　　　　　　　　50 000
　　预收账款　　　　　　　　　　　　　　　　　　　10 000
　　其他应付款　　　　　　　　　　　　　　　　　　200 000
　　贷:应收账款　　　　　　　　　　　　　　　　　　50 000
　　　　预付账款　　　　　　　　　　　　　　　　　　10 000
　　　　其他应收款　　　　　　　　　　　　　　　　　200 000

2. 坏账准备与管理费用的抵销。

在坏账损失采用备抵法进行处理的情况下,债权企业均按应收款项的一定比例计提了坏账准备,并在个别报表中予以列示。在编制合并会计报表时,随着内部往来款项的抵销,相应也要将内部往来所计提的坏账准备予以抵销。假定该集团公司均按应收款项的 5% 计提坏账准备,则母公司计提的坏账准备为 2 500 元,甲公司计提的坏账准备为 10 000 元。编制合并会计报表时,应编制抵销分录:

借:坏账准备　　　　　　　　　　　　　　　　　　　12 500
　　贷:信用减值损失　　　　　　　　　　　　　　　　12 500

二、以后各期内部往来业务的抵销处理

集团公司在以后各期存在的内部往来可能有三种情况:(1) 本期应收账款、其他应收款期末余额与上期末相等;(2) 本期应收账款、其他应收款期末余额大于上期末余额;(3) 本期应收账款、其他应收款期末余额小于上期末余额。下面分三种情况介绍坏账准备的抵销处理。

(一) 本期末应收账款、其他应收款余额与上期相等

由于本期内部应收账款、其他应收款的余额与上期相等,因此,本期内部应收账

款和其他应收款不需要补提坏账准备,也没有冲销坏账准备,只需要将上期计提的坏账准备对年初未分配利润的影响予以抵销。

【例 5-15】以【例 5-14】的资料为例,假设第二年年末集团公司内部的应收账款余额仍为 50 000 元,其他应收款余额仍为 200 000 元。上年已按应收款项的 5% 计提了坏账准备,本年坏账准备提取率不变。

编制合并会计报表时,应编制抵销分录:

(1) 抵销集团内部往来。

借:应付账款　　　　　　　　　　　　　　　　　　　　　50 000
　　其他应付款　　　　　　　　　　　　　　　　　　　　200 000
　　贷:应收账款　　　　　　　　　　　　　　　　　　　　50 000
　　　　其他应收款　　　　　　　　　　　　　　　　　　200 000

(2) 坏账准备与年初未分配利润抵销。

借:坏账准备　　　　　　　　　　　　　　　　　　　　　12 500
　　贷:年初未分配利润　　　　　　　　　　　　　　　　 12 500

(二) 本期应收账款、其他应收款余额大于上期期末余额

当本期内部应收账款、其他应收款大于上期末余额时,债权增加的一方在上年已计提的坏账准备的基础上本期补提了坏账准备。当编制合并会计报表时,一方面要将上期计提的坏账准备抵销,调整年初未分配利润;另一方面要将本期内补提的坏账准备予以抵销。

【例 5-16】以【例 5-14】的资料为例。假设第二年年末集团公司内部的应收账款余额为 350 000 元,其他应收款余额为 250 000 元。内部应收款较上年共增加了350 000元,补提了坏账准备 17 500 元。

编制合并会计报表时,应编制抵销分录:

(1) 抵销集团内部往来。

借:应付账款　　　　　　　　　　　　　　　　　　　　 350 000
　　其他应付款　　　　　　　　　　　　　　　　　　　　250 000
　　贷:应收账款　　　　　　　　　　　　　　　　　　　350 000
　　　　其他应收款　　　　　　　　　　　　　　　　　　250 000

(2) 坏账准备与年初未分配利润的抵销。

借:坏账准备　　　　　　　　　　　　　　　　　　　　　12 500
　　贷:年初未分配利润　　　　　　　　　　　　　　　　 12 500

(3) 将本期补提的坏账准备与管理费用抵销。

借:坏账准备　　　　　　　　　　　　　　　　　　　　　17 500
　　贷:信用减值损失　　　　　　　　　　　　　　　　　 17 500

或可以将（2）、（3）项合并抵销。

  借：坏账准备   30 000
    贷：年初未分配利润   12 500
      信用减值损失   17 500

（三）本期应收账款、其他应收款期末余额小于上期末余额

当本期内部应收账款、其他应收款小于上期期末余额时，收回债权的一方在上年已计提的坏账准备的基础上调整减少坏账准备。在编制合并会计报表时，一方面要将上期计提的坏账准备抵销，调整年初未分配利润；另一方面要将本期内转销的坏账准备与当期冲销的管理费用予以抵销。

【例5–17】仍以【例5–14】的资料为例，第二年年末集团公司内部的应收账款余额为0元，其他应收款余额为100 000元。内部应收款项较上年共减少了150 000元，只要求保留坏账准备5 000元，个别报表已转销坏账准备7 500元。

编制合并会计报表时，应编制抵销分录：

（1）抵销集团内部往来。

  借：其他应付款   100 000
    贷：其他应收款   100 000

（2）坏账准备与年初未分配利润抵销。

  借：坏账准备   12 500
    贷：年初未分配利润   12 500

（3）将本期转消的坏账准备与管理费用抵销。

  借：信用减值损失   7 500
    贷：坏账准备   7 500

或将以上两笔抵销分录合并为一笔抵销。

  借：管理费用   7 500
    信用减值损失   5 000
    贷：年初未分配利润   12 500

第五节 集团内部未实现利润对非控股权益的影响

在部分控股子公司的情况下，集团内部交易产生的未实现损益的抵销会影响子公司净利润，从而会影响到非控股股东权益的正确计算。以下举例说明。

【例5–18】以第四章第三节中和永公司与华发公司的资料为例。在2017年年末的抵销分录如下：

借：股本—华发公司	400 000	
资本公积—华发公司	235 000	
期初留存收益—华发公司	384 000	
投资收益—和永公司	81 700	
非控股股东损益	4 300	
固定资产（净）—华发公司	162 000	（176 000－14 000）
无形资产（专利）—华发公司	20 000	（25 000－5 000）
商誉—和永公司	36 100	（37 050－950）
营业成本—华发公司	12 000	
管理费用—华发公司	7 000	
贷：长期股权投资—和永公司	1 229 300	
应付股利—华发公司	50 000	
非控股股东权益	62 800	

上述抵销分录中借方营业成本及管理费用对华发公司净利润从而对非控股股东权益的影响数 19 000 的 5% 已经调整。另假设和永公司与华发公司之间有以下内部交易事项进行了抵销处理：

（1）内部存货销售未实现利润的抵销。

借：营业收入—华发公司	120 000
贷：营业成本—华发公司	96 000
营业成本—和永公司	16 000
存货—和永公司	8 000

华发公司向和永公司以 120 000 元的价格购买营业成本为 96 000 元的商品，和永公司当期对外销售了其中的 2/3，另外 1/3 形成了期末存货。

（2）集团内部无形资产销售利得的抵销。

借：营业外收入—和永公司	50 000
贷：无形资产—华发公司	50 000

（3）抵销集团内部当期固定资产销售利得。

借：营业外收入—华发公司	23 800
贷：固定资产—和永公司	23 800

（4）抵销和永公司从公开市场上购入的华发公司债券并确认债券清偿利得。

借：应付债券—面值—华发公司	300 000
贷：应付债券—债券折价—华发公司	18 224
债权投资—和永公司	257 175
投资收益—华发公司	24 601

根据上述内部交易抵销对子公司净利润的影响，计算其对非控股股东权益和非控

股股东损益的影响：

(1) (8 000)
(3) (23 800)
(4) 24 601
对子公司净利润的影响数： (7 199)
非控股股东权益应享部分 (359.95)
(5) 合并报表上非控股股东权益的调整。
借：非控股股东损益 (359.95)
　　贷：非控股股东权益 (359.95)

第六节　合并财务报表中的递延所得税问题

在编制合并日以后的合并财务报表时，在集团内部企业之间发生内部交易的情况下，集团采取何种方式申报企业所得税，会对合并净利润产生较大的影响。通常，企业集团申报缴纳所得税有两种方式：合并申报纳税和各自分别申报纳税。具体来说，合并申报纳税就是母公司及其下属各子公司合并在一起作为一个纳税主体申报缴纳企业所得税；各自分别申报则是母公司和子公司各自分别作为独立的纳税主体申报缴纳企业所得税。对于企业集团，合并纳税的好处表现在：(1) 某企业的亏损可以为另一企业的利润所抵销，从而减少税负；(2) 集团内部交易未实现利润的抵销也可以减少纳税；(3) 合并申报应享有的税收抵减优惠，可能比分别申报来得多，例如，在分别申报纳税的情况下，子公司以前年度的亏损可能因子公司已连续亏损5年而无法继续在税前抵减，但合并纳税时各个公司的以前年度亏损可以抵减其他公司的利润以减少整个集团的税负。但合并申报纳税的申报过程比较复杂，需要经过国家有关部门的批准。我国税法一般不允许企业集团采用合并申报缴纳企业所得税的办法。

以前各章节在讨论合并财务报表编制时，并没有考虑所得税的影响。以下就企业集团分别申报纳税的情况下，举例说明所得税对集团报表的影响。

（一）非同一控制下控股合并税法上作为免税重组处理

根据企业所得税法的规定，企业重组的税务处理区分不同条件分别适用一般性税务处理规定和特殊性税务处理规定。企业重组同时符合下列条件的，适用特殊性税务处理规定：具有合理的商业目的，且不以减少、免除或者推迟缴纳税款为主要目的；被收购、合并或分立部分的资产或股权比例符合本通知规定的比例；企业重组后的连续12个月内不改变重组资产原来的实质性经营活动；重组交易对价中涉及股权支付金额符合规定比例；企业重组中取得股权支付的原主要股东，在重组后连续12个月内，不得转让所取得的股权。

其中对于股权收购，收购企业购买的股权不低于被收购企业全部股权的75%，且收购企业在该股权收购发生时的股权支付金额不低于其交易支付总额的85%，可以选择按以下规定处理：被收购企业的股东取得收购企业股权的计税基础，以被收购股权的原有计税基础确定；收购企业取得被收购企业股权的计税基础，以被收购股权的原有计税基础确定；收购企业、被收购企业的原有各项资产和负债的计税基础和其他相关所得税事项保持不变。

对于资产收购，受让企业收购的资产不低于转让企业全部资产的75%，且受让企业在该资产收购发生时的股权支付金额不低于其交易支付总额的85%，可以选择按以下规定处理：转让企业取得受让企业股权的计税基础，以被转让资产的原有计税基础确定；受让企业取得转让企业资产的计税基础，以被转让资产的原有计税基础确定。

对于控股合并（税法定义的控股合并包括吸收合并和创设合并），企业股东在该控股合并发生时取得的股权支付金额不低于其交易支付总额的85%，以及同一控制下且不需要支付对价的控股合并，可以选择按以下规定处理：合并企业接受被合并企业资产和负债的计税基础，以被合并企业的原有计税基础确定；被合并控股合并前的相关所得税事项由合并企业承继；可由合并企业弥补的被合并企业亏损的限额 = 被合并企业净资产公允价值 × 截至合并业务发生当年年末国家发行的最长期限的国债利率；被合并企业股东取得合并企业股权的计税基础，以其原持有的被合并企业股权的计税基础确定。

因此，非同一控制下的控股合并，如按照以上税法的规定符合免税重组的条件，则适用特殊性税务处理规定，合并方会产生与合并有关的递延所得税问题。当然，如果同一控制下的控股合并，按照税法的规定不符合免税重组条件的，也可能产生与合并业务有关的递延所得税，但由于会计处理基本相同，本节仅讨论非同一控制的情况。

非同一控制下的控股合并如按税法规定作为免税处理的情况下，合并方需要注意两个与递延所得税有关的问题：

（1）按照会计准则的规定购买方取得的被购买方的可辨认净资产需要按公允价值进行初始计量，但在纳税时（如个表）其计税基础为原账面价值，由此导致的暂时性差异的纳税影响数应予以确认，同时调整合并商誉。

（2）按照会计准则确认的合并商誉，其计税基础为零，由此产生合并商誉的账面价值对于计税基础的应纳税暂时性差异，该暂时性差异的未来纳税影响数不予以确认。

【例5-19】假设2018年年末A公司以6 000万元收购了B公司80%的股权，取得对B公司的控制。B公司购买日所有者权益为5 000万元，2019年B公司报告净利润为 1 000 万元，宣告分配现金股利 500 万元。购买日 B 公司仅有一项固定资产公允价值比账面价值高 50 万元，该固定资产按直线法折旧，有效使用期限为 5 年。则购买日及 2019 年年末与该固定资产有关的抵销分录为：

购买日：

借：固定资产	500 000
贷：资本公积	375 000
递延所得税负债	125 000

2019 年年末：

借：固定资产	400 000
管理费用	100 000
贷：资本公积	375 000
递延所得税负债	100 000
所得税费用	25 000

（二）集团内部交易产生有关的递延所得税

【例 5 - 20】假设母公司 2018 年度向其子公司出售商品 500 000 元，该批商品子公司当期没有对集团外销售，而是包括在子公司期末存货中。假设母公司的销售毛利率为 30%，各个企业使用的企业所得税税率为 25%。则有关合并财务报表的抵销分录为：

（1）抵销内部未实现销售毛利。

借：主营业务收入	500 000
贷：主营业务成本	350 000
存货	150 000

（2）根据现行准则的要求，企业在编制合并财务报表时，因抵销未实现内部销售损益导致集团资产负债表中资产、负债的账面价值与其在所属纳税主体的计税基础之间产生暂时性差异的，在集团资产负债表中应当确认递延所得税资产或递延所得税负债，同时调整集团利润表中的所得税费用，但与直接计入所有者权益的交易或事项及控股合并相关的递延所得税除外。本例中，合并财务报表中期末存货的计税基础为 500 000 元，其账面价值为合并数 350 000 元，产生了可抵减暂时性差异 37 500 元。

借：递延所得税资产	37 500
贷：所得税费用	37 500

【例 5 - 21】假设上例中，子公司在 2017 年将该批商品对集团外出售了其中的 50%，另 50% 继续持有为年末存货，则该年度合并财务报表的有关抵销分录为：

（1）调整上年存货内部交易产生的未实现毛利对本期期初未分配利润的影响数。

借：年初未分配利润	150 000
贷：主营业务成本	150 000

（2）确认合并财务报表期初数由于存货计税基础与账面价值（合并数）的差异而产生的递延所得税资产。

借：递延所得税资产　　　　　　　　　　　　　　　　　　　　37 500
　　贷：年初未分配利润　　　　　　　　　　　　　　　　　　　37 500

（3）该批商品子公司在当年有50%对集团外出售，需要转销对应的递延所得税。

借：所得税费用　　　　　　　　　　　　　　　　　　　　　　18 750
　　贷：递延所得税资产　　　　　　　　　　　　　　　　　　　18 750

思考题

1. 如果母子公司之间发生交易，产生的集团内部利润（利得）未做抵销，合并会计报表将受什么影响？
2. 集团内部销售固定资产与无形资产与集团内部销售货物有什么不同？
3. 当子公司存在少数股权时，取得对方发行在外债券的损益归属有哪几种观点？
4. 子公司再次出售从公开市场上购得的母公司债券会产生什么会计问题？
5. 发生土地交易的集团内部利得是否会真正实现？为什么？
6. 母公司或子公司直接从对方取得对方发行在外的债券，与从证券市场上间接取得对方债券，从合并报表观点看，这两种情况下，其性质有何不同？
7. 非同一控制下的控股合并如按税法规定作为免税处理的情况下，与递延所得税有关的问题有哪些？

练习题

【5-1】练习企业集团内部销售货物交易的抵销处理。

资料：FT公司拥有SM公司75%的股权，2016年SM公司销售给FT公司商品600 000元，该批商品SM公司成本为420 000元（SM公司销售毛利率为30%），2016年年末，FT公司当年购进的SM公司存货有20%未售出，另外，FT公司期初存货中属于从SM公司购进的存货有150 000元。SM公司当年净利润为2 000 000元。

要求：

（1）编制合并分录，消除企业集团间存货交易对合并报表的影响；
（2）计算确定SM公司少数股东权益。

【5-2】练习公司间内部固定资产交易的抵销处理。

资料：2016年1月1日，HIG公司以14 500元的价格从其90%控股的子公司KLENA公司购入一台设备，此设备在KLENA公司的账面成本是9 000元，自2016年1月1日起尚有10年的经济寿命。HIG公司采用年数总和法进行折旧。

要求：编制HIG公司2017年年末固定资产内部交易的合并分录，此消除对合并报表的影响。

【5-3】练习公司间债券交易的抵销处理。

资料：茂运公司为广天公司的母公司，持有其80%发行在外的股份。茂运公司于2015年1月1日以溢价发行了面值为1 000 000元的债券，利率为8%，每半年支付利息一次，此债券将于2019年

12月31日到期。茂运公司采用直线法摊销债券溢价,截至2015年年末,尚有48 000元溢价未摊销。

2015年年末,广天公司从证券市场上购入上述茂运公司发行在外的债券的60%,取得成本为580 000元。

要求:

(1) 合并后赎回债券损益是多少?

(2) 按照"由发行公司负担"的方法,编制2015年度合并工作底稿的合并分录。

(3) 上述损益对母公司2015年度的净利润有何影响?

【5-4】练习公司间债券交易的抵销处理。

资料:2016年1月1日,华丰公司的90%控股子公司远航公司发行了面值为100 000元,票面利率为9%,5年到期的债券。债券每年年初支付利息。发行债券共筹集资金103 993元,实际利率为8%,不考虑债券发行费用。2016年年末,华丰公司从公开市场上购入远航公司面值60 000元利率为9%的债券,支付了58 098元,当时实际利率为10%。2016年年末华丰公司及其子公司合并损益表中列示了该项业务的3 889元已实现利得。远航公司和华丰公司采用实际利率法摊销债券溢价、累积债券折价。

要求:计算以下2017年年末工作底稿合并分录中的缺省项。

借:投资收益—华丰公司　　　　　　　　　　　　　　　　　(1)
　　应付债券(面值)—远航公司　　　　　　　　　　60 000
　　应付债券(溢价)—远航公司　　　　　　　　　　　　　(2)
　贷:长期债权投资(债券投资)—华丰公司　　　　　　　　(3)
　　　财务费用—远航公司　　　　　　　　　　　　　　　(4)
　　　留存收益—远航公司　　　　　　　　　　　　　　　(5)
　　　少数股东权益　　　　　　　　　　　　　　　　　389

【5-5】练习集团内部交易会计处理。

资料:LAG公司下设两家全资子公司SML公司和ROW公司。其中SML公司正在按破产法的要求进行破产清算。此时已经是会计年度结束之际,SML公司将账面价值为50 000元的应收账款出售给ROW公司并因此获得10 000元的转让收益。ROW公司将超过应收账款账面价值的10 000元借记递延资产账户,并根据购入应收账款的回收情况加以摊销。年末,10 000元转让资产的利得列示在LAG公司和ROW公司的合并资产负债表中,而ROW公司并没有包括在合并报表之内。LAG公司采用权益法核算对ROW公司、SML公司的投资。

要求:分析以上会计处理的合理性。

第六章 合并财务报表——复杂股权结构及股权结构变动

【学习目标】

1. 理解并掌握间接控股、交叉控股时合并财务报表的编制方法；
2. 理解并掌握相互持股的会计处理原则及方法；
3. 理解并掌握分步合并时合并财务报表的编制方法；
4. 理解并掌握股权投资变动的会计处理原则及方法。

第一节 间接控股、交叉控股和相互持股

间接控股（单路径控股），是指母公司通过子公司而对子公司的子公司实现控制，如图6-1中AK公司直接控股FET公司（65%），FET公司又直接控股SMALL公司（80%），则AK公司间接控股SMALL公司，AK公司应将FET公司及SMALL公司财务报表纳入合并财务报表。

交叉控股（多路径控股）是指投资企业虽不能直接控股被投资企业，但与某子公司所持被投资企业股份比例合计起来（注意子公司也没有控制该被投资企业），能够实现对被投资企业的控制。如图6-2中MAX公司直接控制RAIN公司（80%），并拥有ZOW公司35%股份（假设不能直接控制），RAIN公司拥有ZOW公司20%股份，这样MAX公司合计控制了ZOW公司55%股权，也就是能够对ZOW公司实施控制，MAX公司应将RAIN公司和ZOW公司都纳入合并范围。

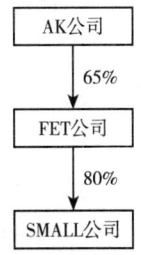

图6-1 间接控股示例

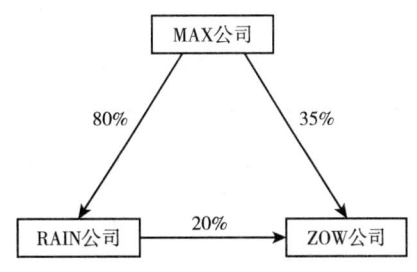

图6-2 交叉控股示例

相互持股（反向持股）主要是指子公司反过来也持有母公司一定数量的股份。

一、间接控股

间接控股下合并财务报表编制所需要解决的主要问题是如何按照权益法的要求计算各母公司应享有子公司净收益，以及计算各下属公司少数股权权益。间接控股（单路径控股）下合并财务报表的编制方法可分为逐级合并法和直接合并法。逐级合并法即自下而上合并，由最低级的母公司编制最低级集团合并财务报表开始（第一级合并），再由上一级母公司根据最低级集团报表编制本集团合并财务报表（第二级合并），以此类推逐级向上合并，最后由整个集团的母公司编制合并财务报表（最高级合并）。直接合并法，即由整个集团的母公司直接合并每一个子公司（包括直接控股子公司和所有的间接控股子公司）的个别财务报表，以得到整个集团的财务报表。

【例6-1】特佳公司于2019年1月1日收购了常德利公司65%的股权，支付对价为现金3 000 000万元，合并日常德利公司所有者权益为股本1 600 000万元，资本公积750 000万元，留存收益300 000万元；随后，常德利公司又于2020年1月1日收购了尚美公司80%的股权，支付对价为现金1 800 000万元，合并日尚美公司所有者权益为股本1 000 000万元，资本公积450 000万元，留存收益160 000万元。为简化，假设合并时常德利公司和尚美公司各项可辨认资产及负债公允价值均等于各自账面价值。2019年常德利公司实现净利润（没有进行股利分配）160 000万元，无其他所有者权益变动业务。2020年三家公司除投资收益外的经营利润及其股利分配如表6-1所示（无其他所有者权益变动业务）。

表6-1　　　　投资收益外的经营利润及其股利分配　　　　单位：万元

	特佳公司	常德利公司	尚美公司
经营利润	400 000	180 000	100 000
现金股利	100 000	60 000	30 000

本例中，特佳公司合并常德利公司产生商誉为1 277 500万元 [3 000 000 - (1 600 000 + 750 000 + 300 000) × 65%]，常德利公司合并尚美公司时产生商誉为512 000万元 [1 800 000 - (1 000 000 + 450 000 + 160 000) × 80%]。特佳公司及常德利公司采用成本法对长期股权投资进行核算。

1. 采用逐级合并法，有关2020年年末合并财务报表的抵销分录为：

常德利公司对尚美公司的合并（第一级合并）：

(1) 借：股本　　　　　　　　　　　　　　　　1 000 000
　　　资本公积　　　　　　　　　　　　　　　450 000
　　　期初留存收益　　　　　　　　　　　　　160 000

　　　　贷：长期股权投资——对尚美公司投资　　　　　1 288 000
　　　　　　非控股股东权益　　　　　　　　　　　　　　322 000
（2）借：商誉　　　　　　　　　　　　　　　　　　512 000
　　　　贷：长期股权投资——对尚美公司投资　　　　　　512 000
（对于整个集团，确认了100%的商誉；对于子集团则按部分商誉法）
（3）借：投资收益　　　　　　　　　　　　　　　　 24 000
　　　　　非控股股东权益　　　　　　　　　　　　　　 6 000
　　　　贷：股利分配——现金股利　　　　　　　　　　 30 000
（4）借：非控股股东损益　　　　　　　　　　　　　 20 000
　　　　贷：非控股股东权益　　　　　　　　　　　　　 20 000
特佳公司对常德利公司的合并（第二级合并）：
（5）借：长期股权投资——对常德利公司投资　　　　 104 000
　　　　贷：期初留存收益（特佳）　　　　　　　　　　104 000
（由成本法调整到权益法，确认2011年度投资收益）
（6）借：股本　　　　　　　　　　　　　　　　　 1 600 000
　　　　　资本公积　　　　　　　　　　　　　　　　 750 000
　　　　　期初留存收益　　　　　　　　　　　　　　 460 000
　　　　贷：长期股权投资——对常德利公司投资　　　1 826 500
　　　　　　非控股股东权益　　　　　　　　　　　　 983 500
（7）借：商誉　　　　　　　　　　　　　　　　　 1 277 500
　　　　贷：长期股权投资——对常德利公司投资　　　1 277 500
（8）借：投资收益　　　　　　　　　　　　　　　　 39 000
　　　　　非控股股东权益　　　　　　　　　　　　　 21 000
　　　　贷：股利分配——现金股利　　　　　　　　　 60 000
（9）借：非控股股东损益　　　　　　　　　　　　　 91 000
　　　　贷：非控股股东权益　　　　　　　　　　　　 91 000
（10）借：非控股股东权益　　　　　　　　　　　　 179 200
　　　　　贷：商誉　　　　　　　　　　　　　　　　 179 200
（调整抵销属于常德利少数股权的商誉512 000×35%，该部分属于常德利的非控股股东付出对价所对应的商誉）
合并财务报表工作底稿及合并财务报表（略）。
2. 采用直接合并法，有关2020年年末合并财务报表的抵销分录为：
特佳公司（集团母公司）对常德利公司（直接控股子公司）的合并：
（1）借：长期股权投资　　　　　　　　　　　　　　104 000
　　　　贷：期初留存收益　　　　　　　　　　　　　 104 000

（由成本法调整到权益法，确认2011年度投资收益）

(2) 借：股本 1 600 000
　　　　资本公积 750 000
　　　　期初留存收益 460 000
　　　贷：长期股权投资—对常德利公司投资 1 826 500
　　　　　非控股股东权益 983 500

(3) 借：商誉 1 277 500
　　　贷：长期股权投资—对常德利公司投资 1 277 500

(4) 借：投资收益 39 000
　　　　非控股股东权益 21 000
　　　贷：股利分配—现金股利 60 000

(5) 借：非控股股东损益 63 000
　　　贷：非控股股东权益 63 000

（直接确认常德利公司非控股股东应享有常德利当年经营利润180 000×35%）

特佳公司（集团母公司）对尚美公司（间接控股子公司）的合并：

首先计算等效投资比例为：65×80%＝52%，则尚美少数股权比例为48%。

(6) 借：股本 1 000 000
　　　　资本公积 450 000
　　　　期初留存收益 160 000
　　　贷：长期股权投资—对尚美公司投资 1 288 000
　　　　　非控股股东权益 322 000

(7) 借：商誉 512 000
　　　贷：长期股权投资—对尚美公司投资 512 000

（对于整个集团，确认了100%的商誉；对于子集团则按部分商誉法）

(8) 借：投资收益 24 000
　　　　非控股股东权益 6 000
　　　贷：股利分配—现金股利 30 000

(9) 借：非控股股东损益 48 000
　　　贷：非控股股东权益 48 000

（按照等效投资比例确认属于非控股股东应享有尚美公司当年经营利润100 000×48%＝48 000万元）

(10) 借：非控股股东权益 179 200
　　　贷：商誉 179 200

（调整抵销属于常德利少数股权的商誉512 000×35%，该部分属于常德利的非控股股东付出对价所对应的商誉）

合并财务报表工作底稿及合并财务报表（略）。

二、交叉持股（多路径控股）

对于多路径控股的情况，理论上逐级合并法不可行，一般只能采用直接合并法。

【例 6-2】假设 PLP 公司 2019 年 1 月 2 日以 476 200 万元的价格收购了 SUNNY 公司 160 000 股发行在外普通股（占 80%），同时又以 180 000 万元的价格收购了 TED 公司 45% 的股权，不考虑有关税费，合并日 SUNNY 公司所有者权益为股本 300 000 万元，资本公积 150 000 万元，留存收益 132 750 万元，TED 公司所有者权益为股本 180 000 万元，资本公积 120 000 万元，留存收益 60 000 万元。2019 年年末 SUNNY 公司持有 TED 公司 25% 的股权，该股权是 SUNNY 公司于 2018 年年初以 82 000 万元购入的（采用权益法核算）。假设收购时各子公司各项可辨认资产及负债公允价值均等于其账面价值，2018 年 TED 公司实现净利润 40 000 万元，没有进行利润分配也没有其他所有者权益变动。2019 年 SUNNY 公司和 TED 公司实现经营利润（即不包括投资收益）及股利分配如表 6-2 所示（无其他所有者权益变动业务）。

表 6-2　　　　2019 年 SUNNY 公司和 TED 公司实现经营利润及股利分配　　　　单位：万元

	SUNNY 公司	TED 公司
经营利润	150 000	80 000
现金股利	60 000	20 000

本例中，PLP 公司在 2019 年 1 月 2 日通过交叉持股方式控制了 TED 公司，因此需要同时将 SUNNY 公司及 TED 公司的报表予以合并，2019 年年末有关集团报表的编制需要采用直接合并法。

按照直接合并法，编制 2019 年年末集团合并财务报表抵销分录：

PLP 公司（集团母公司）对 SUNNY 公司（直接控股子公司）的合并：

(1) 借：股本　　　　　　　　　　　　　　　　　300 000
　　　　资本公积　　　　　　　　　　　　　　　150 000
　　　　期初留存收益　　　　　　　　　　　　　132 750
　　　贷：长期股权投资——对 SUNNY 公司投资　　466 200
　　　　　非控股股东权益　　　　　　　　　　　116 550

(2) 借：商誉　　　　　　　　　　　　　　　　　 10 000
　　　贷：长期股权投资——对 SUNNY 公司投资　　 10 000

(3) 借：投资收益　　　　　　　　　　　　　　　 48 000
　　　　非控股股东权益　　　　　　　　　　　　 12 000

　　　　贷：股利分配—现金股利　　　　　　　　　　　　　　60 000
　　（4）借：非控股股东损益　　　　　　　　　　　　　　30 000
　　　　贷：非控股股东权益　　　　　　　　　　　　　　　　30 000

（直接确认 SUNNY 公司非控股股东应享有当年经营利润 150 000×20%）

PLP 公司（集团母公司）对 TED 公司（间接控股子公司）的合并：

首先计算等效投资比例为：80×25% + 45% = 65%，则 TED 少数股权比例为 35%。

（5）PLP 集团取得对 TED 控制的日期为 2019 年 1 月 2 日，需要将 SUNNY 公司之前已持有的 25% 股权投资由账面价值（权益法）调整到合并日公允价值：

　　　　借：长期股权投资—对 TED 公司投资　　　　　　　 8 000
　　　　贷：投资收益　　　　　　　　　　　　　　　　　　　 8 000

（权益法账面余额 82 000 + 40 000×25% = 92 000，按合并日公允价值为 180 000 ÷ 45%×25% = 100 000 万元）

　　（6）借：股本　　　　　　　　　　　　　　　　　　　180 000
　　　　　　资本公积　　　　　　　　　　　　　　　　　　120 000
　　　　　　期初留存收益　　　　　　　　　　　　　　　　 60 000
　　　　贷：长期股权投资—对 TED 公司投资　　　　　　　　252 000
　　　　　　非控股股东权益　　　　　　　　　　　　　　　108 000
　　（7）借：商誉　　　　　　　　　　　　　　　　　　　 28 000
　　　　贷：长期股权投资—对 TED 公司投资　　　　　　　　 28 000

（对于整个集团，确认了 100% 的商誉；对于子集团则按部分商誉法）

　　（8）借：投资收益　　　　　　　　　　　　　　　　　 14 000
　　　　　　非控股股东权益　　　　　　　　　　　　　　　 6 000
　　　　贷：股利分配—现金股利　　　　　　　　　　　　　 20 000
　　（9）借：非控股股东损益　　　　　　　　　　　　　　 28 000
　　　　贷：非控股股东权益　　　　　　　　　　　　　　　 28 000

（按照等效投资比例确认属于非控股股东应享有 TED 公司当年经营利润 80 000×35% = 28 000 万元）

　　（10）借：非控股股东权益　　　　　　　　　　　　　　 5 600
　　　　贷：商誉　　　　　　　　　　　　　　　　　　　　　 5 600

（调整抵销属于 SUNNY 少数股权的商誉 28 000×20%，该部分属于 SUNNY 的非控股股东付出对价所对应的商誉）

为验证抵销分录的准确性，计算 2019 年度非控股股东损益如下：

TED 公司非控股股东损益：

TED 公司 2019 年度实现经营利润　　　　　　　　　　　　　80 000

非控股股东持股比例	×30%
非控股股东损益	24 000
SUNNY 公司非控股股东损益：	
SUNNY 公司 2019 年度经营利润	150 000
加：2019 年度应享有 TED 公司投资收益　80 000×25%	170 000
非控股股东持股比例	×20%
少数股权损益	34 000
	58 000

合并财务报表工作底稿及合并财务报表（略）。

三、相互持股

相互持股主要是指子公司持有母公司股份。对于子公司持有的母公司股份，IASB 及 FASB 都主张采用库存股法，即对该部分股份，在合并财务报表上列为库存股，从所有者权益中扣减（视同母公司持有自己的股份）。

【例 6-3】假设环艺公司于 2012 年 1 月 1 日，购买了甲宇公司 10% 的股份，支付对价为现金 120 000 万元，正好等于甲宇公司净资产账面价值的相应份额。为简化，假设甲宇公司股份没有公开交易的市价可供利用，环艺公司按成本法记录该项投资业务。2018 年 1 月 1 日，甲宇公司收购了环艺公司 70% 股权并取得了控制地位，支付对价为 504 000 万元，采用成本法核算，环艺公司当时可辨认净资产账面价值为 600 000 万元，只有一项资产公允价值超过账面价值，即未确认特许权合约，其评估价值为 120 000 万元（经济期限为 40 年）。甲宇公司及环艺公司 2012—2019 年各自经营利润和股利分配如表 6-3 所示。

表 6-3　　甲宇公司及环艺公司 2017—2019 年各自经营利润和股利分配　　单位：万元

年份	环艺公司			甲宇公司		
	经营利润	股利收益	股利分配	经营利润	股利收益	股利分配
2017	20 000	3 000	8 000	90 000	—	30 000
2018	30 000	5 000	10 000	130 000	7 000	50 000
2019	40 000	8 000	15 000	160 500	10 500	80 000

合并对价超过可辨认净资产账面价值分配：

合并对价（70%）	504 000
30% 非控股股东权益合并日公允价值	216 000
环艺合并日公允价值	720 000

环艺合并日账面价值	600 000
公允价值超过账面价值的分配—特许权合同	120 000
（40年经济期限）	
每年摊销额	3 000

（1）本例中，甲宇公司采用成本法核算长期股权投资，编制2016年年末合并财务报表时，必须先对应享有环艺公司2015年净收益按权益法进行调整。

借：长期股权投资—对环艺公司　　　　　　　15 400*
　　贷：期初留存收益（甲宇）　　　　　　　　　　15 400

注：*[(30 000 + 5 000) - 3 000] × 70% - 7 000 = 15 400（万元）。

（2）抵销内部股利分配。

借：投资收益　　　　　　　　　　　　　　　18 500
　　贷：股利分配—现金股利（甲宇）　　　　　　　8 000
　　　　　—现金股利（环艺）　　　　　　　　10 500

（3）环艺公司持有甲宇公司股份在合并财务报表中确认为库存股。

借：库存股　　　　　　　　　　　　　　　　120 000
　　贷：长期股权投资—对甲宇公司　　　　　　　120 000

其他抵销分录及合并工作底稿略。

第二节　分期收购和股权结构变动

一、分期收购

由于受资金制约及较高收购成本等因素的影响，母公司可能通过数次对被并公司股份的收购而非一次性交易来获得子公司的控制权，即分期收购，或者称为分步法合并。分步法合并需要解决的首要问题是：在哪个时点确定所收购的子公司股权的公允价值。包括国际财务报告准则在内，多数要求按照取得控制权的日期（即合并日）确定子公司股权公允价值，对于合并日之前持有的被并方的股权，应当按照该股权在合并日的公允价值进行重新计量，公允价值与原账面价值的差额计入当期投资收益；合并日之前持有的被并方的股权涉及其他综合收益的，与其相关的其他综合收益应当转为合并日所属当期投资收益。国内准则要求合并方不在个别财务报表中确认重新计量的损益，应当在报表附注中披露其在合并日之前持有的被并方的股权在合并日的公允价值、按照公允价值重新计量产生的相关利得或损失的金额。

以下举例说明分步合并时合并财务报表的编制时，并假设个别财务报表也做了相应调整。

【例6-4】假设向阳红公司通过分步收购国泰公司股份控制了国泰公司，有关各次收购对价及收购股权比例,以及国泰公司各年度净收益和股利分配的资料如表6-4所示。

表6-4　　　　　　　各年度净收益和股利分配的资料　　　　　　单位:万元

向阳红公司分步合并国泰公司				
时间	支付对价	收购股权比例	国泰公司账面价值	国泰公司公允价值
2016.1.1	164 000	30%	400 000	546 667
2018.1.1	350 000	50%	500 000	700 000
国泰公司2016—2018年净收益和股利分配		年份	净收益	分配现金股利
		2016年	60 000	20 000
		2017年	80 000	20 000
		2018年	100 000	20 000

另外,向阳红公司2016年收购国泰公司30%股权时,国泰公司只有一项资产其公允价值不等于账面价值,即未确认客户关系公允价值为146 667万元,有效期限估计为22年;2018年收购50%股权时,国泰公司也仅有一项资产公允价值不等于账面价值,即经过重估的客户关系(国泰公司未确认)公允价值为200 000万元,有效期限估计为20年。

本例中2018年1月1日为合并日,向阳红公司持有国泰公司股权比例为80%,国泰公司在当日公允价值可以根据向阳红公司支付对价进行推算为700 000万元(350 000÷50%),并据此计算少数股权价值,以及国泰公司净资产公允价值超过账面价值的差额。原已持有的30%股权,也必须按照合并日的公允价值(为700 000×30%=210 000万元)进行调整。

2018年1月1日向阳红公司原持有30%股权的按权益法核算的账面价值计算如下:

向阳红公司2016年年初支付对价	164 000
应享有2016年度国泰公司净收益(60 000×30%)	18 000
收到2016年国泰公司分配现金股利(20 000×30%)	(6 000)
客户关系增值摊销	(2 000)
应享有2017年度国泰公司净收益(80 000×30%)	24 000
收到2017年国泰公司分配现金股利(20 000×30%)	(6 000)
客户关系增值摊销	(2 000)
长期股权投资余额(1/1/2013)	190 000

合并日即2018年1月1日,向阳红公司有关此项调整的分录为:

　　借:长期股权投资　　　　　　　　20 000 (210 000-190 000)

贷：投资收益　　　　　　　　　　　　　　　　　　　　　　　　　　20 000

分步合并形成以后，合并财务报表的编制同一次性交易没有区别。

由于国内准则要求企业合并形成的长期股权投采用成本法核算，上述调整应在编制合并日合并财务报表时做抵销分录：

　　借：长期股权投资　　　　　　　　　　　　　　　　　　　　　　　　20 000
　　　　贷：未分配利润　　　　　　　　　　　　　　　　　　　　　　　　20 000

二、母公司股权投资变动

合并以后，母公司持有子公司的股权投资可能会发生变化，母公司可能会收购子公司非控股股东持有的股份，也可能出售已拥有的股份；子公司可能向公众或母公司增发股份，甚至回购自己的股份（不包括母公司对股权投资按权益法核算时，子公司实现净收益及分配股利导致的股权投资变动）。有些交易会导致母公司持股比例下降，有些则会导致母公司持股比例的上升；有些交易发生后母公司继续拥有控制权，有些交易则导致母公司不再继续控制。这些交易会计处理的基本原则是：只要母公司继续拥有控制权，这些交易都应被视为权益交易进行会计处理，不得确认交易损益，有关交易差额应调整股东权益。

（一）母公司收购子公司少数股权

【例6-5】沿用【例6-4】的资料，假设向阳红公司在2018年12月31日，又收购了国泰公司10%的股权，支付对价为86 000万元。

支付对价与10%少数股权在2018年年末的公允价值的差额计算如下：

向阳红公司收购国泰公司10%股权支付对价		68 000
12/31/2013 国泰公司账面价值	580 000	
12/31/2013 国泰公司客户关系未摊销增值	190 000	770 000
收购的少数股权比例		10%
收购的少数股权公允价值		77 000
调整股东权益数额		9 000

向阳红公司收购10%国泰公司股权的会计处理为：

　　借：长期股权投资——对国泰公司　　　　　　　　　　　　　　　　77 000
　　　　贷：银行存款　　　　　　　　　　　　　　　　　　　　　　　　68 000
　　　　　　资本公积　　　　　　　　　　　　　　　　　　　　　　　　 9 000

根据国内准则的要求，向阳红公司股权投资应按照成本法进行核算（即向阳红公司按收购对价68 000万元借记长期股权投资），上述调整股东权益的数额应在编制合并财务报表时做以下抵销分录：

　　借：长期股权投资——对国泰公司　　　　　　　　　　　　　　　　 9 000

贷：资本公积　　　　　　　　　　　　　　　　　　　　　　　9 000

（二）母公司出售子公司股权

母公司出售子公司股权可能继续拥有控制权，也可能失去对子公司的控制。对于后一种情况，母公司应确认出售损益，同时对剩余持有股权进行重新计量并确认重估损益。

【例6-6】继续沿用【例6-4】的资料。假设2018年年末向阳红公司出售了国泰公司10%的股权，出售后仍持有国泰公司70%股权，继续拥有对国泰公司的控制权。

向阳红公司出售国泰公司10%股权所得价款		90 000
12/31/2013 国泰公司账面价值	580 000	
12/31/2013 国泰公司客户关系未摊销增值	190 000	770 000
向阳红公司出售股权比例		10%
向阳红公司出售股权账面价值		77 000
调整股东权益数额		13 000

向阳红公司出售所持有国泰公司10%股权的会计处理为：

借：银行存款　　　　　　　　　　　　　　　　　　　　　　90 000
　　贷：长期股权投资—对国泰公司　　　　　　　　　　　　77 000
　　　　资本公积　　　　　　　　　　　　　　　　　　　　13 000

根据国内准则的要求，向阳红公司股权投资应按照成本法［投资总成本514 000万元，个别报表调整资本公积金额为（90 000－514 000×10%＝38 600）］进行核算，上述调整股东权益的数额应在编制合并财务报表时做以下抵销分录：

借：资本公积　　　　　　　　　　　25 600（38 600－13 000）
　　贷：长期股权投资—对国泰公司　　　　　　　　　　　　25 600

【例6-7】【例6-6】中，如果向阳红公司出售国泰公司股权比例达到65%，出售后不再拥有对国泰公司的控制权。

向阳红公司出售国泰公司65%股权所得价款		600 000
12/31/2013 国泰公司账面价值	580 000	
12/31/2013 国泰公司客户关系未摊销增值	190 000	770 000
向阳红公司出售股权比例		65%
向阳红公司出售股权账面价值		500 500
计入当期损益		99 500

向阳红公司出售所持有国泰公司65%股权的会计处理为：

借：银行存款　　　　　　　　　　　　　　　　　　　　　600 000
　　贷：长期股权投资—对国泰公司　　　　　　　　　　　500 500

投资收益 99 500

同时,调整剩余持有15%股权的账面价值至出售日的该部分股权公允价值(假设该部分股权公允价值按照向阳红公司出售价格确定):

借:长期股权投资——对国泰公司投资 53 577
　　贷:投资收益 53 577

根据国内准则的要求,向阳红公司按成本法核算[投资总成本514 000万元,个别报表确认出售损益为(600 000 - 514 000 × 65% = 265 900)进行核算],向阳红公司出售65%股权的会计分录为:

借:银行存款 600 000
　　贷:长期股权投资——对国泰公司 334 100
　　　　投资收益 265 900

同时,个别报表里对于剩余持有的15%股权应按原账面价值确认为长期股权投资或其他金融资产。对于持有的剩余股权,在向阳红公司出售期末的合并财务报表中,应当按照其在丧失控制权日的公允价值进行重新计量。处置股权取得的对价与剩余股权公允价值之和,减去按原持股比例计算应享有原有子公司自购买日开始持续计算的净资产的份额之间的差额,计入丧失控制权当期的投资收益。因此,在向阳红公司采用成本法核算长期股权投资的情况下,应编制以下抵销(调整)分录:

借:长期股权投资——对国泰公司投资 120 077
　　贷:投资收益 120 077

同时对于已出售股权个别报表中多确认的投资收益部分,应编制以下抵销(调整)分录:

借:投资收益 166 400
　　贷:资本公积 166 400

(三)子公司增发普通股

【例6-8】伟业公司于2016年1月1日收购了图龙公司90%股权(90 000股),支付对价为1 350 000万元,图龙公司10%非控股股东权益当日公允价值为150 000万元。合并日图龙公司所有者权益为股本200 000万元,资本公积450 000万元,未分配利润750 000万元,合计1 400 000万元。图龙公司仅有一项无形资产其公允价值超过账面价值为100 000万元,有效期限5年。2016年度图龙公司报告实现净收益190 000万元并发放现金股利30 000万元。图龙公司于2017年1月1日向母公司以外的集团外投资者增发股份25 000股,发行价格为每股14.4万元。增发后,伟业公司持股比例下降为72%。

这里先假设伟业公司股权投资按权益法核算,则其2016年年末长期股权投资账户余额计算如下:

收购90%图龙公司股权支付的对价	1 350 000
图龙公司实现净收益（减公允价超额摊销）的90%	153 000
图龙公司股利分配	(27 000)
长期股权投资期末余额	1 476 000

图龙公司增发了普通股，图龙公司基于合并的公允价值发生了变化，计算如下：

收购90%图龙公司股权支付的对价	1 350 000
图龙公司少数股权合并日价值	150 000
2016年图龙公司实现净收益（减公允价超额摊销）	170 000
图龙公司股利分配	(30 000)
图龙公司增发新股所得	360 000
图龙公司2016年年末公允价值	2 000 000

由此，图龙公司对外增发新股对伟业公司股权投资的影响数为：

图龙公司2016年年末基于合并的公允价值	2 000 000
图龙公司增发后伟业公司股权投资比例	72%
图龙公司增发后伟业公司股权投资余额	1 440 000
伟业公司股权投资按权益法账面余额	1 476 000
调整数	36 000

本例中，图龙公司增发新股后，伟业公司仍能保持控制，伟业公司按权益法核算的情况下需要做以下调整分录：

借：资本公积—其他资本公积　　　　　　　　　　　36 000
　　贷：长期股权投资　　　　　　　　　　　　　　　　　36 000

按照国内会计准则（长期股权投资）的要求，伟业公司对股权投资应采用成本法核算，因此伟业公司不需要做上述调整分录。但这一分录将以合并抵销分录的形式出现在2016年年末合并工作底稿上，即编制合并财务报表时需要做相应的调整。

【例6-9】沿用【例6-8】资料，假设图龙公司发行价格为每股16万元，发行新股数量为20 000股，而且伟业公司为保持控股比例不变购买了其中的18 000股。

图龙公司增发了普通股，图龙公司基于合并的公允价值发生了变化，计算如下：

收购90%图龙公司股权支付的对价	1 350 000
图龙公司少数股权合并日价值	150 000
2016年图龙公司实现净收益（减公允价超额摊销）	170 000
图龙公司股利分配	(30 000)
图龙公司增发新股所得	320 000
图龙公司2016年年末公允价值	1 960 000

由此，图龙公司对外增发新股对伟业公司股权投资的影响数为：

图龙公司2016年年末基于合并的公允价值	1 960 000

图龙公司增发后伟业公司股权投资比例		90%
图龙公司增发后伟业公司股权投资余额		1 764 000
伟业公司股权投资按权益法账面余额	1 476 000	
购买 18 000 股支付的对价	288 000	1 764 000
调整数		0

因此,在这种情况下,伟业公司即使按权益法核算也无须做有关调整。

(四) 子公司发放股票股利

【例6-10】继续沿用【例6-8】的资料,假设图龙公司并未增发普通股。图龙公司出于现金流量的考虑按10%的比例发放股票股利,发放股票股利时图龙公司市价为每股15万元。

发放股票股利只是图龙公司所有者权益的内部转换,不会改变图龙公司基于合并的公允价值。伟业公司股权投资比例不会发生变化(99 000÷110 000=90%)。有关计算如下:

收购90%图龙公司股权支付的对价	1 350 000
图龙公司少数股权合并日价值	150 000
2016年图龙公司实现净收益(减公允价超额摊销)	170 000
图龙公司股利分配	(30 000)
图龙公司2016年年末公允价值	1 640 000
图龙公司发放股票股利后伟业公司股权投资比例	90%
股票股利发放后伟业公司股权投资余额	1 476 000
伟业公司股权投资按权益法账面余额	1 476 000
调整数	0

图龙公司发放股票股利会减少留存收益(每股市价15万元),相应地,股本和资本公积增加10 000万元及140 000万元。2016年年末集团报表的抵销分录为(假设伟业公司按权益法核算):

  借:股本   210 000
    资本公积   590 000
    未分配利润   760 000
    贷:长期股权投资   1 404 000
      非控股股东权益   156 000
  借:无形资产   80 000
    贷:长期股权投资   72 000
      非控股股东权益   8 000

除了以上影响各个因素之外,股份回购也是较为常见的引起集团内部股权结构变动的一个因素。股份回购特别是上市公司的股份回购,是成熟资本市场的基本特征之一。股份回购在优化资本结构、稳定公司控制权、提升公司投资价值以及建立健全投资者回报机制等方面具有重要作用。在成熟资本市场,运用自有资金回购股份回馈股东和投资者,向外界展现对公司未来价值的信心是上市公司的常态化措施。"股神"巴菲特的"伯克希尔·哈撒韦"公司之所以股价高达30万美元/股,主要的原因就在于其坚持长期回购自家股票。近年来我国上市公司的回购行为越来越常态化,特别是很多绩优公司的回购行为更加频繁,通过回购来表明企业的长期价值,用真金白银来购买自家公司股票持续增加公司每股权益,通过对未来价值的肯定来回馈股东和投资者。

对于股份回购引致母公司持股份额的变化及其会计处理,首先需要判断回购是否影响母公司控股权。通常,回购不影响母公司的控股地位,子公司回购交易对于母公司持股权益的影响,一般应按照权益性交易原则进行会计处理,鉴于篇幅,这里不再举例说明。

思考题

1. 解释交叉控股和间接控股的含义。
2. 分期收购的情况下如何确定商誉(或负商誉)?
3. 如母公司按照低于账面价值购入了少数股东权益,应当如何处理这一差额?
4. 子公司发放股票股利对编制合并财务报表有何影响?
5. 库存股法处理相互持股,能否同时应用于母子公司相互持股和子公司之间相互持股?

练习题

【6-1】练习股权投资变动的会计处理。

资料:2016年年末P公司及其控股85%的子公司S公司的合并资产负债表列示商誉金额为65 400元,子公司少数股东权益为228 000元。2017年1月1日,P公司向少数股东支付了10 000元,以购入其持有的S公司10 000股发行在外的普通股中的500股。

要求:为P公司编制与此项收购有关的会计分录。

【6-2】练习股权投资变动的会计处理。

资料:2016年1月1日,环球公司持有的对北方公司长期股权投资账户余额为5 400 000元,子公司少数股东权益1 350 000元。北方公司发行在外普通股100 000股,其中环球公司持有80 000股。当日北方公司以每股72元的价格向环球公司增发了20 000股新股(少数股东未行使优先认股权),增发后,北方公司所有者权益总额为8 190 000元。

要求:为环球公司编制相关会计分录。

【6-3】练习分期收购业务的会计处理。

资料:2016年1月1日,广大公司以1 000 000元现金收购了长微公司200 000股普通股中的

10%，当日长微公司可辨认净资产的公允价值和账面价值均为 8 000 000 元。2016 年度长微公司实现净利润 600 000 元，发放现金股利 600 000 元。2017 年 1 月 1 日，广大公司又以 4 500 000 元收购了长微公司发行在外的 90 000 股普通股，当日长微公司可辨认净资产的公允价值和账面价值分别等于 2016 年年初相应数额。2017 年度长微公司实现了净利润 1 500 000 元，未发放现金股利。

要求：为广大公司编制此项分期收购的会计分录。

【6-4】练习间接持股合并财务报表的编制。

资料：2009 年 1 月 1 日，华信公司以 252 200 元的价格收购了金泰公司 70% 的股权，金泰公司当日可辨认净资产账面价值为 300 000 元，少数股东权益公允价值为 108 000 元。随后，2015 年 1 月 1 日，金泰公司又以 91 000 元的价格收购了和丰公司 70% 的股权，当日和丰公司可辨认净资产账面价值为 100 000 元，30% 少数股权价值为 39 000 元。以上两项并购中，任何公允价值超过账面价值的差额都分配给未注册商标权，估计有效期限为 30 年。

各个公司有关利润及其分配情况如表 6-5 所示。

表 6-5　　　　　　　　各公司有关利润及其分配情况　　　　　　单位：元

年份	2009	2010	2011
营业收入			
华信公司	400 000	500 000	650 000
金泰公司	200 000	280 000	400 000
和丰公司	—	160 000	210 000
营业费用			
华信公司	310 000	420 000	510 000
金泰公司	160 000	220 000	335 000
和丰公司	—	150 000	180 000
现金股利			
华信公司	20 000	40 000	50 000
金泰公司	10 000	20 000	20 000
和丰公司	—	2 000	10 000

请回答一下各个问题（相互独立）：

（1）如果各个公司都采用权益法核算股权投资业务，华信公司对金泰公司的长期股权投资账户 2015 年年末的余额是多少？

（2）如果各个公司都采用成本法核算股权投资业务，在编制 2016 年年末合并财务报表时，华信公司和金泰公司需要在合并工作底稿上怎样调整各自的期初留存收益？

（3）请计算 2016 年度整个集团的合并净利润。

(4) 请计算 2016 年度少数股权应享有的子公司当年净收益。

(5) 假设金泰公司对华信公司销售产品，每年末内部未实现毛利如下：

日期	数额
12/31/09	10 000
12/31/10	16 000
12/31/11	25 000

金泰公司 2015 年和 2016 年实现净收益分别是多少？

(6) 如果华信公司采用成本法核算其股权投资业务，沿用（5）中的数据，对于未实现内部毛利，华信公司需要在编制 2016 年合并财务报表时对其期初留存收益做怎样的调整？

【6-5】练习交叉控股合并财务报表的编制。

资料：2016 年 1 月 1 日，巴特公司收购了康森公司 90% 的股权，购买了科利公司 20% 的股权，康森公司收购了科利公司 60% 的股权。假设收购时康森公司和科利公司公允价值均等于其账面价值。当年，科利公司按 40 000 元的价格销售了一批产品给康森公司，该批产品成本为 30 000 元，年末康森公司仍持有 12 000 元价值存货未对外出售。同期，康森公司按 100 000 元的价格销售产品给巴特公司，康森公司产品销售毛利 30%，年末巴特公司尚有 40 000 元期末存货。巴特公司和康森公司均采用成本法核算各自股权投资业务，有关各个公司利润表如表 6-6 所示。

表 6-6　　　　　　　　　　　各公司利润表　　　　　　　　　　　单位：元

	巴特公司	康森公司	科利公司
营业收入	(1 000 000)	(450 000)	(280 000)
营业成本	670 000	280 000	190 000
其他费用	110 000	60 000	30 000
现金股利			
康森公司	(36 000)	0	0
科利公司	(4 000)	(12 000)	0
净收益	(260 000)	(122 000)	(60 000)

第七章 合并财务报表——VIE 结构

【学习目标】
1. 理解 VIE 结构的含义；
2. 理解 VIE 合并程序及合并方法；
3. 理解 VIE 结构的信息披露。

第一节 VIE 结构的含义及其合并

一、VIE 概念解析

VIE（variable interest entity）即可变权益主体，或结构化主体，原名为 SPE（Special Purpose Entity，特殊目的主体），可以帮助企业开展相对独立清晰的经济业务。设立 VIE 最初的目的是融资的便利，通过 VIE 申请获得优惠利率的资本以支持企业的经营活动。但是在 2001 年美国安然公司（Enron）破产后，VIE 结构受到广泛的关注和批评。原因是很多设立 VIE 的公司规避合并 VIE，以达到运用 VIE 进行表外融资的目的，这些结构化主体被认为是大公司隐藏债务的工具，合并财务报表由于未能将 VIE 纳入合并范围而误导了投资者。同时，批评者还注意到 VIE 的发起公司（控制方）和 VIE 之间发生的大量的非公允的关联交易，正是这些关联交易导致了可疑的利润转移和操纵。

（一）正确理解 VIE

VIE 是指在确定其控制方时没有将表决权或类似权利作为决定因素而设计的主体，主要受益方（控制方）通过合同安排而不是多数股权（通过持有多数股权享有多数投票权）对该主体实施控制。通常情况下，VIE 在合同约定的范围内开展业务活动，表决权或类似权利仅与行政性管理事务有关。VIE 的组织形式可以采取信托、合伙企业、合营企业或者公司等形式，某些情况下 VIE 可以没有独立的管理层也没有任何雇员。VIE 的业务范围很广泛，常见的业务活动包括金融资产转移、租赁、金融工具套期保值、研究与开发等，但比较常见的发起公司创建 VIE 从事明确界定范围有限的生产经营活动，目的主要是获取低成本的经营资金。具体操作过程为：发起公司设立一个结构化主体 VIE，VIE 购买某项资产（组），通常 VIE 需要为该项资产（组）的购置进行高杠杆的外部融资，并以该资产（组）做贷款抵押，发起公司通常也需要为该外部杠杆融资提供担保或类似剩余风险承担。VIE 的权益投资者所投入的资金比较有限，很多时候只是为了该主体合法创建。

以这种方式（指通过设立 VIE 而不是发起公司）开展业务，发起公司能够获得财务上的利益，因为 VIE 通常有资格进行低成本的外部融资。其中原因在于，VIE 开展着业务范围有限的经营活动，许多情况下 VIE 只有一项资产（组），通过隔离该资产（组）与发起公司大量的业务种类繁多的其他资产（组），该资产（组）的风险就与发起公司整体风险相隔离，VIE 的贷款者能够清晰地通过该资产（组）抵押获得相应的保护权利。除此之外，发起公司与 VIE 之间的合同安排严格限制 VIE 的业务范围，能够阻止 VIE 开展协议没有指明的其他经济业务，如不合法或高风险的业务，也就更好地保护了资金提供方的权益。

因为合同安排限制了 VIE 的业务开展和决策制定，VIE 的权益投资者（股权持有者）通常并不能控制 VIE。反过来，VIE 的主要受益方（通常也就是发起公司）作为实际控制人，通常只拥有很少甚至不拥有 VIE 的股权。也正因为如此，在现行会计准则没有规定 VIE 必须被合并之前，很多公司将 VIE 排除在合并范围之外。结果是通过 VIE 结构，发起公司将某些资产及相关负债转移出本公司资产负债表（表外融资）。然而，由于主要受益方有权力主导 VIE 的经济活动，能够享有 VIE 的剩余收益，被认为能够控制 VIE（通过合同安排），在编制合并财务报表时理应合并 VIE，包括 VIE 的资产、负债、收入、费用及非控股权益。

不同于一般企业主体，VIE 的权益投资者所扮演的角色不重要，权益投资者主要的作用在于让 VIE 能够合法设立。因此，VIE 的权益投资者提供的资金规模较小，承担风险有限，其获取的回报也有限，VIE 的资金主要来源于高杠杆外部融资，以支持其业务开展（如资产购置）。VIE 主要受益方为其债务融资提供担保或类似风险承担，获得 VIE 经营的剩余收益并承担经营风险，而 VIE 的权益投资者只获取有限甚至固定或约定的回报，VIE 的利益分享不是按照固定所有权比例，而是基于合同安排的一种可变权益，此即可变权益主体概念的原意。

（二）VIE 及其主要受益方的判定

在判断某一主体是否为 VIE，以及判断该主体与企业的关系时，需要综合考虑 VIE 的定义及特征。结构化主体通常具有下列特征中的多项或全部特征：

（1）业务活动范围受限。通常情况下，VIE 在合同约定的范围内开展业务活动，业务活动范围受到了限制。例如，从事信贷资产证券化业务的结构化主体，在发行资产支持证券募集资金和购买信贷资产后，根据相关合同，其业务活动是将来源于信贷资产的现金向资产支持证券投资者分配收益。

(2) 有具体明确的目的，而且目的比较单一。VIE 通常是为了特殊目的而设立的主体。例如，有些企业发起 VIE 是为了将企业的资产转让给结构化主体以迅速回收资金，并改变资产结构来满足资产负债管理的需要；有些企业发起 VIE 是为了满足特定的投资需求，吸引到更多的客户；还有些企业发起 VIE 是为了专门从事研究开发活动，或者开展租赁业务。

(3) 股本（在险总权益）不足以支持其业务活动，必须依靠其他次级财务支持。次级财务支持是指承受结构化主体部分或全部预计损失的可变权益，其中的"次级"代表受偿顺序在后。股本本身就是一种次级财务支持，其他次级财务支持包括次级债权、对承担损失做出的承诺或担保等。通常情况下，VIE 的股本占资产规模的份额很小，甚至没有股本。

(4) 通过向投资者发行不同等级的证券（如分级产品）等金融工具融资，不同等级的证券，信用风险及其他风险的集中程度也不同。

VIE 主要受益方一般不是主要的权益投资者，VIE 主要受益方有两个方面的主要特征：有权力主导 VIE 的经济活动，从而能够影响 VIE 的经营业绩；有权力获取 VIE 的预期剩余收益（或承担预期损失）。注意以上特征正是 VIE 的权益投资者所不具备的。

2009 年 6 月，FASB 发布了修订后的 VIE 合并准则《财务会计准则公告第 167 号——可变利益实体的合并》。根据该公告，企业首先需要对 VIE 进行判断，确认是否拥有可变利益，在此基础上，再对 VIE 的主要受益人进行判断。判断的规则如图 7-1 和图 7-2 所示。

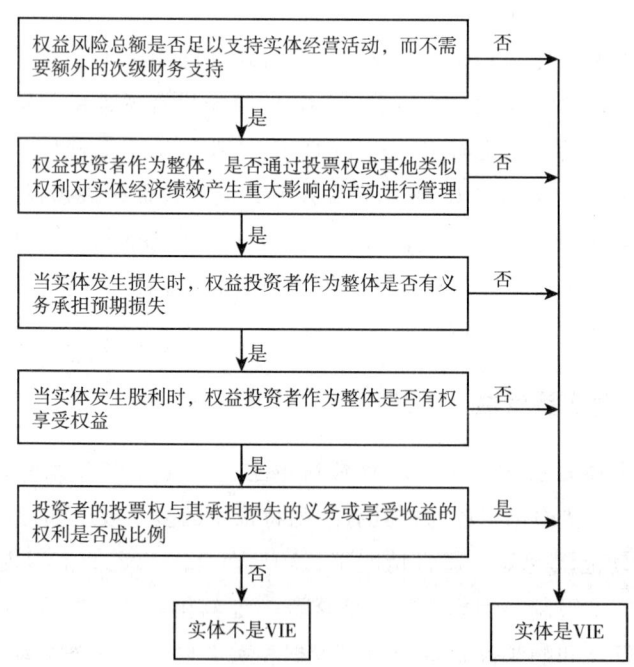

图 7-1 可变利益实体的判定

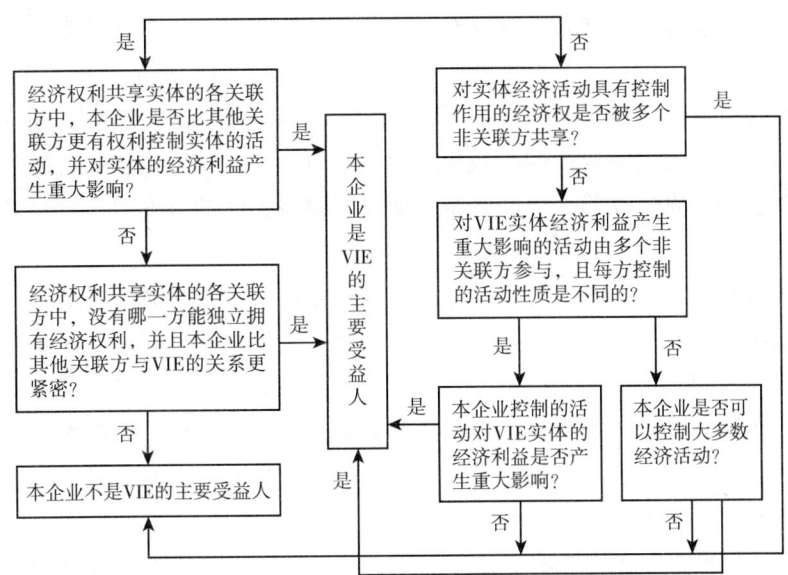

图 7-2 主要受益人的判定

二、VIE 结构的合并

VIE 纳入合并财务报表可能产生较大的规模效应,如迪士尼公司 2015 财务年度合财务报表涵盖了作为 VIE 的全部国际主题公司(包括巴黎迪士尼、香港迪士尼和上海迪士尼)。在决定将 VIE 纳入合并财务报表之前,首先需要判别公司能够控制的可变权益主体,再予以合并。

(一) VIE 纳入合并范围的判断

根据国内有关结构化主体合并的规定:当表决权不能对被投资方的回报产生重大影响时,如仅与投资方日常行政性管理事务相关,并且被投资方的相关活动由合同安排所决定,投资方需要评估这些安排,以评价其所享有的权利是否足够使其拥有对被投资方的权力。

由于结构化主体成立时通常已约定该主体的投资目的,其经营行为和财务政策已经通过合同约定。结构化主体的股权架构也不像传统的公司制企业,因此不能通过占有表决权多数或董事会成员的绝对比例来判断其控制权。如有限合伙企业中通常是由普通合伙人作为执行事务合伙人,负责管理企业的日常事务。此时,该普通合伙人是否能控制该主体,并不能简单通过对日常事务的控制来做判断,而应基于该企业章程是否对日常事务进行明确,及在特定事项发生时企业的活动决策权。

根据结构化主体的特征,在判断是否控制结构化主体时,通常需要考虑以下四个方面的内容:(1) 在设立被投资方时所做出的决策及投资方在被投资方设立时的参与度。在设立时的参与程度越高，投资方可能在该主体方案设立时就考虑并设计与自身权力相关的条款，因此投资方拥有权力的可能性越大；（2）考虑其他相关合同安排，如设立时相关合同安排产生的权力；（3）考虑仅在特定情况下或发生时开展的活动，如特定事项发生时的决策权；（4）投资方对被投资方作出的承诺，如兜底条款、对其他投资方收益的优先保障等，均可能表明投资方在该主体的可变回报量级较大，因此拥有权力的可能性也增大。

投资方根据以上四个方面内容进行进一步的分析后，判断能否对结构化主体拥有控制时，如果企业能控制该结构化主体，并能运用该控制影响其可变回报时，则应当将其纳入合并范围。

【例7-1】为扩展市场份额，2018年年初阳光电力公司从东营电力公司处购买一座发电厂，双方协商价格为6.4亿元。考虑阳光电力公司自身的信用等级，其外部融资的平均利率约为6.5%。为了节约融资费用，阳光电力设立了一个结构化主体阳光能源公司，通过阳光能源来收购上述发电厂，并将该发电厂租给阳光电力。由于阳光能源是一个独立的结构化的法律主体，因此可以将该发电厂的风险与阳光电力公司其他业务的风险相隔离，且该发电厂可单独用于贷款抵押，阳光能源可以获得5.5%的优惠利率融资。相对于阳光电力公司直接购买及运营发电厂，这样的结构化安排节约了1%即6 400万元的财务开支。当然，阳光电力需要为阳光能源的外部融资提供相应的担保（信用增级），同时还需要保证自身财务指标稳健。

2018年1月31日，阳光电力正式组建了阳光能源，双方之间的合同安排具体条款为：

阳光能源的业务活动为购买东营电力公司的一座发电厂，为该项资产购置进行必要的权益和债务融资，并将购置后的发电厂租赁给阳光电力；某外部权益投资者为阳光能源提供4 000万元的权益资金，以取得阳光能源100%的股权（无投票权）；阳光能源从某商业银行贷款6亿元，期限6年，利率为5.5%，阳光电力公司为阳光能源的债务偿还提供担保；阳光能源将所购发电厂租赁给阳光电力，租赁期为6年，后者每年支付租金3 520万元，基于权益投资者和债务投资者每年5.5%的固定回报；租赁期满，阳光电力有以下选择权：征求权益投资者同意的情况下续租该发电厂，或者以6.5亿元的价格自阳光能源公司购买该发电厂，或者向独立的第三方出售该发电厂（如出售收入不够偿付债务，阳光电力需要代为偿债并支付权益投资者4 000万元）。

根据以上条款，阳光能源创建后的资产负债表如表7-1所示。

表7-1 阳光能源创建后的资产负债表

编制单位：阳光能源公司　　　　2018年1月31日　　　　　　　　　　　单位：万元

固定资产（发电厂）	64 000	长期借款	60 000
		股东权益	4 000
总资产	64 000	负债和权益合计	64 000

从以上资产负债表可以看出，阳光能源的资产很简单、很清晰。

为判别阳光电力是否应合并阳光能源，首先必须判断阳光能源是否满足作为可变权益主体 VIE 的两个条件，然后再判断阳光电力是否有资格成为阳光能源的主要受益方。

对于第一个问题，根据上述合同安排的具体条款，有以下几点都支持阳光能源为可变权益主体：阳光能源的股权权益只占总资产的 6.25%，低于 10% 的基准线；阳光电力对阳光能源的债务提供担保，权益资金远不能支持其业务开展；阳光能源的权益投资者几乎不承担阳光能源的经营风险，不享有阳光能源的剩余收益。

对于第二个问题，同样从以上合同安排的具体条款可以判断，阳光电力属于阳光能源的主要受益方：很明显，阳光电力能够主导阳光能源的经济活动，因为阳光能源的购买、融资以及出租发电厂，全部由阳光电力安排；不仅如此，阳光电力还享有阳光能源的剩余收益（同时承担经营风险）。根据合同条款，阳光电力支付固定租金给阳光能源，就可以经营发电厂，如果经营成功，阳光电力将获得经营发电厂的剩余收益（原本属于阳光能源），而阳光能源的权益投资者只获得固定收益的回报，但如果电力价格下降，导致经营亏损，阳光电力依然需要支付固定租金给阳光能源，并保证阳光能源的权益投资者不受影响。此外，如果发电厂的公允价值上升，阳光电力可以行使购买的选择权从而获得升值的利益；反之，如果发电厂的公允价值下降，以至于无论出售或继续经营都导致亏损，阳光电力依然需要保证权益投资者收回初始投资成本。因此，以上每一点都指示阳光电力成为可变权益主体阳光能源的主要受益方，通过持有可变权益控制了 VIE 阳光能源。

因此，通过以上分析可以得出结论，阳光电力公司需要合并阳光能源公司。

（二）合并 VIE 的程序

在编制合并财务报表时，合并 VIE 的程序，与前面章节阐述多数股权控制下的合并程序基本上是一致的。合并财务报表依然依据公允价值属性，VIE 的资产、负债以及非控股权益，都必须以公允价值予以合并。对于合并商誉的确定，依然为 VIE 的公允价值与其可辨认净资产公允价值的差额，如果前者大于后者，则需要在合并财务报表中确认一项商誉，否则确认为投资收益（来自廉价收购）。后续期间主要受益方和 VIE 之间的任何关联交易（包括特许权收费、内部资产交易等）都必须抵销或调整，VIE 的利润也必须在主要受益方和权益投资者等之间进行分配。因为合同安排而不是股权比例决定了 VIE 的利润分享，需要仔细分析设立 VIE 的合同安排的具体条款。以下举例说明 VIE 的合并过程。

【例 7-2】假设 2018 年 1 月 1 日，P 公司贷款给 V 公司 2 200 000 元，贷款到期日为 2023 年 1 月 1 日。假设 V 公司在收到 P 公司贷款之前，不能从资本市场融资以支持其经营活动。作为贷款协议的一部分，在接下来 5 年的时间：

（1）按 5% 年利率（市场利率）支付贷款利息；

（2）P公司拥有对V公司经营和财务活动的决策权；

（3）除V公司的普通股股东每年享有固定7 000元股利外，V公司剩余收益归属P公司。

5年协议期满，P公司有按500 000元购买V公司权益或将原协议展期5年的选择权。

P公司和V公司的个别财务报表如表7-2所示。

表7-2　　　　　　　P公司及V公司资产负债表　　　　　　　单位：元

2018/1/1	P公司	V公司
货币资金	85 000	2 308 000
应收账款	133 000	145 000
债权投资	2 200 000	—
无形资产	—	9 000
固定资产	2 458 000	900 000
总资产	4 876 000	3 362 000
应付账款	408 000	1 144 000
长期借款	954 000	2 200 000
普通股	2 500 000	10 000
留存收益	1 014 000	8 000
负债和权益合计	4 876 000	3 362 000

根据以上关于VIE及其主要受益方的判定条件，很容易判断V公司为P公司的主要受益方，V公司为P公司控制的可变权益主体。

2018年1月1日，P公司估计V公司普通股公允价值为143 000元。V公司公允价值与账面价值的差异125 000元为一项专利技术的增值，该项专利技术剩余经济期限为5年。

根据以上资料，编制P公司合并V公司的合并日抵销分录以及工作底稿如下（见表7-3）：

（1）借：留存收益（V）　　　　　　　　　　　　　　8 000
　　　　股本（V）　　　　　　　　　　　　　　　　10 000
　　　　　贷：非控股股东权益　　　　　　　　　　　　　　　18 000
（2）借：长期借款　　　　　　　　　　　　　　　2 200 000
　　　　　贷：债权投资　　　　　　　　　　　　　　　　　2 200 000
（3）借：无形资产　　　　　　　　　　　　　　　　125 000
　　　　　贷：非控股股东权益　　　　　　　　　　　　　　125 000

表7-3　　　　　　　　　　P公司与V公司合并工作底稿

（2018/1/1）　　　　　　　　　　　　　　　　单位：元

资产负债表	P公司	V公司	抵销分录	非控股股东权益	合并数
货币资金	85 000	2 308 000			2 393 000
应收账款	133 000	145 000			278 000
债权投资	2 200 000	—	2 200 000		—
无形资产（净）	—	9 000	125 000		134 000
固定资产（净）	2 458 000	900 000			3 358 000
总资产	4 876 000	3 362 000			6 163 000
应付账款	408 000	1 144 000			1 552 000
长期借款	954 000	2 200 000	2 200 000		954 000
普通股-P	2 500 000				2 500 000
普通股-V		10 000	10 000		
留存收益-P	1 014 000				1 014 000
留存收益-V		8 000	8 000		
非控股股东权益			18 000 125 000	143 000	143 000
负债和权益合计	4 876 000	3 362 000	2 343 000	2 343 000	6 163 000

合并日以后，以2018年年末为例，P公司需要编制以下抵销分录：

(1) 借：期初留存收益（V）　　　　　　　　　　　　　8 000
　　　　股本（V）　　　　　　　　　　　　　　　　　10 000
　　　贷：非控股股东权益　　　　　　　　　　　　　　　　　18 000

(2) 借：长期借款　　　　　　　　　　　　　　　　　2 200 000
　　　贷：债权投资　　　　　　　　　　　　　　　　　　　2 200 000

(3) 借：投资收益　　　　　　　　　　　　　　　　　　110 000
　　　贷：财务费用　　　　　　　　　　　　　　　　　　　110 000

(4) 借：无形资产　　　　　　　　　　　　　　　　　　125 000
　　　贷：非控股股东权益　　　　　　　　　　　　　　　　125 000

(5) 借：管理费用　　　　　　　　　　　　　　　　　　25 000
　　　贷：无形资产　　　　　　　　　　　　　　　　　　　25 000

编制2018年12月31日工作底稿如表7-4所示。

表 7-4　　P 公司与 V 公司工作底稿（2018/12/31）　　单位：元

	P 公司	V 公司	抵销分录	非控股股东权益	合并数
综合收益表					
营业收入	623 000	400 000			1 023 000
营业成本	230 000	190 000			420 000
财务费用		110 000	110 000		—
投资收益	110 000		110 000		—
管理费用等	155 000	55 000	25 000		235 000
净利润	348 000	45 000			368 000
归属于非控股股东的净利润				(7 000)	7 000
归属于母公司股东净利润					361 000
留存收益表					
期初留存收益	1 014 000	8 000	8 000		1 014 000
净利润	348 000	45 000			361 000
股利分配	50 000	7 000		7 000	50 000
期末留存收益	1 312 000	46 000			1 325 000
资产负债表					
货币资金	214 000	131 800			345 800
应收账款	258 000	181 000			439 000
债权投资	2 200 000	—	2 200 000		
无形资产（净）	—	7 200	125 000	25 000	107 200
固定资产（净）	2 328 000	2 050 000			4 378 000
总资产	5 000 000	2 370 000			5 270 000
应付账款	434 000	114 000			754 000
长期借款	954 000	2 200 000	2 200 000		954 000
普通股	2 500 000	10 000	10 000		2 500 000
留存收益	1 312 000	46 000	8 000		1 325 000
非控股股东权益			18 000　125 000	143 000	143 000
负债和权益合计	5 000 000	2 370 000	2 478 000	2 478 000	5 270 000

第二节　VIE 结构的信息披露

参照 CAS 第 41 号（在其他主体中权益的披露）应用指南，对于结构化主体的信息披露，应区分纳入合并范围的结构化主体和未纳入合并范围的结构化主体进行披露。

一、纳入合并范围的结构化主体的相关信息

企业存在纳入合并范围的结构化主体的，应当在合并财务报表附注中披露与该结构化主体相关的风险信息。与结构化主体相关的风险主要是指企业或其子公司需要依合同约定或因其他原因向结构化主体提供财务支持或其他支持，包括帮助结构化主体取得财务支持。

上述所称支持不属于企业日常的经营活动，通常是由特定事项触发的交易。例如，当纳入合并范围的结构化主体流动性紧张或资产信用评级被降低时，企业作为母公司可能需要向结构化主体提供流动性支持，或与结构化主体进行资产置换来提高结构化主体的资产信用评级，使结构化主体恢复到正常的经营状态。"财务支持"（即直接或间接地向结构化主体提供经济资源）通常包括：向结构化主体无偿提供资金；增加对结构化主体的权益投资；向结构化主体提供长期贷款；豁免结构化主体所欠的债务；从结构化主体购入资产，或购买结构化主体发行的证券；按照偏离市场公允价值的价格与结构化主体进行交易，造成企业资源的净流出；企业就结构化主体的经营业绩向第三方提供保证或承诺；其他情形。"其他支持"通常是非财务方面的支持，如提供人力资源管理或其他管理服务等。

1. 有合同约定的情况。

对纳入合并范围的结构化主体，合同约定企业或其子公司向该结构化主体提供财务支持的，应当披露提供财务支持的合同条款，包括可能导致企业承担损失的事项或情况。

【例 7 - 3】甲公司是乙结构化主体的发起人，能够控制乙主体并将其纳入合并范围。甲公司在其 2018 年报的合并财务报表附注中对有关事项披露如下：甲公司与乙主体以合同方式约定，如果乙主体资产的信用评级降至 AAA 级以下，甲公司将同乙主体进行资产交换，甲公司用信用评级为 AAA 级资产换取乙主体相同公允价值但信用评级低于 AAA 级的资产，用于交换的资产的公允价值上限为 1 000 万元。

2. 没有合同约定的情况。

对纳入合并范围的结构化主体，在没有合同约定的情况下，企业或其子公司当期向该结构化主体提供了财务支持或其他支持，企业应当披露所提供支持的类型、金额及原因，包括帮助该结构化主体获得财务支持的情况。其中，企业或其子公司当期对

以前未纳入合并范围的结构化主体提供了财务支持或其他支持并且该支持导致企业控制了该结构化主体的，企业还应当披露决定提供支持的相关因素。

【例 7-4】甲公司是乙结构化主体的发起人，能够控制乙主体并将其纳入合并范围。甲公司在其 2018 年年报的合并财务报表附注中对有关事项披露如下：2018 年 7 月，乙主体所持有的资产信用评级下降，由原先的 AAA 级下降至 AA 级，很有可能被迫回购其发行的中长期债券。为此，本公司在没有合同约定的情况下，仍将信用评级为 AAA 的资产按照该资产的公允价值 2 000 万元换取乙主体相同公允价值但信用评级为 AA 级的资产，使乙主体资产的信用评级维持在 AAA 级。

3. 向结构化主体提供支持的意图。

对纳入合并范围的结构化主体，企业存在向该结构化主体提供财务支持或其他支持的意图的，应当披露该意图，包括帮助该结构化主体获得财务支持的意图。本准则所指的"意图"是指企业基本决定将在未来期间向结构化主体提供财务支持或其他支持，具体表现为适当级别的企业高管批准了企业向结构化主体提供支持的计划或者方案。如果计划或者方案仅处于酝酿阶段，尚未获得企业高管批准，则不属于本准则所称的意图，也不需要进行披露。

二、关于在未纳入合并范围的结构化主体中权益的披露

1. 未纳入合并范围的结构化主体的基础信息。

对于未纳入合并范围的结构化主体，企业应当披露该结构化主体的性质、目的、规模、活动及融资方式，包括与之相关的定性信息和定量信息。其中，结构化主体的规模通常以资产总额或者所发行证券的规模来表示，融资方式包括股权融资、债权融资以及其他融资方式。本准则不要求逐个披露结构化主体的信息，企业应当按照重要性原则来确定信息披露的详细程度，只要不影响财务报表使用者评价企业与结构化主体之间的关系及企业因涉入结构化主体业务活动而面临的风险，企业可以根据需要汇总披露相关信息。

【例 7-5】甲企业集团在其 2018 年年报中就未纳入合并范围的结构化主体的基础信息披露如下：2018 年 12 月 31 日，与本集团相关联但未纳入本集团合并范围的结构化主体主要从事信贷资产证券化业务，从本集团成员企业购买信贷资产，以信贷资产产生的现金流为基础发行资产支持证券融资。这类结构化主体 2018 年 12 月 31 日的资产总额为 5 亿元（2017 年的金额为 4.8 亿元）。

2. 与权益相关资产负债的账面价值和最大损失敞口。

企业在未纳入合并范围的结构化主体中有权益的，还应当披露下列信息：（1）在财务报表中确认的与企业在未纳入合并范围的结构化主体中权益相关的资产和负债的账面价值及其在资产负债表中的列报项目；（2）在未纳入合并范围的结构化主体中权益的最大损失敞口及其确定方法。最大损失敞口应当是企业因在结构化主体中持有权

益而可能发生的最大损失。在确定最大损失敞口时，不需要考虑损失发生的可能性，因为最大损失敞口并不是企业的预计损失。企业不能量化最大损失敞口的，应当披露这一事实及其原因；(3) 在财务报表中确认的与企业在未纳入合并范围的结构化主体中权益相关的资产和负债的账面价值与其最大损失敞口的比较。

【例 7-6】甲企业集团 2018 年年报中，与在未纳入合并财务报表范围的结构化主体中权益相关的资产负债账面价值和最大损失敞口的信息披露如表 7-5 所示。

表 7-5　　　　　　　　　　2018 年甲企业集团报表　　　　　　　　单位：万元

项目	账面价值 2018 年	最大损失敞口 2018 年	账面价值 2017 年	最大损失敞口 2017 年
优先级债券	4 300	4 300	4 000	4 000
次级债券	2 000	2 000	2 500	2 500
信用违约互换（负债）	(1 000)	(16 000)	(900)	(15 000)

优先级债券列示在财务报表的"可供出售金融资产"项目中。最大损失敞口为优先级债券在资产负债表日的账面价值（公允价值）。次级债券列示在财务报表的"持有至到期投资"项目中。最大损失敞口为次级债券在资产负债表日的账面价值（摊余成本）。

信用违约互换列示在财务报表的"衍生金融负债"项目中。最大损失敞口为相关贷款全部违约情况下企业需要偿付的本金和利息之和。

3. 企业是结构化主体的发起人但在结构化主体中没有权益的情况。

企业发起设立未纳入合并范围的结构化主体，资产负债表日在该结构化主体中没有权益的，企业不披露与权益相关的资产负债的账面价值及最大损失敞口。但作为发起人，企业通常与其发起的结构化主体之间保持着业务联系，仍可能通过涉入结构化主体的相关活动而承担风险。本准则要求此类企业披露下列信息：企业作为该结构化主体发起人的认定依据；当期转移至该结构化主体的所有资产在转移时的账面价值。

企业作为该结构化主体发起人的认定依据，即如何判断企业是该结构化主体的发起人。企业的发起人身份可能给企业带来一定风险。例如，当结构化主体的经营遇到困难时，企业作为发起人很可能向结构化主体提供财务支持或其他支持，在帮助结构化主体渡过难关的同时维护企业的声誉。存在下列情况的，可能说明企业是结构化主体的发起人：(1) 企业单独创建了结构化主体；(2) 企业参与创建结构化主体，并参与结构化设计的过程；(3) 企业是结构化主体的最主要的服务对象，例如，结构化主体为企业提供资金，或者结构化主体所从事的业务活动是企业主要业务活动的组成部分，企业即使没有发起结构化主体，自身也要开展这些业务活动；(4) 企业的名称出现在结构化主体的名称或结构化主体发行的证券的名称中；(5) 其他能够说明企业是结构化主体发起人的情形。

【例 7-7】甲企业集团在其 2018 年年报的合并财务报表附注中披露结构化主体发起人的认定依据。本集团作为结构化主体发起人的认定依据为：在发起设立结构化主体的过程中，或者组织其他有关各方共同设立结构化主体过程中发挥了重要作用，而且该结构化主体是本集团主要业务活动的延伸，在结构化主体设立后，仍与本集团保持密切的业务往来。

分类披露企业当期从该结构化主体获得的收益及收益类型。企业作为发起人，即使在结构化主体中没有权益，也可能取得来自结构化主体的收益。例如，向结构化主体提供管理或咨询服务并收取服务费；向结构化主体转移资产而取得收益；以及原先在结构化主体中持有权益，当期处置了相关权益，虽然资产负债表日企业不再持有权益，但当期取得了处置收益。对当期从结构化主体获得的收益及其类型，企业应当分类披露。

4. 向未纳入合并范围的结构化主体提供支持的情况。

企业应当披露其向未纳入合并范围的结构化主体提供财务支持或其他支持的意图，包括帮助该结构化主体获得财务支持的意图。

在没有合同约定的情况下，企业当期向结构化主体（包括企业前期或当期持有权益的结构化主体）提供财务支持或其他支持的，还应当披露提供支持的类型、金额及原因，包括帮助该结构化主体获得财务支持的情况。

5. 未纳入合并范围结构化主体的额外信息披露。

如果企业按照本准则要求披露的有关未纳入合并范围的结构化主体的信息，仍不能充分反映相关风险及其对企业的影响，企业还应当额外披露信息。

合同约定企业在特定情况下需要向未纳入合并范围的结构化主体提供财务支持或其他支持的，企业应当披露相关的合同条款及有关信息，有关信息包括在何种情况下企业需要向结构化提供支持并可能因此遭受损失，是否存在其他约定对企业向结构化主体履行支持义务产生约束，在多方向结构化主体提供支持的情况下各方提供支持的先后顺序等。

企业因在未纳入合并范围的结构化主体中持有权益而当期遭受损失的，企业应当披露损失的金额，包括计入当期损益的金额和计入其他综合收益的金额。

企业在未纳入合并范围的结构化主体中持有权益，如果企业当期取得与该权益相关的收益，企业应当披露收益的类型。收益类型主要包括服务收费、利息收入、利润分配收入、处置债权或股权的收益以及企业向结构化主体转移资产取得的收益等。

在合同约定企业和其他主体需要承担未纳入合并范围结构化主体的损失的情况下，企业应当披露企业和其他主体需要承担损失的最大限额以及承担损失的先后顺序。

企业应当披露第三方提供的、对企业在未纳入合并范围的结构化主体中权益的公允价值或风险可能产生影响的流动性支持、担保、承诺等。

企业应当披露当期未纳入合并范围的结构化主体在融资活动中遇到的困难，主要是指债务融资或股权融资遇到的困难。

企业应当披露与未纳入合并范围的结构化主体融资业务有关的信息，包括融资形式（如商业票据、中长期票据）及其加权平均期限。特别是当结构化主体投资长期资产但资金来源于短期负债时，企业需要分析该结构化主体资产和负债的期限结构，并披露这一情况。

第三节　中国企业 VIE 结构的特殊背景

一、中国企业 VIE 结构的起因及风险

国内的 VIE 模式最早兴起于互联网行业，这些企业大多是创业企业，创立初期往往缺乏足够的资金，能否解决好资金问题决定了公司能否进一步发展。但当时新三板还未诞生，大部分公司又达不到在主板或创业板上市的条件，因此它们将目光转向了国外的资本市场。

搭建 VIE 架构是为了规避当时中国法律限制的措施。目前公认的是，2000 年赴美上市的新浪首创了 VIE 结构，这一模式后来被赴境外上市的中国公司广泛借鉴。简要来说，VIE 模式可以绕开两个限制。第一个限制，直接以注册在中国的公司去境外上市存在障碍。这里有两个原因：一个原因是，境外交易所如纽交所、港交所所接受的注册地不包括中国；另一个原因是，即使境外交易所接受注册在中国的公司，但中国公司赴境外上市必须得到中国证券监管部门的审批同意，而现实中除了 H 股外，此前赴境外上市获得中国监管部门审批同意的概率如同中彩票。为规避这第一个限制，就需要上市主体公司在境外注册，而之所以通常选择开曼（Cayman）等地，主要是因为这些地方是避税天堂且监管宽松。第二个限制，中国对包括互联网通信（TMT）在内的一些行业存在外资进入限制。理论上来说，在境外注册公司后，可以直接选择外资入股的方式来控制在中国境内的经营实体，即由 WFOE（外商独资企业）直接股权投资内资公司，但由于内资公司所处行业存在外资进入限制（例如，拥有 ICP 证的 TMT 公司都是限制外资进入的），故彼时新浪上市时的法律天才们设计出通过一系列的协议（VIE 协议）来锁定 WFOE 及其境外的一系列股东们对境内公司经营权的控制，而这种设计又是符合境外交易所上市要求的。这些协议包括《股权质押协议》《业务经营协议》《独家咨询和服务协议》《借款协议》等。典型的 VIE 结构如图 7-3 所示。

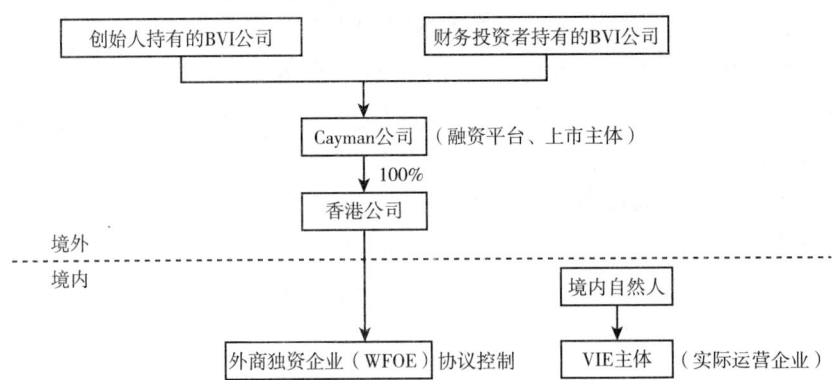

图 7-3 国内企业境外上市 VIE 结构

国内企业 VIE 模式境外上市的风险主要表现在：第一，政策风险。国家相关部门对 VIE 结构采取默许的态度，目前并没有实质的可操作的明文规定。一旦国家相关部委出台相应的规定，可能会对采取 VIE 结构的公司造成影响。第二，外汇管制风险。利润在境内转移至境外时可能面临外汇管制风险。例如，2012 年 5 月 10 日，世纪佳缘就在招股书中披露，其在中国境内开展业务的两大子公司之一北京觅缘信息科技有限公司（以下简称"北京觅缘"）未能如期取得国家外汇管理局审批的外汇登记证，世纪佳缘因此未能完成对北京觅缘的首次出资。根据中国法律，商务部签发的外商投资企业批准证书也将失效，而北京觅缘的营业执照将被北京当地的工商局吊销，它将不再是一个合法存在的法人实体。第三，税务风险。VIE 结构的公司将会涉及大量的关联交易以及反避税的问题，也有可能在股息分配上存在税收方面的风险。例如，新浪就在其年报中披露，上市的壳公司没有任何业务在中国内地，如果非中国运营的境外壳公司需要现金，只能依赖于 VIE 向其协议控制方以及境内注册公司的分配股息。壳公司并不能保证在现有的结构下获得持续的股息分配。第四，控制风险。由于是协议控制关系，上市公司对 VIE 没有控股权，可能存在经营上无法参与或公司控制经营管理的问题。

二、境外上市 VIE 结构拆除

当然，对于这一新兴模式，政府并没有进行重重阻挠，而是采取了一种默许的态度。也正因如此，VIE 模式得以在电信媒体等行业广泛适用。随着 VIE 模式的蓬勃发展，问题也渐渐暴露。VIE 的便利使其他行业的企业也想借此渠道获取外国资金、开拓海外市场、获得税收优惠。制造业的宝生钢铁曾意图搭建 VIE 架构，却被当地政府告知不符合我国外资准入规则，在此前签订的所有协议只能废除，同时还要承担巨额的违约费。之后的支付宝风波中，马云代表的阿里集团单方面终止了全套 VIE 协议，引起了各界对 VIE 模式的重新认识与思考。已经有越来越多的企业加入拆 VIE 回归的浪潮中，主要是出于以下几点考虑。

1. 目前广为接受的一种解释是：国内资本市场估值更高。这主要得益于暴风科技拆 VIE 后在国内上市后上演的财富神话。其实，更主要的原因是中概股在美国等境外交易所的普遍估值不高，有的市值甚至低于净资产，包括李彦宏、史玉柱、陈天桥、唐岩等众多大佬、新贵都曾对此表示过失望或不满情绪。两厢比较，回归 A 股其实一直是中概股们的选择之一。

2. 相比于简单粗暴的市值管理动机，众多企业家、金融家们看到了中国政府在对外投资、资本市场近两年革新之举对未来的深远影响，首当其冲的就是上交所拟推出的战略新兴板。据悉，战略新兴板会采用多套上市财务检验标准，从而让一些仍在亏损的 TMT 等公司也可以达到上市标准。而此前，赴境外上市前仍处于亏损状态是众多中概股放弃 A 股的直接原因。如果战略新兴板早几年推出来，或许京东就不会去美国上市了。此外，目前正在修改讨论中的《外国投资法》也涉及 VIE 架构合规性界定等问题。

3. 拆 VIE 回 A 股也是公司未来做大做强的重要考虑。许多拟拆除 VIE 结构回归 A 股的公司的创始团队，除了谈及 A 股估值外，更多的是考虑公司未来发展的需要。例如，在国内上市会明显提升公司品牌，而这些中概股的主要市场在国内。

2015 年 6 月 20 日，工信部发布公告，宣布在上海自贸区开展试点基础上，在全国范围内放开经营类电子商务（在线数据处理与交易处理业务）外资股比限制，外资持股比例可至 100%。这意味着，电子商务外资股权比例的要求彻底取消，在境外上市的中国电商类企业可以不必拆除 VIE 架构直接回归，在中国境内上市。

【例 7 – 8】XM 集团 VIE 境外上市。协议控制（VIE 结构）产生的原因主要涉及两个方面：一是国内企业境外上市的传统方式被阻；二是企业可绕开某些行业对外资准入的限制，解决限制外资进入行业无法采用原有传统模式境外上市的问题。XM 集团亦是将属于"限制"类和"禁止"类业务的经营主体进行了 VIE 结构的搭建，其协议架构版图涵盖了电子商务及互联网服务板块、游戏业务板块、网络出版板块、投资板块等，基本框架搭建如图 7 – 4 所示。

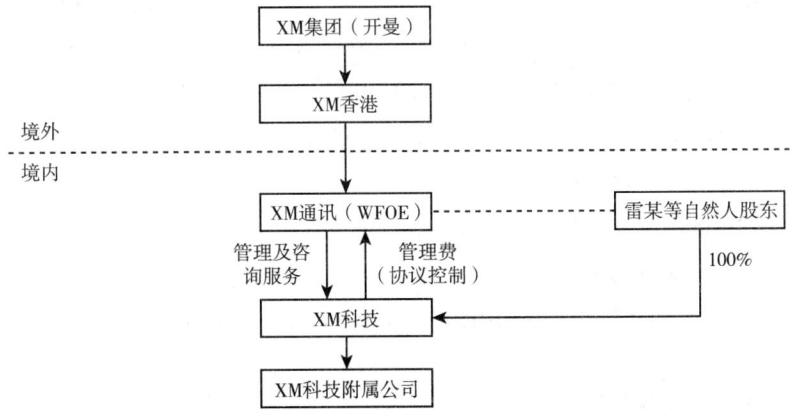

图 7 – 4　XM 集团协议控制（VIE 结构）搭建

一般来讲，经营实体（内资企业）的创始人或者实际控制人会在国外离岸法域设立一个没有实际经营业务的投资公司（壳公司），为离岸公司 A。离岸公司 A 与风投或私募等投资机构（VC/PE）、其他投资者在开曼群岛设立一家公司，并将这家开曼公司作为未来上市的主体，XM 集团在整个 VIE 架构中便是充当此角色。随后境外上市主体（开曼公司）再设立一个全资壳公司（离岸公司 B），如 XM 香港、瓦力国际香港有限公司等，用于在国内设立外商独资企业。由于税收优惠等原因，主体一般都会选择香港地区。在这一层级的设计上，主体会根据国内经营实体的创始人和投资机构的不同情况设立一个或者多个层级的特殊目的公司，以达到方便资本运作、规避法律强制性要求、合理避税等目的。接下来，离岸公司 B 再按照国内现行法律法规设立全资子公司（外商独资企业 WFOE），如 XM 通讯。全资子公司的数量根据现实情况可设立一个或多个。全资子公司与境内运营业务的实体公司签订一系列协议来实现对境内企业决策、管理及利润等各方面的控制。

XM 集团协议 VIE 结构中的控制法律文本主要包括《独家业务合作协议》《独家购买权协议》《借款合同》《股权质押协议》《委托授权书》《确认及承诺函》及《配偶承诺函》等。这些协议可分为三类：一是控制权转移类，即委托授权书、独家购买权协议；二是资金及利润输送类，即业务服务协议和借款协议；三是担保类，即抵押合同和股权质押合同。通过这些协议的签订，XM 集团实现了对国内经营主体的有效控制，通过财务处理，国内经营实体的利润最终通过外商独资企业并入 XM 集团，使境外上市的壳公司摇身一变成为一个具有营业收入和客观利润的实际运营公司，从而达到成功上市的目的。

【例 7-9】BF 科技 VIE 结构的构建及其拆除（见图 7-5 和图 7-6）。BF 科技是第一家解构 VIE 返回国内资本市场，成功在创业板上市并获得高估值的中概股公司。BF 科技最早成立于 2007 年 1 月，是一家互联网视频企业。BF 科技旗下的 BF 影音播放器，是中国最大的互联网播放平台之一，在中国的用户总数、使用时间和用户覆盖率等方面居于行业前列。公司的商业模式是"免费+广告"的模式。由于境内融资条件严苛和境外投资机构的推动，BF 科技于 2007 年通过搭建 VIE 结构在海外上市。2010 年在市场因素、政策因素和行业因素等影响下，BF 科技决定解构 VIE 并返回国内资本市场。2015 年 3 月，公司顺利解构 VIE 模式。

第一步，冯某等在境内设立酷热科技；

第二步，冯某等在境外注册 Kuree，作为境外融资主体；

第三步，设立 WFOE 互软科技，作为境内 VIE 控制平台（壳公司）；

第四步，Kuree 向美元基金（IDG 等）融资，并和酷热科技、互软科技签订 VIE 协议。

BF 科技 VIE 结构拆除的过程：

第一步，引入金石投资、和谐成长等境内投资人，向 Kuree 购买互软科技 100%

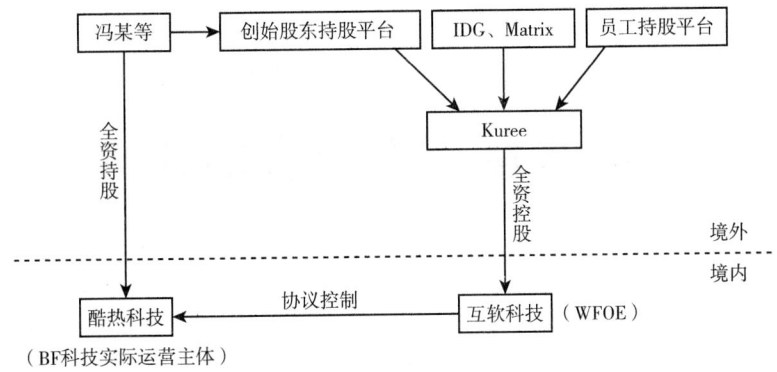

图 7-5　BF 科技 VIE 结构的搭建

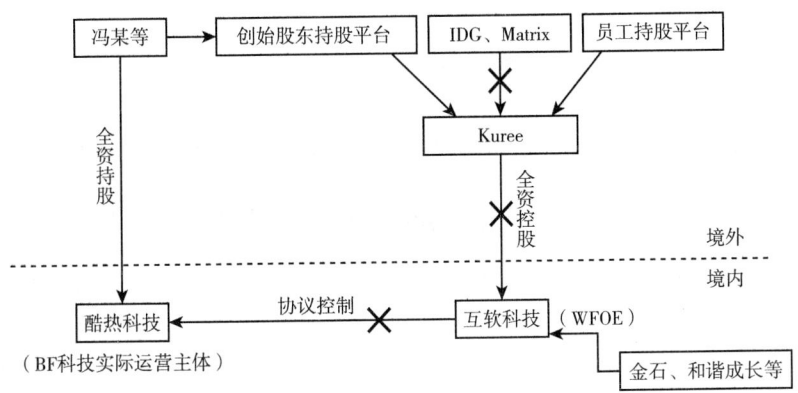

图 7-6　BF 科技 VIE 结构的拆除

的股权；

第二步，Kuree 向 IDG Matrix 等境外投资者回购股权，回购后 Kuree 不再含有外资股权；

第三步，Kuree、IDG、Matrix、互软科技、酷热科技等解除 VIE 协议；

第四步，持股平台、Kuree、互软科技、酷热科技注销。

思考题

1. 什么是 VIE 结构，与 SPE 有无区别？
2. 请阐述合并 VIE 的会计程序和方法。
3. 怎样对 VIE 结构做充分披露？

第八章　离职后福利

【学习目标】
1. 理解职工薪酬的含义及分类；
2. 理解设定受益计划有关的概念；
3. 理解并掌握设定提存计划的会计处理原则及方法；
4. 理解设定受益计划的会计处理原则及方法。

第一节　职工福利概述

一、职工福利的含义

当一家公司或其他主体雇用了一名新职工时，该职工将获得一揽子工资和福利。有些福利是短期的，职工将在获得福利的同时获得基本工资、加班费等基本福利。然而，除短期福利以外的其他职工福利一般是延迟发放的，典型的例子如离职后福利（即养老金）。雇主可以从不同的角度来看待这些递延职工福利的成本。它们可以被看作职工的递延工资，或者从职工的真实工资总额中扣除，作为一种节税的储蓄手段。

短期职工福利成本的核算往往比较简单，因为它们只需要在雇主当期财务报表中确认为费用。但计算递延职工福利的成本却复杂很多。这是由于其涉及的数额很大，以及时间跨度很长，需要进行精密的估算，数额及时间都具有较大的不确定性。

二、职工福利的分类

职工薪酬是企业为获得职工提供的服务或解除劳动关系而给予的各种形式的报酬或补偿。现行会计准则将职工薪酬分为四种类型，分别对应不同的会计处理规范。

1. 短期薪酬。短期薪酬是指企业在职工提供相关服务的年度报告期间结束后12个月内需要全部予以支付的职工薪酬，因解除与职工的劳动关系给予的补偿除外。短期薪酬具体包括：职工工资、奖金、津贴和补贴，职工福利费，医疗保险费、工伤保险费和生育保险费等社会保险费，住房公积金，工会经费和职工教育经费，短期带薪缺勤，短期利润分享计划，非货币性福利以及其他短期薪酬。

带薪缺勤，是指企业支付工资或提供补偿的职工缺勤，包括年休假、病假、短期伤残、婚假、产假、丧假、探亲假等。

利润分享计划，是指因职工提供服务而与职工达成的基于利润或其他经营成果提供薪酬的协议。

2. 离职后福利。离职后福利是指企业为获得职工提供的服务而在职工退休或与企业解除劳动关系后，提供的各种形式的报酬和福利，短期薪酬和辞退福利除外。

3. 辞退福利。辞退福利是指企业在职工劳动合同到期之前解除与职工的劳动关系，或者为鼓励职工自愿接受裁减而给予职工的补偿。

4. 其他长期职工福利。其他长期职工福利是指除短期薪酬、离职后福利、辞退福利之外所有的职工薪酬，包括长期带薪缺勤、长期残疾福利、长期利润分享计划等。

由于在中级财务会计等其他的课程里已讨论了短期职工福利，因此这里我们仅讨论离职后的福利。

第二节 离职后福利的分类和会计处理

一、离职后福利的分类

离职后福利计划分为设定提存计划和设定受益计划两种类型。

（一）设定提存计划

设定提存计划是指企业向独立的基金（如企业年金）缴纳固定的费用（即提存金）后，企业不再承担进一步支付义务的离职后福利计划。也就是说，如果基金没有足够的资产支付在当前和之前的时期所有与职工提供服务相关的福利，企业没有法律或推定义务向基金做进一步支付。

基于设定提存计划，雇主（可能也包括现在的职工）每年都会定期向计划中缴纳一定数额的费用。缴款用于投资，而支付给前职工的离职后福利金额取决于该计划投资的表现好坏。如果投资表现良好，设定提存计划将能够支付更高的离职后福利金，反之亦然。

设定提存计划的会计处理相对较为简单，因为企业提存的金额是固定的。

（二）设定受益计划

设定受益计划是指除设定提存计划以外的离职后福利计划。基于设定受益计划，职工离职后福利的规模是预先确定的。雇主（可能也包括现在的职工）向该计划缴纳费用，这些费用将用于投资。缴款的数额设定为确保该计划能够赚取足够的投资回报,以履行支付离职后福利的义务。但是,如果该基金的资产(计划资产)明显不足,则雇主将被要求向该计划提供额外的缴款,以弥补预期的不足。另外,如果该基金的资产超过了需要的数额,即超过了支付离职后福利所需的数额,雇主可能会被允许享受"供款假"(即暂停支付供款一段时间)。

对设定受益计划进行会计处理相对较难,因为将来需要支付的福利是被承诺的(固定的),由此决定了企业提存的金额(不固定)。

(三)两类离职后福利计划的区别

两类计划的主要区别,是企业对职工作出的"承诺"的性质:

在设定提存计划下,"承诺"是支付商定的缴费数额。企业向计划(基金)缴纳固定的费用后,没有进一步的义务,也没有与计划中所持资产的表现相关的风险敞口。

在设定受益计划下,"承诺"是支付计划下议定的福利金额。企业由此承担一种不确定性程度很高的支付义务,这种支付义务将来可能由于许多变数而改变,并面临与计划中所持资产的业绩有关的风险。简单地说,计划资产不足以满足未来支付养老金的计划负债,企业将不得不弥补相应的任何赤字。

二、设定提存计划的会计处理

一个典型的设定缴款计划是,雇主同意将职工工资的 6% 作为离职后计划的一部分。

IFRS19 以及 CAS9 对设定提存计划的会计处理要求如下:

1. 对设定提存计划的缴款应在其应付期间内确认为费用或确认为资产成本的一部分。

2. 对截止日期到期的未缴数额的任何义务,期末应确认为一项负债(应计费用)。

3. 任何已付的超额缴款应确认为资产(预付费用),但前提是预付款项将导致如未来付款减少或现金退款。

在某些情况下(极少),根据设定提存计划,企业预期不会在职工提供相关服务的期间结束后 12 个月以内支付全部应缴存金额的,则应考虑对全部应缴款数额予以折现。

三、设定受益计划

(一)与设定受益计划相关的概念

1. 设定受益义务的现值。设定受益义务现值是在不扣除任何计划资产的情况下,为清偿职工在当前和之前的期间内提供服务而产生的离职后福利所需的预期未来付款的现值。

2. 计划资产。计划资产包括：

（1）长期职工福利基金持有的资产；

（2）符合条件的保险单。

3. 长期职工福利基金持有的资产（报告主体发行的不可转让金融工具除外）为：

（1）由在法律上独立于报告主体的主体（基金）持有，其存在的唯一目的是支付职工福利或为职工福利提供资金；

（2）只可用于支付职工福利或为福利计划提供资金，报告主体本身的债权人（即使在破产情况下）不能使用，而且不能返还报告主体，除非：

本基金的剩余资产足以满足本计划或报告主体的所有相关职工福利义务；或

将资产归还报告主体，为了偿还其已支付的职工福利。

4. 符合条件的保险单。符合条件的保险单是由非报告主体的关联方的保险公司签发的保险单，如果保险单的收益：

（1）只能用于支付职工福利或为其提供资金；

（2）报告主体本身的债权人（即使在破产情况下）无法取得，也不能支付给报告主体，除非：

该保险给付款项为不需要用于支付与保险单相关的所有职工福利义务的盈余资产；或该保险给付款项返还给报告主体是为了偿还其已经支付的职工福利。

5. 净设定受益负债（或资产）。净设定受益负债（或资产）是指考虑资产上限对净受益资产的影响后的赤字或盈余。

赤字或盈余为以下两项的差额：

（1）设定受益义务的现值；

（2）计划资产的公允价值（如有）。

6. 资产上限。资产上限是以从该计划中退款或减少未来对该计划的缴款的形式提供的任何经济利益的现值。

7. 服务成本。服务成本包括当期服务成本和过去服务成本。

当期服务成本，是指职工在此期间因提供服务而产生的设定受益义务的现值的增加额。

过去的服务成本，是指设定受益计划修改所导致的与以前期间职工服务相关的设定受益计划义务现值的增加或减少。这是养老金计划修订或削减的结果。

8. 精算假设。精算假设，用以估计在设定受益计划下可获支付的未来（离职后）福利金额的合理假设。精算假设的主要类别如下：

（1）人口统计假设，关于退休前和退休后的死亡率、职工离职率、提早退休、前职工医疗计划的索赔率等。

（2）财务假设，包括未来工资水平（考虑资历和升职以及通货膨胀）和未来的医疗费用的增长速度（不仅仅是通货膨胀的成本上升，也包括具体医疗项目的成本上升以及更长的预期平均寿命所需要增加的医疗支出)。

9. 预期累积福利单位法。假定每一名职工每一个服务期间增加一个单位未来的福利,可以计算出该单位未来福利的现值,并将其归属于提供服务的期间。需要对每一个单位进行单独衡量,以形成全部最终义务。未来福利的累计现值(折现)将随着时间的推移产生利息,应该确认利息费用。

(二)设定受益计划会计处理的基本原则

设定受益计划的会计处理比设定提存计划要复杂得多。设定受益计划会计核算的复杂性主要来自以下因素:未来福利(在当前或以前年份中由职工服务产生)无法准确计量,但无论这些福利是什么,雇主都必须支付,因此现在就应该确认相应的义务。为了衡量这些未来的义务,有必要使用精算假设;未来数年应付的债务应按现值折现,这是因为债务可在多年后结清;如果精算假设发生变化,基金所需的缴款数额也会发生变化,可能会有精算上的收益或损失,因此,由于精算上的收益或损失,在任何时期对基金的缴款都不等于该时期的费用。

1. 设定受益义务的确认与计量。主体必须确定基于职工在当前期间和以前期间所提供的服务应提存的义务。应使用精算技术(预期累积福利单位法),对职工从服务中获得的未来福利数额与当前及以前各年所提供的服务之间的关系作出可靠的估计。假设,包括关于职工流动、死亡率、未来工资增长(如果这些将影响未来福利的最终规模,如养老金支付)。然后将未来福利折现为设定受益义务的现值和当前服务成本。

2. 计划资产的的确认与计量。计划资产以公允价值计量,即"在计量日市场参与者之间进行有序交易时出售资产的价格"。IFRS19 包括以下具体要求:

(1) 计划资产应不包括雇主应缴但尚未缴付的任何款项。

(2) 计划资产应减去与职工福利无关的任何负债,如贸易和其他应付款项。

3. 净设定受益负债(资产)的确认与计量。净设定受益负债(资产)为在资产负债表中的赤字或盈余。净设定受益负债(可能为负数,即资产)等于:

(1) 设定受益义务在年底时的现值减去。

(2) 本计划资产在年底时的公允价值(如有),对现有和过去职工的未来义务将从中得到清偿。

净设定受益负债/(资产)应在每一会计期间开始时计量,并考虑到该期间由于向本计划缴款和支付的福利而产生的变动,以得到期末余额。

如果净受益资产必须受到资产上限的限制,则上述计量的盈余或赤字可能有必要进行调整。

4. 与设定受益计划相关损益和其他综合收益。

以下应确认为损益:

(1) 当前服务成本；

(2) 任何过去的服务成本和结算的损益；

(3) 净界定利益负债（资产）的净利息；

(1) 及（2）可合并为一个名为服务成本的单一项目。

以下应确认其他综合收益（不会重分类为损益的项目）：

(1) 精算损益；

(2) 计划资产的收益（不包括净设定受益负债（资产）的利息净额）；

(3) 资产上限的影响的任何变化（不包括净设定受益负债（资产）的利息净额）。

以上所有这些项目都是重新计量净设定受益负债的结果。

（三）设定受益计划会计处理：若干细节

1. 过去服务成本。

过去的服务成本是由于计划修订或缩减而导致的设定受益义务现值的变化。

当主体引入设定受益计划或更改现有计划下应付的福利时，便会出现计划修订。结果导致该主体承担了截止当期尚未确认的额外义务。例如，雇主可能决定为前职工引入医疗福利计划，这将产生一种尚未确认的新的设定受益义务。

当主体显著减少一个计划所涵盖的职工人数时，就会发生缩减。这可能是由于一个孤立的事件，如关闭一个工厂，终止一项经营或终止或暂停一个计划。

过去的服务成本可以是正的（如果更改增加了义务），也可以是负的（如果更改减少了义务）。

2. 结算损益。

设定受益计划结算，是指主体为了消除设定受益计划所产生的部分或所有义务进行的交易（不是根据计划条款和所包含精算假设向职工支付福利）。

削减和结算可能同时发生，例如，当雇主通过一次性支付一笔款项来清偿义务，从而终止和废弃了设定受益计划。

结算损益是以下两项的差额：

(1) 待结算的设定受益义务在结算日的现值；

(2) 结算价格，包括主体转移的任何计划资产（公允价值）和与结算直接相关的任何付款。

3. 过去的服务成本和结算损益的会计处理。

在确定过去的服务成本或结算损益之前，主体应使用当前精算假设重新衡量设定受益义务（以及相关的计划资产，如果有的话）。

这些项目的确认要求如下：

过去的服务费用按下列日期中较早者确认：

(1) 当计划修订或缩减时；

（2）当主体确认有关重组费用或终止福利时。

4. 什么是精算损益？

在每个会计期间结束时，应使用最新的假设对设定受益义务进行重新估计。精算损益的产生有以下几个原因，需要在其他综合收益中全部确认：

当年发生的实际事项（如职工离职、加薪）与用于估计福利义务的精算假设不同；

更改福利发放方案假设的影响；

对精算假设进行了修正（如对未来的职工流动、加薪、死亡率等做出了不同的假设）；

贴现率变化的影响。

5. 如何计算计划资产回报？

主体必须计算计划资产的收益。计划资产的新估值将在每个期末使用当前公允价值进行。新价值与该日期之前确认的价值（通常是期初余额、利息以及对计划资产的任何现金收支）之间的任何差异都被视为"重新计量"，并在其他综合收入中确认。

6. 利息的计算。

《国际会计准则第 19 号》规定，利息应按净设定受益负债（资产）计算。这意味着确认的损益数额是计划负债的利息费用和计划资产确认的利息收入之间的净额。

折现率应参照高信用等级设定利率公司债券或国债的市场收益率确定。2014 年《国际会计准则第 19 号》的一项修正案明确指出，这些债券应与福利计划以同样的货币计价。在这类债券缺乏"深度"市场的情况下，可以参考可比政府债券的收益率。虽然单一加权平均贴现率已满足要求，用来确定贴现率的公司债券的到期期限应与设定受益义务的预期到期期限相一致。

该指引同时指出，要获得从现在算起 30 年或 40 年等期限的长期债券的可靠收益率，可能比较困难。然而，这不应是一个重大问题：较长期限以后应付债务的现值将相对较小，不太可能在全部设定受益义务中占很大比例。因此，总义务现值不太可能对长期期限（超过长期公司债券或长期政府债券）相关的贴现率假设中的错误敏感。

7. 如何进行资产上限测试？

净设定受益资产是如何产生的？如果投入计划资产的资金过剩或精算收益增加，则可能产生净设定受益资产。这符合资产的定义（如财务会计概念框架中所述），因为所有的下列条件满足：

（1）该主体控制一项资源（利用其来产生未来利益的能力）。

（2）该控制是过去事件的结果（主体支付的缴款和职工提供的服务）。

（3）该主体可获得未来的经济利益，其形式是减少未来的缴款或现金退款可直接或间接地支付另一项有赤字的计划。

资产上限是这些未来收益的现值。使用的贴现率与计算净设定受益负债/（资产）净利息的贴现率相同。净设定受益资产将减少到资产上限阈值。任何相关的减记将被视为一种重新计量，并在其他综合收益中确认。

根据 IFRS19，引入资产上限是为了确保任何设定受益资产（即养老金盈余）的账面价值不超过其可收回金额。简而言之，这意味着任何净资产都被限制在主体未来可获得的现金储蓄数额之内。

如需要在以后年度进行资产上限调整，其价值变动按下列方式处理：

（1）利息（作为贴现金额）确认为损益，作为净利息金额的一部分；

（2）其他变动计入损益。

四、多重雇主计划

多重雇主计划是指设定提存计划（政府计划除外）或设定受益计划（政府计划除外），其具有特点：

（1）汇集非同一控制下的不同主体提供的资产；

（2）利用这些资产向一个以上主体的职工提供福利，计划缴款和福利的支付不基于雇佣职工的主体。

国际财务报告准则要求主体根据其条款（包括条款之外的任何推定义务）将此类计划归类为设定提存计划或设定受益计划。

对于设定受益计划的多雇主计划，每一个主体应以与任何其他设定受益计划相同的方式，就其在设定受益义务、计划资产及与该计划有关的成本中所占的比例份额作出解释，并作出全面披露。

当没有足够的信息来运用设定受益会计时，那么多雇主计划应该作为设定提存计划，并做补充披露（该计划实际上是设定受益计划，以及关于任何已知盈余或赤字的信息）。

五、举例

【例 8-1】 某离职后福利计划为服务终止时可获一次性发放的福利，职工每服务一年给予最终薪金的 1%。第一年的工资为 1 万元，预计每年增长 7%（复合）。折现率是年利率 10%。表 8-1 显示了在精算假设没有变化的情况下，预计在第 5 年年底离职的应付职工的福利义务。为简单起见，不考虑职工可能在较早或较晚的日期离职的可能性。

要求：确定每年的福利计划义务和职工服务成本。

解析：计算如表 8-1 所示。

表 8-1   单位：万元

年份	1	2	3	4	5
归属于每年福利：					
以前年度	0	131	262	393	524
当前年度（1）	131	131	131	131	131
总计	131	262	393	524	655
设定受益义务：					
期初余额		89	196	324	476
利息		9	20	33	48
当期服务成本（2）	89	98	108	119	131
期末余额	89	196	324	476	655

注：(1) 131 = 终止服务前一年工资；
(2) 当前服务成本 =（1）按每年10%折现。

【例 8-2】2016 年 1 月 1 日，假设某设定受益计划的计划资产公允价值为 110 万元，设定受益义务的现值为 125 万元。2016 年 12 月 31 日，该计划收到雇主 49 万元的缴费，发放福利 19 万元。本年度的当期服务成本为 36 万元，用于计量净负债/（资产）的折现率为 6%。2016 年 12 月 31 日，该设定受益计划的计划资产的公允价值为 150 万元。设定受益计划义务的现值为 1 553 600 元。

要求：计算因为重新计量设定受益计划义务所产生的精算；计算计划资产的收益；说明在截至 2016 年 12 月 31 日的年度综合损益表和资产负债表中如何列示该设定受益计划。

解析：

设定受益计划有关资产和负债的调整底稿：

	资产	负债
公允价值/现值 2016/1/1	1 100 000	1 250 000
利息（1 100 000×6%）/（1 250 000×6%）	66 000	75 000
当期服务成本		360 000
当期的缴款	490 000	
当期福利支付	(190 000)	(190 000)
扣除利息后的计划资产回报		
（平衡数）（其他综合受益）	34 000	—
精算损益（平衡数）（其他综合收益）	—	58 600
公允价值/现值 2016/12/31	1 500 000	1 553 600

在财务报表中的列示：

（1）在 2016 年度综合收益表中：

计入净利润：

当前服务成本　　　　　　　　　　　　　　　　　　　　360 000

净设定受益负债的净利息（75 000 – 66 000）　　　　　9 000

计入其他综合收益：

其他综合收益（不能重分类进损益）（34 000 – 58 600）　24 600

（2）在 2016 年 12 月 31 日资产负债表中确认净设定受益计划负债 53 600 元（1 553 600 – 1 500 000）。

思考题

1. 按现行会计准则，职工福利分为哪几类？
2. 设定提存计划与设定受益计划有何区别？
3. 与法律义务相比，什么是"推定义务"？
4. 如何理解设定受益计划中的资产上限？
5. 什么导致精算收益或损失？
6. 如何在资产负债表中列报设定受益计划？

练习题

【8–1】MODE CO 实行利润分享计划，如果职工在一年内没有离职，公司将向职工支付当年净利润的 3%。MODE CO 估计，到 2019 年，由于部分职工离职将之一比率将降至 2.5%。

要求：对于利润分享计划，MODE CO 应该如何确认成本？

【8–2】ABC 公司设定了以下的离职后职工福利计划：

折现率：10%（每年）

2016 年年初设定受益计划义务现值：100 万元

2017 年年初计划资产市场价值：100 万元

表 8–2　　　　　　　　　　福利计划年度数据　　　　　　　　　　单位：千元

年份	2016	2017	2018
当期服务成本	140	150	150
当期支付福利	120	450	150
当期缴款	110	120	120
年末福利计划义务的现值	1 200	1 650	1 700
计划资产公允价值	1 250	1 450	1 610
其他相关信息			

（1）2017年年底，公司的一个部门被出售。因此，该部门的许多职工选择将其累积的福利权利转移到新雇主的福利计划中。公允价值为48 000元的资产转移到另一家公司的计划中，精算师计算出ABC的设定受益计划负债减少了50 000元。表8-2中年末福利计划义务现值是这次转移被记录之前的数额。

（2）2018年年底，公司决定向目前从该计划领取养老金的前职工一次性发放额外养老金。原计划没有支付这笔款项的条款。表8-2中福利计划义务的精算估值包括与这笔额外付款有关的额外义务40 000元。

要求：ABC公司应如何在2016年、2017年和2018年对设定受益计划进行会计处理？

【8-3】2015年1月，金控公司支付各类职工工资共计50万元，其中产品生产职工30万元，管理人员10万元，营销人员5万元，工程施工人员5万元。金控公司按照工资总额的12%缴纳基本养老保险，存入当地社会保障机构。

要求：为金控公司各项职工薪酬编制必要的日记账分录。

第九章 租　　赁

【学习目标】
1. 理解租赁的含义；
2. 掌握租赁合同的识别方法；
3. 理解并掌握承租人单一会计处理模式；
4. 理解出租人对租赁的分类；
5. 理解并掌握出租人对租赁的会计处理原则及方法；
6. 理解售后回租的含义及会计处理。

第一节　租赁概述

国际会计准则委员会于2016年1月发布了《IFRS16——租赁》。与此相对应，2018年12月我国财政部会计准则委员会发布了第21号《企业会计准则——租赁》，即CAS21，以与IFRS16相趋同。

IFRS16引入了单一承租人会计模型，要求承租人对所有租赁期限超过12个月的租赁合同确认资产和负债，除非标的资产价值较低。承租人必须确认一项表示其有权使用标的资产权力的资产（即使用权资产）和支付租赁款义务的租赁负债。

承租人以类似于其他非金融资产（如财产、厂房和设备）的计量方法计量使用权资产，以类似于其他金融负债的计算方法计量租赁负债。因此，承租人应确认使用权资产的折旧和租赁负债的利息。折旧方法一般采用直线法。在现金流量表中，承租人将每期支付的租金总额分为本金部分（在融资活动中表示）和利息部分（在经营或融资活动中表示）。

租赁产生的资产和负债初始确认时按现值计量。现值的计算包括不可取消的租赁付款（包括与通胀挂钩的可变付款），还包括在可选期间支付的付款，前提是承租人能够合理确定将行使延长租赁期的选择权，或合理预计将不会行使终止租赁的选择权。初始确认时租赁资产在大多数情况下等于租赁负债。

对于出租人会计，IFRS16基本上延续采用了原租赁准则（IAS17）中的会计处理要求。因此,出租人继续将其租赁划分为经营租赁或融资租赁,并区别这两种租赁做不同的会计处理。

IFRS16 将于 2019 年 1 月 1 日起取代 IAS17,允许提前采纳。CAS21 同样将于 2019 年 1 月 1 日起实施。同时,IFRS16 有以下过渡规定:

现有融资租赁:继续被视为融资租赁;现有经营租赁:为反映 IFRS 16 的要求,可选择全部或部分追溯性重述。

一、租赁的定义

租赁,是指在一定期间内,出租人将资产的使用权让与承租人以获取对价的合同。

在租赁开始日,为确定一份合同是否让渡了可识别资产使用的控制权,企业要评估客户是否有权:

在整个使用期间从可识别资产的使用中获取几乎所有的经济利益以及主导可识别资产的使用。

(一) 可识别资产

已识别资产通常由合同明确指定,也可以在资产可供客户使用时隐性指定。

判断承租人对可识别资产的使用有无控制权,需要考虑出租方拥有的替换权。

即使资产是指明的,若出租人在租赁期内拥有替换该资产的实质性权利,则承租人对可识别资产的使用没有控制权。若符合下列条件,则出租人拥有"实质性"的替换权:

出租人拥有替换资产的实际能力;

出租人通过行使替换资产的权利可获得经济利益。

【例 9-1】承租人 L 与货物承运人(出租人 M)签订了 5 年的合同,运输一定数量的货物。M 使用特殊规格的轨道车,并拥有大量类似的轨道车可用于履行合同的要求。轨道车和发动机在不用于运货时都存放在 M 的经营场所。与替换轨道车相关的成本对 M 而言非常小。在这种情况下,由于轨道车被存放在 M 的经营场所,M 拥有大量类似的轨道车,而且替换成本很低,所以 M 替换轨道车的收益会超过替换轨道车的成本。

分析:M 的替换权具有实质性,该安排不包含租赁。

(二) 获得几乎所有的经济效益

使用资产的经济利益包括其主要产出和副产品,以及其他可通过与第三方进行商业交易来实现的、因使用资产而产生的经济利益(如转租资产)。

应当注意的是,因使用资产而产生的可变租赁付款额,不会阻止客户有权获得因使用该资产而产生的几乎所有经济利益。

例如，租金是使用零售铺面产生的销售额的一定比例。在这样的情况下，虽然客户将某些利益转给了供应商，但客户得到了使用资产而产生的现金流量。

（三）主导可识别资产的使用权

下列任何一种情况下，承租人均有权主导可识别资产的使用：（准则第七条）

a. 如果承租人在整个使用期间有权主导资产的使用方式和目的；或

b. 如果资产的使用方式和目的之相关决策已经预先确定，并且：

该承租人在整个使用期间有权操作该资产（或指挥他人以该承租人确定的方式操作该资产），而出租人无权更改这些操作指示；或

该承租人对该资产进行设计，从而预先确定整个使用期间该资产的使用方式和目的。

【例 9 – 2】客户 R 与船公司 S 签订了合同，使用指定船只将货物从 A Coruña 运往 Hartlepool。合同载明该船运输的货物详情，并明确了装货和交货的日期。货物将占据该船只几乎所有的容量。S 操作并维护该船，并负责船上货物的安全运送。R 在合同期间不得聘请其他公司操作该船，也不得亲自操作该船。

分析：R 无权控制该船的使用，因为它没有主导其使用的权利。R 无权主导该船使用的方式和目的。该船的使用方式和目的，即将指定货物从 A Coruña 运往 Hartlepool，已经在合同里预先确定。R 无权操作该船，也没有对船只进行设计来预先确定该船的使用方式和目的。R 对该船的使用权，与众多使用该船运送货物的其他客户一样。因此，该合同不包含租赁。

【例 9 – 3】客户 T 与船公司 U 签订了为期 5 年、使用指定船只的合同。在用船期间，由 T 决定是否运货和运什么货，以及船只何时航行和驶往哪个港口，但须受合同中的限制条款约束。这些限制条款防止 T 将船只航行至海盗活动风险较高的水域或运载爆炸品货物。U 操作并维护船只，负责安全通航。

分析：T 有权主导该船的使用。合同的限制条款是保护性权利，目的是保护 U 的船舶投资以及船员。在使用权范围内，T 可在 5 年合同期内决定该船的使用方式和目的，因为 T 可以决定是否开船、开往何处、何时开船以及运送的货物。T 有权在用船期间改变这些决定。因此，该合同包含租赁。

二、租赁组成部分和非租赁组成部分

合同同时包含租赁和非租赁部分的，承租人和出租人应当将该合同包含的各租赁部分和非租赁部分进行分拆。其中，各租赁部分应当分别按照本准则进行会计处理，非租赁部分应当按照其他适用的企业会计准则进行会计处理。按以下两个步骤进行判断和处理：

第一步：符合下列条件的，企业应将标的资产使用权作为单独的租赁组成部分：

承租人能够从单独使用该标的资产或将其与易于获得的其他资源一起使用中获益；

该资产既不是高度依赖合同中的其他资产，也不与合同中的其他资产高度关联。

第二步：组成部分的会计处理：承租人角度。

在分拆合同包含的租赁和非租赁部分时，承租人应当按照各租赁部分及非租赁部分的单独价格的相对比例分摊合同对价。

承租人应基于出租人就类似组成部分单独向企业收取的价格来确定租赁和非租赁组成部分的相对单独价格。如果无法直接获得可观察的单独价格，则承租人应尽量利用可观察信息来估计组成部分的单独价格。

作为一种简便实务操作方法，承租人可以按标的资产的类别选择不将租赁组成部分与相关的非租赁组成部分进行分拆。做出这项选择的承租人将租赁组成部分和相关的非租赁组成部分作为一项单一的租赁组成部分进行会计处理。

对于出租人来说，如果一项合同包含一项租赁组成部分以及一项或多项额外的租赁或非租赁组成部分，则出租人应按照收入准则的要求来分配合同中的对价，即按照每个组成部分内商品和服务的单独售价。

【例 9-4】 承租人 L 与出租人 M 签订为期 5 年的使用石油钻塔租赁合同。合同包括由 M 提供维护服务。M 自行为石油钻塔购买保险。每年支付的金额是 2 000 万元（300 万元用于维护服务，50 万元用于保险费用）。L 能够确定，若由第三方提供类似的维护服务和保险费用，收费分别为每年 400 万元和 50 万元。L 无法找到类似石油钻塔的可观察的单独租金，因为所有租赁都附带出租人提供的相关维护服务。

分析：可观察的维护服务单独价格为 400 万元；租赁没有可观察的单独价格；保险费用并没有将商品或服务转让给承租人，因此不是一个单独的租赁组成部分。

因此，L 将 1 600 万元（2 000 - 400）分配给租赁组成部分。

三、租赁的变更

租赁变更，是指原合同条款之外的租赁范围、租赁对价、租赁期限的变更，包括增加或终止一项或多项租赁资产的使用权，延长或缩短合同规定的租赁期等。

（一）承租人对于租赁变更的会计处理

1. 租赁发生变更且同时满足下列条件的，承租人应当将该租赁变更（部分）作为一项单独的租赁进行会计处理：

该租赁变更通过增加一项或多项租赁资产的使用权而扩大了租赁范围；

增加的对价与所扩大租赁范围的单独价格按该合同情况调整后的金额相当。

2. 对于不属于单独租赁的变更，在变更生效日，承租人应按照当日确定的折现率重新计量租赁负债以核算租赁修改，并且：

对于缩减租赁范围的修改，承租人应减少使用权资产的账面金额，以反映租赁的部分或全部终止，同时按范围缩减的比例确认相应产生的利得或损失；

对于所有其他租赁修改，承租人需要相应调整使用权资产。

（二）出租人对于租赁变更的会计处理

1. 出租人——对融资租赁的变更。

若同时存在以下两种情形，则出租人将融资租赁的变更（部分）作为一项单独租赁进行核算：

该变更通过增加一项或多项租赁资产的使用权而扩大了租赁范围；

增加的对价与所扩大租赁范围的单独价格按该合同情况调整后的金额相当。

融资租赁的变更（部分）未作为一项单独的租赁进行会计处理的，出租人应当分别按以下情况对变更后的租赁进行处理：

若变更在租赁开始日生效，该租赁会被分类为经营租赁的，出租人应当自租赁变更生效日开始将其作为一项新租赁进行会计处理，并以租赁变更生效日前的租赁投资净额作为租赁资产的账面价值；

若变更在租赁开始日生效，该租赁会被分类为融资租赁的，出租人应当按照金融工具会计准则关于修改或重新议定合同的规定进行会计处理（企业与交易对手方修改或重新议定合同，未导致金融资产终止确认，但导致合同现金流量发生变化的，应当重新计算该金融资产的账面余额，并将相关利得或损失计入当期损益。重新计算的该金融资产的账面余额，应当根据将重新议定或修改的合同现金流量按金融资产的原实际利率）。

2. 出租人——经营租赁变更。

从修改生效日起，出租人将对经营租赁的修改作为一项新的租赁核算，并将与原租赁相关的任何预收或应收租赁付款额纳入新租赁的租赁收款额。

第二节 承租人会计

一、承租人会计模式

承租人会计模式：承租人应用单一的租赁会计模式，按照这种模式承租人在资产负债表内确认所有主要租赁。按照承租人这种单一的会计处理模式，其财务报表租赁部分将有如下特征：

> 资产负债表（租赁部分）
> 资产＝标的资产的"使用权"
> 负债＝支付租金的义务
> 损益表（租赁部分）
> 租赁费用：
> 折旧＋利息＝前高后低的总租赁费用

租赁负债的初始计量

在租赁期开始日，承租人以未来租赁付款额的现值来计量租赁负债。即：

租金的现值＋租赁期结束时预计支付款项的现值＝租赁负债

租赁期开始日：是指出租人提供租赁资产使其可供承租人使用的日期（准则第十二条）租赁负债是金融负债。但是，租赁负债一般是按照租赁准则进行计量，而不是按照金融工具准则进行计量。在某些情况下，与金融工具会计相比，这已经是相当程度上的简化。例如，租赁安排的常见特征（如续租和购买选择权）不会分别进行会计处理，也不会潜在导致负债以公允价值计量。

在开始日，承租人将以下与标的资产的使用相关的付款额纳入租赁负债的计量：（准则第十六条）

固定付款额（包括实质上是固定的付款额），减去任何应收的租赁激励；

取决于一项指数或比率的可变租赁付款额；

余值担保下预计承租人应支付的金额；

承租人可以合理确定将会行使的购买选择权的行权价；

租赁期允许提前终止时，用于终止租赁而支付的款项。

注：实质上是固定的付款额在结构上安排为可变租赁付款额，但在实质上是不可避免的，例如：

只有某一事件发生时才必须支付的款项，而该事件不发生几乎不具有可能性；

承租人支付的款项组合不止一套，但其中只有一套是现实可行的；

承租人支付的多套款项组合均现实可行，但必须至少支付一套款项组合。

【例9–5】公司W租赁了一条生产线。租赁付款额取决于生产线运行的小时数，即W每使用1小时就支付1 000。每年的最低支付额是1 000 000。每年预计使用1 500小时。

分析：该租约包含每年1 000 000实质上是固定的付款额，应包括在租赁负债的初始计量当中。W预计每年需要额外支付的500 000是不取决于指数或比率的可变付款额，因此不包括在租赁负债的初始计量中，而是在"超额使用"发生时予以费用化。

【例9-6】公司 X 租赁了一间商店。商店的租赁付款额为商店收入的 1%。没有最低租金要求。

分析：由于该租赁只包含不取决于指数或比率的可变租赁付款额，因此 X 在租赁开始日计量的租赁负债为零。

【例9-7】Y 公司租了一栋办公楼。首期年租金为人民币 250 万元。租金每年都会调整，并根据消费者价格指数（CPI）的变化而上涨。这是一个根据索引进行可变租赁支付的示例。租赁负债的初始计量以租赁开始时的 CPI 金额为基础，即 Y 承担的年租金为 250 万元。如果 CPI 在租赁的第一年上升了 5%，那么租赁负债将在第一年年底根据未来的年租金 2 625 000 元（即 2 500 000 × 1.05）重新计算。

如果承租人提供了余值担保，则应该将该担保下预计支付的金额纳入租赁付款额。

【例9-8】承租人 Z 与出租人 L 签订了汽车租赁合同。租赁期为 5 年。此外，Z 和 L 就余值担保达成一致。如果汽车的公允价值在租赁期结束时低于 400 万元，则 Z 将向 L 支付 400 万元与汽车公允价值之间的差额。在租赁开始时，Z 预计汽车在租赁期结束时的公允价值将是 400 万元。

分析：Z 在计算租赁负债时将余值担保部分计为零。

二、租赁负债的后续计量

初始确认后，租赁负债采用实际利率法以摊余成本进行计量。

【例9-9】承租人 X 与出租人 L 签订了为期 7 年的建筑物租赁合同。每年的租赁付款额是 450 万元，在每年年底支付。X 的增量借款利率（即实际利率）为 5.04%。初始确认的租赁付款额支付义务为 2 600 万元。

分析：在第 1 年年底，X 向 L 支付第一年的租赁付款额 450 万元，其中 131 万元（2 600 × 5.04%）是利息，319 万元（450 - 131）是本金，负债因此减少 319 万元。第 2 年开始时，负债的账面金额为 2 281 万元（2 600 - 319）。

【例9-10】承租人 Y 与出租人 L 签订了为期 5 年的零售建筑物租赁合同，租期于 1 月 1 日开始。Y 每年结束后支付 155 万元。Y 的增量借款利率为 5.9%。此外，租赁合同规定每年的租金将基于上一年度消费物价指数的涨幅而上涨。在开始日，上一年度的消费物价指数为 120，基于年付款额 155 万元而得的租赁负债是 655 万元。假设初始直接费用为 0，也没有租赁激励、预付款或复原成本。

分析：Y 在第 1 年记录以下分录。

在开始日确认租赁。

借：使用权资产 655

　　　　贷：租赁负债　　　　　　　　　　　　　　　　　　　　655
　　确认第 1 年的付款额和费用
　　　借：折旧　　　　　　　　　　　　　　　　　　　　　　131
　　　　贷：使用权资产　　　　　　　　　　　　　　　　　　　　131
　　　借：利息费用　　　　　　　　　　　　　　39（655×5.9%）
　　　　租赁负债　　　　　　　　　　　　　　　116（155－39）
　　　　贷：现金（第 1 年的付款额）　　　　　　　　　　　　155

在第 1 年年末，消费物价指数上涨到 125。Y 根据消费物价指数变化调整计算的第 2 年及以后的修订付款额为 161（155×125/120）。由于租赁付款额是取决于指数的可变付款额，Y 调整了租赁负债来反映这一变化。调整的计算是原租赁付款额（155）与重新评估的付款额（161）在剩余 4 年租期内的差额，并以 5.9% 的原折现率折现（21）。

　　　借：使用权资产　　　　　　　　　　　　　　　　　　　　21
　　　　贷：租赁负债　　　　　　　　　　　　　　　　　　　　　21

三、租赁期

租赁期是不可撤销的租赁期间，包括：
（1）可选续租期间，如果承租人合理确定会续租；
（2）可选终止日期后的期间，如果承租人合理确定不会提前终止。

租赁期于出租人将标的资产提供给承租人使用时开始，其中包括出租人提供的任何免租期。在确定租赁期时，承租人要考虑产生行使或放弃续租和提前终止选择权的经济动机的所有相关事实和情况。

租赁期开始日，是指出租人提供租赁资产使其可供承租人使用的日期。

【例 9 – 11】承租人 X 与出租人 L 签订了一项不可撤销的建筑物租赁合同。首个租期为 4 年，同时 X 有权选择以相同租金延租 4 年。为了确定租期，X 考虑了以下因素。

（1）同一地区可比建筑物的市场租金预计将在租赁涵盖的 8 年期间上涨 10%。在租赁开始时，该租赁的租金与当前的市场租金水平一致。
（2）X 打算在同一地区经营至少 10 年。
（3）该建筑物的地理位置优越，方便与供应商和客户建立关系。

分析：X 的结论是：它有延长租赁的重大经济动机。因此，在对租赁进行会计处理时，X 使用了 8 年的租赁期。

【例 9 – 12】承租人 Y 签订了租赁一部已经使用 3 年的机器的合同。不可撤销的租赁期为 10 年。在初始的 10 年租期之后 Y 可选择续租，以市场租金水平每次续租 12

个月。为了确定租赁期,Y 考虑了以下因素。

(1) 该机器用于制造某种飞机的零部件,Y 预计完成改进模型的开发和测试约需 10 年,而在此之前这种飞机将仍受到客户的喜爱。

(2) 在 Y 的制造工厂安装该机器的成本并不高。

(3) Y 的制造工厂的不可撤销租赁期是 14 年,Y 可选择续租 8 年。

(4) Y 认为,若该机器不经大幅改造,则无法将其用于其他型号飞机的制造流程。

(5) 该机器的总剩余寿命为 25 年。

分析:可选续租的条款并没有提供经济动机,且安装成本并不高。在初始的 10 年租期过后,Y 没有动机对该机器进行大幅改造。Y 预计在不可撤销租赁期之后,没有再使用该机器的业务理由。Y 得出结论认为,租赁期仅包括 10 年的不可撤销期间。

四、折现率

承租人应使用租赁中的内含利率计算租赁付款额的现值。这是导致租赁付款额现值和未担保余值的现值之和等于标的资产公允价值与出租人的任何初始直接费用之和的利率。

如果承租人不能较容易地确定租赁中的内含利率,那么承租人应使用其增量借款利率。这是承租人为在类似经济环境下获得与使用权资产类似价值的资产,以类似条件按类似抵押品进行贷款而必须在租赁开始日支付的利率。

当发生以下情况时,承租人不应改变折现率:

(1) 余值担保下预计应付的金额发生变化;

(2) 未来租赁付款额为反映市场价格(如基于市场租金调查)或用来确定租赁付款额的指数或比率的变化而发生改变;

(3) 付款额的可变性得以消除,从而成为实质上固定的付款额。

修订后的折现率,当发生以下情况时:

(1) 未来租赁付款额由于浮动利率变动而发生改变;

(2) 租赁期发生变化;

(3) 行使购买选择权的评估发生变化。

五、使用权资产的确认和计量

(一)使用权资产的初始确认和计量

使用权资产,是指承租人可在租赁期内使用租赁资产的权利。

在开始日，承租人以成本计量使用权资产，包括：

> 使用资产的成本 =
> 租赁负债 +
> 初始直接费用 +
> 预付租赁付款额 +
> 估计拆卸、搬迁或复原成本 −
> 收到的租金激励

1. 承租人的"初始直接费用"是获取租赁的增量成本，若不获取该租赁则不会发生该成本。

承租人收取或支付的与一项单独资产相关的付款额（例如，从出租人取得的对租赁资产改良支出的补偿）不包括在使用权资产的计量中，而是单独进行会计处理。

典型的承租人初始直接费用	
包括	不包括
佣金 法律费用* 商讨租赁条款和条件的成本* 安排抵押品的成本 为获得租赁而向现有租户支付的款项 * 该成本是否发生源自于租赁的产生	一般管理费用 为取得潜在租赁报价的成本

2. 预付租金：在租赁期限开始日或之前支付的租金金额。

3. 租赁激励是指出租人为实现租赁而向承租人提供的优惠，包括出租人就租赁向承租人支付的款项以及出租人为承租人承担的款项。

（二）使用权资产的后续计量

通常，承租人以成本减累计折旧及累计减值损失计量使用权资产。

在以下两种情形下，承租人将使用替代性计量基础：

（1）若使用权资产满足投资性房地产的定义，则承租人将按照其他投资性房地产的会计政策来计量使用权资产，在这种情况下可能以公允价值计量；

（2）若承租人对不动产、厂场和设备采用重估价模式，承租人可对属于同一类别的全部使用权资产采用重估价模式。

1. 使用权资产的折旧。

通常，企业按直线法计提折旧。

折旧从租赁开始日开始计提。资产折旧期限按以下原则确定：

（1）若标的资产的所有权已转移给承租人，或者可合理确定承租人将行使购买选择权，则折旧期限将贯穿至标的资产使用寿命结束；

（2）折旧期限将贯穿至使用权资产的使用寿命结束与租赁期结束之中的较早者。

2. 使用权资产的减值。

承租人按照资产减值的要求，确定使用权资产是否发生减值并进行减值的会计处理。减值损失确认后，使用权资产的未来折旧费用应按照变更后的账面金额进行调整。

【例9-13】承租人X与出租人L签订了一份5年期不可撤销且不可续租的租赁合同，租入的机器将用于X的制造过程。该标的机器的使用寿命为10年，所有权仍归出租人L。

分析：X从开始日对使用权资产进行折旧，折旧期为5年，因为其计划在整个租赁期内使用该机器。

【例9-14】承租人Y为生产过程中所用的一台机器签订了10年期不可撤销租赁合同。使用权资产的初始账面金额为1 000万元，后续按成本计量，并在10年内按直线法计提折旧，年折旧费为100万元。第5年年末，该使用权资产所在的现金产出单元发生减值。其中，分配至该使用权资产的减值损失为200万元。

分析：该使用权资产在减值前账面金额为500万元。减值后，账面金额减至300万元，未来每年的折旧费也随即减至60万元（300/5）。

六、承租人单一会计模式的豁免

短期租赁和低价值资产租赁，承租人可以选择不确认资产使用权和租赁负债。

短期租赁：租赁期为12个月或以下的租赁；

低价值租赁：单项标的资产在全新时价值较低的租赁（即使合计之后的影响重大）。

需要注意的是，承租人转租或预期转租租赁资产的，原租赁不属于低价值资产租赁。

短期租赁的选择按标的资产的类别进行，而低价值资产租赁的选择可以按逐项租赁进行；

如果承租人选择上述任何一个确认豁免，则要将相关租赁付款额在整个租赁期按直线法或另一种更能代表承租人受益模式的系统方法确认为费用。

【例9-15】承租人L签订了一份为期10年的机器租赁合同，该机器将用于制造飞机零部件，L预计一直到完成改进模型的开发和测试之前，该机型仍会受到消费者喜爱。将机器安装到L的制造工厂的成本并不高。L和出租人M都分别有权在租赁开始日的每个周年日终止租约，而无须受到处罚。

分析：租赁期由一年不可撤销的期间构成，因为 L 和 M 都具有实质性的终止权——双方都可以终止租赁而不受处罚——而且将该机器安装到 L 的制造工厂的成本并不高。因此，该租赁符合短期租赁豁免的条件。

【例 9 – 16】 承租人 B 从事医药制造和分销行业，并拥有以下租赁：

房产租赁：办公楼和仓库；

办公家具租赁；

公司汽车租赁，供销售人员及高级管理人员使用，汽车的质量、规格和价值各不相同；

用于运输的卡车和货车租赁；

笔记本电脑等 IT 设备租赁。

分析：承租人 B 确定，办公家具和笔记本电脑的租赁符合确认豁免条件，因为这些标的资产在全新时的个别价值较低。B 选择对这些租赁应用豁免。因此，B 将租赁准则的确认和计量要求应用于其对房产、公司汽车、卡车和货车的租赁。

第三节 出租人会计

一、出租人对租赁的分类

出租人需要在租赁开始日将租赁分为两类，即融资租赁和经营租赁。

租赁开始日，是指租赁合同签署日与租赁各方就主要租赁条款作出承诺日中的较早者。

融资租赁是指实质上转移了与租赁资产所有权有关的几乎全部风险和报酬的租赁。其所有权最终可能转移，也可能不转移。

经营租赁是指除融资租赁以外的其他租赁。

一项租赁是融资租赁还是经营租赁，取决于交易实质，而不是合同的形式。如果一项租赁实质上转移了与租赁资产所有权有关的几乎全部风险和报酬，出租人应当将该项租赁分类为融资租赁。

一项租赁存在下列一项或多项情形的，通常分类为融资租赁：

在租赁期届满时，租赁资产的所有权转移给承租人；

承租人有购买租赁资产的选择权，所订立的购买价款与预计行使选择权时租赁资产的公允价值相比足够低，因而在租赁开始日就可以合理确定承租人将行使该选择权；

资产的所有权虽然不转移，但租赁期占租赁资产使用寿命的大部分；

在租赁开始日，租赁收款额的现值几乎相当于租赁资产的公允价值；

租赁资产性质特殊，如果不作较大改造，只有承租人才能使用。

一项租赁存在下列一项或多项情形的，也可能分类为融资租赁：

若承租人撤销租赁，撤销租赁对出租人造成的损失由承租人承担；

资产余值的公允价值波动所产生的利得或损失归属于承租人；

承租人有能力以远低于市场水平的租金继续租赁至下一期间。

【例9-17】出租人 L 与 X 公司签订了一份不可撤销租赁合同，合同约定 X 公司租赁一台非专业设备，期限为5年。该设备的经济寿命预计为15年，其所有权仍归出租人 L。该租赁合同不包含购买、续租或提前终止的选择权。该设备的公允价值为100 000元，租赁付款额的现值为50 000元。在评估租赁类别时，出租人 L 注意到：

（1）设备的所有权未转移给 X；

（2）X 没有购买该设备的选择权；

（3）租赁期仅占该设备经济寿命的1/3，达不到设备经济寿命的大部分；

（4）租赁付款额的现值为该设备公允价值的50%，达不到几乎相当于设备的公允价值；

（5）该设备为非专业设备。

分析：L 发现该租赁不具有融资租赁的任何特征，并且在对协议安排进行整体评估后认为，该租赁并未将与设备所有权有关的全部风险和报酬实质上转移给 X 公司。因此，出租人 L 将此项租赁分类为经营租赁。

二、出租人融资租赁的会计处理

（一）租赁投资净额的初始计量

在租赁期开始日，出租人应当将租赁投资净额作为应收融资租赁款的入账价值，并终止确认融资租赁资产；

租赁投资净额为租赁收款额及未担保余值按照租赁内含利率折现的现值之和。

租赁收款额，是指出租人因让渡在租赁期内使用租赁资产的权利而应向承租人收取但在租赁期开始日尚未收到的款项，包括：

（1）承租人需支付的固定付款额及实质固定付款额；

（2）存在租赁激励的，扣除租赁激励相关金额；

（3）取决于指数或比率的可变租赁付款额；

（4）购买选择权的行权价格，前提是承租人合理确定将行使该选择权；

（5）承租人行使终止租赁选择权需支付的款项，前提是租赁期反映出承租人将行使终止租赁选择权；

（6）由承租人、与承租人有关的一方以及有经济能力履行担保义务的独立第三方向出租人提供的余值担保。

对于初始直接费用，除制造商或经销商出租人所产生的成本外，包括在租赁净投资的初始计量中，并减少在租赁期内确认的收益金额。

（二）应收融资租赁款（租赁投资净额）的后续计量

出租人应当采用实际利率法计算并确认租赁期内各个期间的利息收入；出租人应当按照金融工具会计准则相关的规定，对应收融资租赁款的终止确认和减值进行会计处理。

出租人取得的可变租赁付款额应当在实际发生时计入当期损益，取决于指数或比率的可变租赁付款额除外。

（三）生产商或经销商作为出租人的融资租赁

生产商或经销商作为出租人的融资租赁，无论其是否符合收入准则（IFRS15，CAS14）有关资产转让的规定，在租赁期开始日，该出租人均应当按照租赁资产公允价值与租赁收款额按市场利率折现的现值两者孰低确认收入，并按照租赁资产账面价值扣除未担保余值的现值后的余额结转销售成本。

生产商或经销商出租人为取得融资租赁发生的初始直接费用，应当在租赁期开始日计入当期损益。

三、出租人经营租赁的会计处理

在租赁期内各个期间，出租人应当采用直线法或其他系统合理的方法，将经营租赁的租赁收款额确认为租金收入；出租人收到的与经营租赁相关的可变租赁款项应计入当期损益。

出租人发生的与经营租赁有关的初始直接费用应当资本化，在租赁期内按照与租金收入相同的确认基础分期计入当期损益。金额较小的，可以在实际发生时计入当期损益。

对于经营租赁资产中的固定资产，出租人应当采用类似资产的折旧政策计提折旧；对于其他经营租赁资产，应当根据该资产适用的企业会计准则，采用系统合理的方法进行摊销。

出租人融资租赁和经营租赁在财务报表中的列示：

融资租赁	经营租赁
资产负债表	
终止确认标的资产 确认应收融资租赁款	继续列报标的资产 将为取得租赁而发生的任何初始直接费用计入标的资产账面金额

综合收益表	
按照实际利率法对应收融资租赁款确认融资收益。此外，制造商或经销商出租人对融资租赁确认以下项目： 根据标的资产公允价值与租赁付款额现值之间的较低者确认收入 根据标的资产的成本或账面金额，减去任何未担保余值的现值确认销售成本 将为取得租赁而发生的成本计入费用	通常按直线法在租赁期内确认租赁收入 将与标的资产相关的成本进行费用化，如折旧

第四节　售后回租交易

在售后租回交易中，一家企业（卖方、承租人）将标的资产转移给另一家企业（买方、出租人），然后从买方（出租人）处将资产租回使用。

为确定如何核算售后租回交易，企业应首先考虑：卖方（承租人）向买方（出租人）初始转移标的资产时是否构成一项销售。

企业采用收入准则来确定是否发生了销售行为。此项评估决定了卖方（承租人）和买方（出租人）的会计处理方法，具体列示如下：

	承租人（卖方）	出租人（买方）
向买方（出租人）转移构成一项销售	终止确认标的资产，并对租回交易应用承租人会计模式* 按照之前账面金额的保留部分（即按照成本）计量使用权资产* 确认与转给出租人的权利相关的收益或损失*	确认标的资产，并对租回交易应用出租人会计模式*
向买方（出租人）转移不构成销售	继续确认标的资产 将从买方（出租人）收到的任何款项确认为金融工具准则所规范的金融负债	不确认标的资产 将支付给卖方（承租人）的任何款项确认为 IFRS 9 下的金融资产

注：*若销售不是按公允价值达成或者租赁付款额与市价不符，则需要进行调整。

【例 9-18】 公司 C 向公司 D 出售一座办公楼，售价为 2 000 000 元。在交易发生前，该建筑物的账面成本为 1 000 000 元。与此同时，公司 C 与公司 D 签订合同，约定每年末向公司 D 支付 120 000 元，以获取该办公楼 18 年期的使用权。此项办公楼的转移构成 IFRS15 下的销售行为。销售当日办公楼的公允价值是 1 800 000 元。假设承租人的增量借款年利率为 4.5%。

分析：由于办公楼的销售对价不是公允价值，因此公司 C 和公司 D 做出调整，以便按公允价值确认此项交易。售价超出公允价值的金额为 200 000 元（2 000 000 - 1 800 000），确认为公司 D 对公司 C 的额外融资。承租人的增量借款年利率为 4.5%。年度付款额的现值为 1 459 200 元，其中 200 000 元与额外融资相关，另外的 1 259 200 元与租赁相关。公司 C 对此项交易作如下处理。

（1）对于通过租回办公楼而保留的使用权资产，公司 C 按照其之前账面金额的一部分来计量，即 699 556 =（1 259 200/1 800 000）× 1 000 000。

（2）公司 C 仅确认与向公司 D 转移权利相关的那部分销售收益，即 240 356。办公楼的销售收益总计为 800 000（1 800 000 - 1 000 000），其中：

559 644 =（1 259 200/1 800 000）× 800 000 与公司 C 保留的办公楼使用权相关；

240 356 = 800 000 - 559 644 或 240 356 =（1 800 000 - 1 259 200）/1 800 000 × 800 000）与转移至公司 D 的权利相关。

（3）在初始日，公司 C 编制以下分录。

借：现金　　　　　　　　　　　　　2 000 000（1 800 000 + 200 000）
　　使用权资产　　　　　　　　　　　699 556
　贷：办公楼　　　　　　　　　　　　　　　　1 000 000
　　　金融负债　　　　　　　　　　　1 459 200（1 259 200 + 200 000）
　　　售后租回收益　　　　　　　　　　　　　240 356

其中 200 000 元属于额外融资（C 向 D）。

第五节　租赁的列报

一、承租人对租赁的列报

承租人和出租人披露的信息，旨在帮助财务报表使用者评估租赁对企业财务状况、财务业绩和现金流量的影响。

（一）承租人财务报表列报要求

1. 承租人应当在资产负债表中单独列示使用权资产和租赁负债。其中，租赁负债通常分别以非流动负债和一年内到期的非流动负债列示。符合投资性房地产定义的使用权资产,应当在投资性房地产项目列示。

2. 在利润表中,承租人应当分别列示租赁负债的利息费用与使用权资产的折旧费用。租赁负债的利息费用在财务费用项目列示。

3. 在现金流量表中,偿还租赁负债本金和利息所支付的现金应当计入筹资活动现金流出,支付按简化处理方法处理的短期租赁付款额和低价值资产租赁付款额以及未纳入租赁负债计量的可变租赁付款额应当计入经营活动现金流出。

(二) 承租人报表附注披露要求

承租人应当在附注中披露与租赁有关的下列信息:

1. 各类使用权资产的期初余额、期末余额以及累计折旧额和减值金额;
2. 计入当期损益的按简化处理方法处理的短期租赁费用和低价值资产租赁费用以及未纳入租赁负债计量的可变租赁付款额;
3. 转租使用权资产取得的收入;
4. 与租赁相关的总现金流出;
5. 售后租回交易产生的相关损益;
6. 按照金融工具准则应当披露的有关租赁负债的信息;
7. 承租人应用简化处理方法对短期租赁和低价值资产租赁进行简化处理的,应当披露这一事实。

(三) 补充信息披露

承租人应当根据理解财务报表的需要,披露有关租赁活动的其他定性和定量信息。此类信息包括:

1. 租赁活动的性质;
2. 未纳入租赁负债计量的未来潜在现金流出;
3. 租赁导致的限制或承诺;
4. 售后租回交易;
5. 其他相关信息。

二、出租人对租赁的列报

(一) 出租人财务报表列报要求

出租人应当根据资产的性质,在资产负债表中列示经营租赁资产。

(二) 出租人报表附注披露要求

1. 出租人应当在附注中披露与融资租赁有关的下列信息:

（1）销售损益、租赁投资净额的融资收益以及与未纳入租赁投资净额的可变租赁付款额相关的收入；

（2）资产负债表日后连续五个会计年度每年将收到的未折现租赁收款额以及以后年度将收到的未折现租赁收款额总额；

（3）未折现租赁收款额与租赁投资净额的调节表。

2. 出租人应当在附注中披露与经营租赁有关的下列信息：

（1）租赁收入，并单独披露与不取决于指数或比率的可变租赁付款额相关的收入；

（2）将经营租赁固定资产与出租人持有自用的固定资产分开，并按经营租赁固定资产的类别提供固定资产准则要求披露的信息；

（3）资产负债表日后连续五个会计年度每年将收到的未折现租赁收款额以及以后年度将收到的未折现租赁收款额总额。

（三）补充信息披露

出租人应当根据理解财务报表的需要，披露有关租赁活动的其他定性和定量信息。此类信息包括：

1. 租赁活动的性质；
2. 对其在租赁资产中保留的权利进行风险管理的情况；
3. 其他相关信息。

思考题

1. 如何理解租赁合同？租赁与分期付款或贷款有什么区别？
2. 描述租赁的分类。
3. 融资租赁通常需要满足哪些条件？
4. 售后回租交易产生的损益如何处理？
5. 租赁内含利率指的是什么？
6. 什么是无担保残值？出租人应如何对无担保残值进行会计处理？

练习题

【9-1】A 公司与租赁公司 B 于 2015 年 12 月 10 日签订了租赁协议。租赁协议条款如下：

租赁资产：生产设备；

租赁日期：2015 年 12 月 31 日；

租赁期限：4 年，2015 年 12 月 31 日至 2019 年 12 月 31 日；

租金支付：2016 年至 2019 年，每年年底支付租金 800 万元；

租期结束时，设备预计残值为 400 万元，其中 A 公司担保的残值为 300 万元，未担保的残值为 100 万元。

该设备 2015 年 12 月 31 日的原始账面价值为 3 500 万元，累计折旧为 400 万元，公允价值为 3 100 万元。设备已经使用了 3 年，可以再使用 5 年。

租赁合同内含的利率是 6%。生产设备于 2015 年 12 月 31 日交付使用。A 公司 PPE 采用直线折旧法。2019 年 12 月 31 日，A 公司将生产设备归还给租赁公司 B。

要求：

（1）确定租赁类型及分类依据。

（2）租赁开始日，编制 A 公司与租赁相关的日记账分录。

（3）2016 年底至 2019 年底，编制租赁支付等租赁事项的日记账分录。

【9-2】C 公司因季节性经营需要向租赁公司租赁一套设备。设备原始成本为 160 万元，预计使用 6 年，已使用 2 年。没有残值，折旧采用直线法计提。租赁合同规定：租期一年，每季度支付一次租金，租期自 2017 年 1 月 1 日开始，每季度末支付人民币 15 万元。

要求：分别承租人和出租人编制必要的日记账分录。

【9-3】King 公司签订了两份租赁协议。假设它按照 90% 的基准来估计租赁付款的 PV 是否"实质上"等于资产的公允价值。

	租赁 A	租赁 B
资产公允价值	210 000	120 000
估计残值（由于出租人）	21 000	30 000
最低租赁付款	238 000	108 000

要求：

每个租约应如何分类？

第十章 股份支付会计

【学习目标】
1. 理解股份支付的含义及意义；
2. 理解股份支付的分类；
3. 理解并掌握权益结算股份支付的会计处理原则及方法；
4. 理解并掌握现金结算股份支付的会计处理原则及方法。

第一节 股份支付概述

企业通过向其他方（如供应商和雇员）发行股票或股票期权来从其他方购买商品或服务的交易越来越普遍。股份计划是当今很多公司董事和经理等高管薪酬的共同特征，一些国家会提供税收激励，以鼓励更多公司向员工发行股份。对于那些股票或股票期权被视为有价值的"货币"的公司，经常使用基于股份的支付方式来获得员工的专业服务。

随着越来越多企业使用基于股份的支付方式，在财务报表中应当如何反映此类业务？在发达资本市场国家，股票期权通常以相当于或高于授予期权当日股票市场价格的行权价格授予员工。

一、股份支付的含义

股份支付，即以股份为基础的支付，是指企业为获取职工和其他方提供服务而授予权益工具或者承担以权益工具为基础确定的负债的交易。企业的职工或企业外部某单位或个人为企业提供了服务，企业应当支付报酬，报酬可以以股份为基础来支付或计算应付金额。

现代企业的薪酬激励方式有短期激励和长期激励。短期激励主要是短期奖金和短期福利待遇。长期激励的主要方式为股份支付，用于奖励职工为企业长期绩效做贡献，能够在一定程度上解决企业所有者与经营者利益冲突问题。这是因为传统的薪酬制度如基本工资和年度奖金，主要用于支付职工现期和上期对企业做出的贡献，偏重于对过去和短期业绩的激励,会导致企业管理者放弃或延缓那些短期内没有业绩表现但长期有利于企业发展的项目或计划,而股份支付制度以企业股份的价值为支付的基础,对职工绩效的考核期限通常较长,奖励金额也比较可观,能够将企业价值、企业的长远发展和职工的经济利益捆绑在一起,有利于降低现代企业两权分离下委托代理成本,避免经营者的短期行为。

股份支付交易,通常涉及股份支付协议,这意味着企业与另一方(包括员工)之间订立股份支付交易协议,从而使另一方有权获得现金或其他资产的数量基于企业的股份或其他权益工具的价格,或获得企业的权益工具,但须符合指定的行权条件(如有)。

股份支付具有以下几个特征:

首先,股份支付是企业与职工或其他方之间发生的交易。企业发行新股或支付股票股利,企业合并交易中合并方以股票为支付对价形式,这些都不是本章所讨论的股份支付,也就不能按照股份支付会计准则进行会计处理。

其次,股份支付是以获取职工或其他方服务为目的的交易。职工或其他方为企业提供了服务,企业以股份的形式支付对价或报酬。企业通过这种交易获取了职工或其他方的服务或取得服务带来的权利(计入当期费用或确认为资产),企业获取这些服务或权利的目的是用于其正常生产经营而非出售获利。

最后,交易对价与企业自身权益工具的价值密切相关。股份支付,企业或者向职工(或其他方)交付其自身权益工具,或者向职工(或其他方)支付现金,金额的高低取决于交易结算时企业自身权益工具的公允价值。

二、股份支付的分类

基于股份的支付交易有三种类型:

(一)以权益结算的股份支付

以权益结算的基于股份的支付交易,是指企业以该企业的股份或其他权益工具(包括股票或股票期权)为对价换取服务。以权益结算的股份支付又可以分为两种主要类型,即限制性股票和股票期权。

1. 限制性股票。限制性股票是指上市公司按照预先确定的条件授予激励对象一定数量的本公司股票,激励对象只有在工作年限或业绩目标符合股权激励计划规定条件的,才可出售限制性股票并从中获益,否则公司有权将免费赠予的限制性股票收回或以激励对象当初取得时支付的价格回购。

对于限制性股票,需要关注以下环节:

(1)授予日。限制性股票的授予日是指公司根据其经过股东大会的《限制性股票股权激励计划》,在达到计划要求的授予条件时,实际授予公司员工限制性股票的日期。

（2）禁售期（锁定期）。禁售期是指公司员工取得限制性股票后不得通过二级市场或其他方式进行转让的期限。根据我国《上市公司股权激励管理办法（试行）》的规定，限制性股票自授予日起，禁售期不得少于1年。

（3）解锁期。在禁售期结束后，进入解锁期。在解锁期内，如果公司业绩满足计划规定的条件，员工取得的限制性股票可以按计划分期解锁。解锁后，员工的股票就可以在二级市场自由出售。

2. 股票期权。股票期权，或认股权，是指公司授予激励对象的一种看涨期权，激励对象可以在规定的时间内（行权期）以事先确定的价格（行权价）购买一定数量的本公司流通股（行权）。

公司将期权通常授予高级管理人员和技术骨干。有效的资本市场能够反映公司股票的内在价值，公司的内在价值基于公司长期盈利能力，股票期权需要经过较长时间才能实施，因此持有者为了使股票价值上升从而获取价差收益，会努力工作以确保公司业绩的长期稳定增长，这样一来就使股票期权具备了长期激励的功能。

（二）以现金结算的股份支付

以现金结算的基于股份的支付交易，是指企业以企业股份或其他权益工具的价格（或价值）为基础计算的现金或其他资产为对价换取服务。以现金结算的股份支付包括现金股票增值权、虚拟股票等具体形式。

1. 现金股票增值权。现金股票增值权是指公司授予职工（通常为高级管理人员和技术骨干）一种权利，如果经营者努力经营企业，在规定的期限内，公司股票价格上升或业绩上升，经营者就可以按一定比例获得这种由股价上扬或业绩提升所带来的收益，收益为行权价与行权日二级市场股价之间的差价或净资产的增值额。激励对象不用为行权支付现金，行权后由公司支付现金。享有现金股票增值权的激励对象通常不实际拥有股票，也不拥有股东表决权、配股权、分红权。

2. 虚拟股票。虚拟股票模式是指公司授予激励对象一种"虚拟"的股票，激励对象可以据此享受一定数量的分红权和股价升值收益。如果实现公司的业绩目标，则被授予者可以据此享受一定数量的分红，但没有所有权和表决权，不能转让和出售，在离开公司时自动失效。在虚拟股票持有人实现既定目标条件下，公司支付给持有人收益时，既可以支付现金、等值的股票，也可以支付等值的股票和现金相结合。虚拟股票是通过其持有者分享企业剩余索取权，将他们的长期收益与企业效益挂钩。

现金股票增值权的运作原理和股票期权是一样的；虚拟股票运作原理和限制性股票一样。

三、股份支付的可行权条件

可行权条件是指能够确定企业是否得到职工或其他方提供的服务且该服务使职工

或其他方具有获取股份支付协议规定的权益工具或现金等权利的条件。

可行权条件分为两种：规定服务期间及规定业绩条件。其中，业绩条件又分为市场条件和非市场条件。

1. 服务期限条件：是指职工完成规定服务期限才可行权的条件。

2. 业绩条件：指职工或其他方完成规定服务期限且企业达到特定业绩目标，职工才可行权的条件，其中包括市场条件和非市场条件。

（1）市场条件是指行权价格、可行权条件以及行权可能性与权益工具的市场价格相关的业绩条件。股份支付协议中关于股价上升至何种水平职工可相应取得多少股份的规定，是指市场条件。市场条件是否得到满足，不影响企业对预计可行权情况的估计。对于可行权条件为市场条件的股份支付，只要职工满足了其他所有非市场条件，企业就应当确认已取得的服务。

例如，经股东大会同意，甲公司实施股权激励计划，向其总经理授予股票期权100万元，可行权条件为3年后股票价格达到60元/股，总经理即可以低于市价购买一定数量的股票。在这项股权激励中，等待期为3年。虽然在实际情况中，3年后甲公司的股票价格并未达到60元/股。在这个案例中，市场条件并未得到满足，但是，总经理满足了市场条件之外的全部可行权条件。在这3年内，甲公司已经接受了该总经理提供的服务，并确认了相应的费用。虽然市场条件没有得到满足，但是并不影响企业对预计可行权情况的估计。在这3年中，每年年末都确认了相关的成本费用。

（2）非市场条件是指除市场条件之外的其他业绩条件。股份支付协议中关于达到最低盈利目标或销售目标才可行权的规定，是非市场条件。对于可行权条件为业绩条件的股份支付，在确定权益工具的公允价值时，应考虑市场条件的影响，只要职工满足了其他所有非市场条件，企业就应当确认已取得的服务。较为常见的是股份支付协议中关于达到最低盈利目标或销售目标才可行权的规定。

第二节　股份支付的会计处理

一、确认与计量的基本原则

（一）初始确认与计量

1. 以权益结算的股份支付。

现行准则按股份支付性质将股份支付分为立即行权和等待行权两类。

立即行权的换取职工服务的以权益结算的股份支付，应当在授予日，即股份支付协议获得批准的日期，按照权益工具的公允价值计入相关成本或费用，相应增加权益

（资本公积）。

等待行权的换取职工服务的以权益结算的股份支付，在等待期内的每个资产负债表日，应当以对可行权权益工具数量的最佳估计为基础，按照权益工具授予日的公允价值，将当期取得的服务计入相关成本或费用和权益（资本公积）。

以权益结算的股份支付换取其他方服务的，应当分别按下列情况处理：其他方服务的公允价值能够可靠计量的，应当按照其他方服务在取得日的公允价值，计入相关成本或费用，相应增加所有者权益；其他方服务的公允价值不能可靠计量但权益工具公允价值能够可靠计量的，应当按照权益工具在服务取得日的公允价值，计入相关成本或费用，相应增加所有者权益。

2. 以现金结算的股份支付。

以现金结算的股份支付与以权益结算的股份支付的主要区别在于前者确认为负债，后者确认为权益，即以现金结算的股份支付应当按照企业承担的以股份或其他权益工具为基础计算确定的负债的公允价值计量。

授予后立即可行权的以现金结算的股份支付，应当在授予日以企业承担负债的公允价值计入相关成本或费用，相应增加负债。完成等待期内的服务或达到规定业绩条件以后才可行权的以现金结算的股份支付，在等待期内的每个资产负债表日，应当以对可行权情况的最佳估计为基础，按照企业承担负债的公允价值金额，将当期取得的服务计入成本或费用和相应的负债（应付职工薪酬）。

（二）后续确认与计量

1. 以权益结算的股份支付。

在资产负债表日，后续信息表明可行权权益工具的数量与以前估计不同的，应当进行调整，并在可行权日调整至实际可行权的权益工具数量。在行权日，企业根据实际行权的权益工具数量，计算确定应转入实收资本或股本的金额，将其转入实收资本或股本。

2. 以现金结算的股份支付。

在资产负债表日，后续信息表明企业当期承担债务的公允价值与以前估计不同的，应当进行调整，并在可行权日调整至实际可行权水平。企业应当在相关负债结算前的每个资产负债表日以及结算日，对负债的公允价值重新计量，其变动计入当期损益。

二、股份支付会计处理的具体要求

（一）授予日

除了立即可行权的股份支付外，无论权益结算的股份支付或者现金结算的股份支付，企业在授予日都不进行会计处理。

授予日是指股份支付协议获得批准的日期。其中"获得批准"，是指企业与职工或其他方就股份支付的协议条款和条件已达成一致，该协议获得股东大会或类似机构的批准。

（二）等待期内的每个资产负债表日

股份支付在授予后通常不可立即行权，一般需要在职工或其他方履行一定期限的服务或在企业达到一定业绩条件之后才可行权。

等待期长度确定后，业绩条件为非市场条件的，如果后续信息表明需要调整等待期长度，应对前期确定的等待期长度进行修改；业绩条件为市场条件的，不应因此改变等待期长度。对于可行权条件为业绩条件的股份支付，在确定权益工具的公允价值时，应考虑市场条件的影响，只要职工满足了其他所有非市场条件，企业就应当确认已取得的服务。

1. 等待期内每个资产负债表日，企业应将取得的职工提供的服务计入成本费用，计入成本费用的金额应当按照权益工具的公允价值计量。

对于权益结算的涉及职工的股份支付，应当按照授予日权益工具的公允价值计入成本费用和资本公积（其他资本公积），不确认其后续公允价值变动；对于现金结算的涉及职工的股份支付，应当按照每个资产负债表日权益工具的公允价值重新计量，确定成本费用和应付职工薪酬。

具体的会计分录为：
借：管理费用
　　贷：资本公积—其他资本公积（附服务年限条件或附非市场业绩条件的权益
　　　　结算股份支付）
　　　　应付职工薪酬—股份支付（现金结算的股份支付）

对于授予的存在活跃市场的期权等权益工具，应当按照活跃市场中的报价确定其公允价值。对于授予的不存在活跃市场的期权等权益工具，应当采用期权定价模型等确定其公允价值，选用的期权定价模型至少应当考虑以下因素：期权的行权价格、期权的有效期、标的股份的现行价格、股价预计波动率、股份的预计股利、期权有效期内的无风险利率。

2. 等待期内每个资产负债表日，企业应当根据最新取得的可行权职工人数变动等后续信息作出最佳估计，修正预计可行权的权益工具数量。在可行权日，最终预计可行权权益工具的数量应当与实际可行权数量一致。

根据上述权益工具的公允价值和预计可行权的权益工具数量，计算截至当期累计应确认的成本费用金额，再减去前期累计已确认金额，作为当期应确认的成本费用金额。

（三）可行权日之后

1. 对于权益结算的股份支付，在可行权日之后不再对已确认的成本费用和所有者权益总额进行调整。企业应在行权日根据行权情况，确认股本和股本溢价，同时结转等待期内确认的资本公积（其他资本公积）。

对于附服务年限条件或附非市场业绩条件的权益结算股份支付：

借：银行存款（职工按承诺的价位交付的款项）
　　资本公积—其他资本公积（等待期内累计的资本公积）
　　贷：股本（面值）
　　　　资本公积—股本溢价（所授股权的公允价值与股本的差额）

2. 对于现金结算的股份支付，企业在可行权日之后不再确认成本费用，负债（应付职工薪酬）公允价值的变动应当计入当期损益（公允价值变动损益）。

（1）未兑付前的公允价值变动：

①增值时：

借：公允价值变动损益
　　贷：应付职工薪酬—股份支付

②贬值时：

借：应付职工薪酬—股份支付
　　贷：公允价值变动损益

（2）兑付时：

借：应付职工薪酬—股份支付
　　贷：银行存款

（四）回购股份进行职工期权激励

1. 回购股份时。

借：库存股
　　贷：银行存款

2. 等待期内每个资产负债表日按照权益工具在授予日的公允价值，将取得的职工服务计入成本费用，同时增加资本公积（其他资本公积）。

借：管理费用
　　贷：资本公积—其他资本公积

3. 职工行权时。

借：银行存款（职工按承诺的价位交付的款项）
　　资本公积—其他资本公积（等待期内累计的资本公积）
　　贷：库存股

资本公积—股本溢价（倒挤差额）

（五）企业集团内涉及不同企业的股份支付交易的会计处理

1. 接受服务企业与结算企业不是同一企业。

结算企业以其本身权益工具结算的，应当将该股份支付交易作为权益结算的股份支付进行会计处理。

（1）结算企业的会计处理。

借：长期股权投资
　　贷：资本公积

（2）接受服务企业的会计处理。

借：管理费用
　　贷：资本公积

结算企业不是以其本身权益工具而是以集团内其他企业的权益工具结算的，应当将该股份支付交易作为现金结算的股份支付进行会计处理。

（1）结算企业的会计处理。

借：长期股权投资
　　贷：应付职工薪酬

（2）接受服务企业的会计处理。

借：管理费用
　　贷：资本公积

2. 结算企业与接受服务企业是同一企业。

结算企业直接按照现金结算的股份支付处理。

借：管理费用
　　贷：应付职工薪酬

三、股份支付会计处理举例

【例10-1】 A公司是一家上市公司，假设2017年1月1日，A公司与员工签订了股份支付协议。按照协议，①企业每位职工（总数500人）可以获得该公司发行的10股股票；②针对企业的车间核心技术人员（10人），如果未来在企业工作三年，三年末将获得A公司360股的股票；③对于高级管理人员，如果该企业主营业务收入增长6%，将获得A公司1 000股的股票；④A公司与B咨询公司签订了咨询服务协议，B公司对A公司进行咨询服务，服务内容为分析一个项目的可行性，费用为100股A公司的股权，B公司于1月底完成该项服务。已知，股份支付协议获得批准的日期为2017年1月1日，该日的A公司股票公允价值为每股10元。1月31日A公司股票公允价值为每股11元。2月15日，有10名职工行使权力，A公司股票每股面值1元。

据 A 公司估计，实施该激励后，车间核心技术人员将有 80% 会选择在企业工作三年，预计 2017 年度实现销售收入增长 6% 以上的可能性大于 95%。

解析：针对所有职工的股份支付属于授予后立即可行权的，授予日为 2017 年 1 月 1 日，所以应于 1 月 1 日按 10 元每股的公允价值确认。会计分录为：

借：生产成本等　　　　　　　　　　　50 000（500×10×10）
　　贷：资本公积　　　　　　　　　　　　　　　　　　50 000

针对车间核心技术人员的股份支付属于完成等待期内的服务才可行权的股份支付，应于每个资产负债表日估计可行权权益工具的数量，再按授予日（2017 年 1 月 1 日）的公允价值确认与计量。以 2017 年度为例，以后年份（可能重新调整估计的百分比）略。2017 年 12 月 31 日会计处理为：

12 月底估计可行权权益工具的数量 = 360×80%×10 = 2 880（股）

12 月底的入账金额 = 12 月底估计可行权权益工具的数量×授予日公允价值÷3 = 9 600（元）

借：生产成本　　　　　　　　　　　　9 600
　　贷：资本公积　　　　　　　　　　　　　　　　　　9 600

针对高级管理人员的股份支付属于达到业绩条件才可行权的股份支付，由条件可知，估计的等待期为 1 年。计价使用的是授予日（2017 年 1 月 1 日）的公允价值。12 月 31 日的会计处理为：

12 月底估计可行权权益工具的数量 = 1 000 股

确认金额 = 12 月底估计可行权权益工具的数量×授予日公允价值 = 1 000×10 = 10 000 元

借：管理费用　　　　　　　　　　　　10 000
　　贷：资本公积　　　　　　　　　　　　　　　　　　10 000

针对 B 公司服务的股权支付属于以权益结算的股份支付换取其他方服务。若 B 公司服务的公允价值不能可靠计量，A 企业应以服务取得日即 1 月 31 日的股票公允价值入账。会计处理为：

借：管理费用　　　　　　　　　　　　1 100（100×11）
　　贷：资本公积　　　　　　　　　　　　　　　　　　1 100

2 月 15 日，10 名职工行使权力，该公司的会计处理为：

转为股本的金额 = 行权人数×实际行权的数量×每股面值 = 10×10×1 = 100（元）

借：资本公积　　　　　　　　　　　　100
　　贷：股本　　　　　　　　　　　　　　　　　　　　100

【例 10-2】 2016 年 1 月 1 日，某公司向其 400 名员工每人授予 100 份股票期权，行权条件为职工自授予日服务期限满 3 年。每份期权的公允价值为 20 元。2016 年，有 20 名员工离职，公司预计有 20% 的职工将在 3 年内离职。2017 年，有 25 名职工离职,公司估计3年内将有25%的职工离职。2018年,有10名职工离职。

要求:计算在截至12月31日的3年内,基于权益的股份支付而确认的薪酬费用。

解析:该公司应按照授予的股票期权的公允价值计算在3年行权期内确认的薪酬费用。2016年和2017年,企业估计预计授予的期权数量(通过估计可能离职的职工数量),以计算每一年应确认的薪酬费用。2018年,它将根据实际授予的期权数量来计算应确认的薪酬费用,3年期间共有55名员工离职,因此当年有34 500份期权被行权〔(400−55)×100〕。

每年确认费用的数额计算如下:

	累计费用	每年费用
80%(40 000×2 016×20×1/3)	213 333	213 333
75%(40 000×2 017×20×2/3)	400 000	186 667
2018(34 500×20)	690 000	290 000

【例10−3】2016年1月1日,AK公司向800名职工每人发放了200份普通股期权。行权条件为服务期限满3年。AK估计在2016年1月1日:

(1)每份期权的公允价值为4元。

(2)2016年、2017年和2018年将分别有大约50名、40名和30名员工离职,因此他们将丧失获得期权的权利。期权的执行价格为1.50元,2016年1月1日AK公司普通股的市值为每股3元。2016年,实际有40名员工离职(2016年12月31日,离职总数的估计被下调为95人),2017年有20名员工离职(2017年12月31日,离职总数的估计被下调为70人),2018年没有一个员工离职,每年的离职人数在每年内平均分布。

要求:假设所有有资格从该计划中受益的员工都行权,公司于2018年12月31日发行了股份,计算基于权益的股份支付的薪酬费用。

解析:

2016年12月31日:

借:管理费用　　　　　　　　　　188 000〔(800−95)×200×4×1/3〕
　　贷:资本公积—其他资本公积　　　　　　　　188 000

2017年12月31日:

借:管理费用(*)　　　　　　　　　　201 333
　　贷:资本公积—其他资本公积　　　　　　　　201 333

2018年12月31日:

借:管理费用(*)　　　　　　　　　　202 667
　　贷:资本公积—其他资本公积　　　　　　　　202 667

发行股票:

借:银行存款　　　　　　　　　　222 000(740×200×1.50)

	资本公积—其他资本公积	592 000
	贷：股本	148 000（740×200×1）
	资本公积—股本溢价（平衡数）	666 000

年末计入权益的数额　　　　　　　　　每年薪酬费用
188 000（2016/12/31）　　　　　　　188 000（2016）
　　　　　　　　　　　　　　　　　　201 333（2017）
389 333[（800-70）×200×4×2/3]
　　　（2017/12/31）
　　　　　　　　　　　　　　　　　　202 667（2018）
592 000[（800-40-20）×200×4×3/3]
　　　（2018/12/31）

【例10-4】2016年1月1日，乙公司授予其500名员工每人100股现金股票增值权，条件是这些员工在公司工作到2018年12月31日。2016年有35名员工离职。该企业估计，2017年和2018年还将有60人离开。2017年将40名员工离职，公司预计2018年还将有25名员工离职。2018年有22名员工离职。2018年12月31日，有150名员工行权。另有140名员工在2019年12月31日行权，其余113名员工在2020年年底行权。股票增值权的公允价值，以及行权日的内在价值，如下所示：

	公允价值	内在价值
2016年	14.40	
2017年	15.50	
2018年	18.20	15.00
2019年	21.40	20.00
2020年		25.00

要求：计算在截至2020年12月31日的五年内乙公司每年应确认的薪酬费用，以及每年年末应确认的负债。

解析：在截至2018年12月31日的3年内，薪酬费用是基于企业对实际授予的股票增值权数量的估计。负债的公允价值在每年末需要重新计量。股票增值权行权当日的内在价值，是公司实际支付的现金数额。

	年末负债	当年费用
2016年预计行权（500-95）：		
405×100×14.40×1/3	194 400	194 400
2017年预计行权（500-100）：		
400×100×15.50×2/3	413 333	218 933
2018年尚未行权（500-97-150）：		
253×100×18.20	460 460	47 127

2018 年行权：
150 × 100 × 15.00   225 000   272 127
2019 年尚未行权（253 - 140）：
113 × 100 × 21.40   241 820   (218 640)
2019 年行权：
140 × 100 × 20.00   280 000   61 360
2020 年尚未行权：   —   (241 820)
2020 年行权：
113 × 100 × 25.00   282 500   40 680
                                                                           87 500

思考题

1. 什么是以现金结算的股份支付？
2. 什么是授予日？
3. 对于权益结算的股份支付，说明应在财务报表中确认的内容。
4. 企业将认股权授予其雇员以换取服务，该交易如何计量？

练习题

【10-1】星海公司是一家上市公司。2015 年 12 月，董事会批准了一项基于股份的支付协议。根据该协议，2016 年 1 月 1 日，公司向其 400 名经理每人授予 1 000 份股票期权，这些经理必须从 2016 年 1 月 1 日起连续 3 年为公司服务。该公司估计期权在授予日的公允价值为人民币 12 元。

(1) 第一年，有 40 名管理人员离开星海，公司预计 3 年内将有 20% 的管理人员离开。

(2) 第二年又有 20 名经理离职，公司将预计离职的经理比例调整为 15%。

(3) 第三年又有 30 名管理人员离职。

(4) 第四年结束时，30 名经理人放弃了他们的股票期权。

(5) 第五年年底，其余 280 名经理行使全部权利。星海股票的面值为每股人民币 1 元，经理们以每股人民币 5 元的价格买进。

要求：计算每年的薪酬费用，编制股份支付相关的会计分录。

【10-2】2015 年 12 月，飞扬公司授予其 400 位管理人员每人 1 000 份现金股票增值权。获得增值权的员工行权的条件为连续服务满 3 年，现金奖励基于自 2016 年 1 月 1 日起公司股票价值的增长。股票增值权必须在 2020 年 12 月 31 日之前行权。飞扬公司估计，股票增值权在结算日之前和结算日的资产负债表日的公允价值，以及现金支出为：

年度	公允价值	现金支付
2016 年	28	
2017 年	30	
2018 年	36	32

2019 年	42	40
2020 年		50

第一年有 40 名员工离职，公司预计 3 年后还会有 30 名员工离职。第二年又有 20 名员工离开了公司，公司预计还会有 20 名员工离开。第三年又有 30 名员工离职。第三年末，140 名员工行使了增值权并获得了现金。第四年年底，100 名员工行使了增值权。第五年年底，剩下的 70 名员工也行使了增值权。

要求：对飞扬公司股票增值权业务进行会计处理。

第十一章 衍生金融工具及套期保值

【学习目标】
1. 理解金融工具及衍生金融工具概念；
2. 掌握衍生金融工具的会计处理方法；
3. 理解套期保值的概念及套期关系的分类；
4. 掌握公允价值套期和现金流量套期的会计处理方法。

第一节 衍生金融工具

一、金融工具的基本概念

国际会计准则理事会于 2014 年 7 月发布了修订后的 IFRS9：金融工具，以取代国际会计准则 IAS39：金融工具：确认与计量。IFRS 9 在 2018 年 1 月 1 日或之后强制生效，允许提前采用。CAS（中国会计准则）包括与金融工具相关的三项准则，其中最重要的是 CAS 22——金融工具：确认与计量，于 2014 年 7 月发布，2017 年 3 月修订。新的 CAS 22 基本上与 IFRS9 相趋同。本章仅讨论衍生金融工具的会计处理。为便于理解，先对一些基本概念进行回顾。

金融工具是指形成一个企业的金融资产，并其他企业的金融负债或权益工具的合同。

（1）金融资产。金融资产，是指企业持有的现金、其他方的权益工具以及符合下列条件之一的资产：

从其他方收取现金或其他金融资产的合同权利。

在潜在有利条件下，与其他方交换金融资产或金融负债的合同权利。

将来须用或可用企业自身权益工具进行结算的非衍生工具合同，且企业根据该合同将收到可变数量的自身权益工具。

将来须用或可用企业自身权益工具进行结算的衍生工具合同，但以固定数量的自身权益工具交换固定金额的现金或其他金融资产的衍生工具合同除外。

（2）金融负债。金融负债，是指企业符合下列条件之一的负债：

向其他方交付现金或其他金融资产的合同义务。

在潜在不利条件下，与其他方交换金融资产或金融负债的合同义务。

将来须用或可用企业自身权益工具进行结算的非衍生工具合同，且企业根据该合同将交付可变数量的自身权益工具。

将来须用或可用企业自身权益工具进行结算的衍生工具合同，但以固定数量的自身权益工具交换固定金额的现金或其他金融资产的衍生工具合同除外。

（3）权益工具。权益工具是指能证明拥有一个企业在扣除全部负债的资产中有剩余利益的合同。

（4）公允价值是指在计量日市场参与者之间的有序交易中出售资产或转移负债所收取的价格。

二、衍生工具

衍生工具是一种金融工具或其他合同，同时具有以下三种特征：其价值随特定利率、金融工具价格、商品价格、汇率、价格指数、费率指数、信用等级、信用指数或其他变量的变动而变动，变量为非金融变量的，该变量不应与合同的任何一方存在特定关系；不要求初始净投资，或者与对市场因素变化预期有类似反应的其他合同相比，要求较少的初始净投资；在未来某一日期结算。

1. 衍生工具的分类。

常见的衍生工具包括：

（1）远期合同：在固定的未来日期以固定价格买卖资产的协议。

（2）期货合约：类似于远期合约，但合约是标准化的，并在交易所买卖。

（3）期权：期权持有人以预先确定的价格行使的权利（但不包括义务）；如果期权被执行，期权发行方就会有损失。

（4）掉期：用一套现金流换另一套现金流的协定（通常是利率或货币掉期）。

2. 如何对衍生工具进行估值？

衍生工具的性质常常会导致一些特殊的问题。衍生工具的价值（以及最终结算的金额）取决于基础工具（如汇率）的变动。这意味着，衍生工具的实际结算情况可能导致与最初设想截然不同的结果。拥有衍生工具的公司面临不确定性的风险（潜在的收益或损失），这可能对其财务业绩、财务状况和现金流产生非常重大的影响。

然而，由于衍生工具合约通常只有很少或没有初始成本，在传统会计方法下，它可能根本不会在财务报表中被确认，或者以与当前价值无关的数额予以确认。这显然是一种误导，财务报表的使用者无法知晓公司面临的风险水平。

例如，外币远期合同的公允价值是根据合同期限内远期汇率的变化来确定的，并将其折现为现值。三个信息决定了远期合约在任何时间点的公允价值：远期合同订立时的远期汇率；与该远期合约同时到期的期货合约的现行汇率；贴现率——通常是公司的增量借款利率。

另一个例子是外币期权。外汇期权的公允价值取决于期权是在交易所交易还是在场外交易市场获得。外汇期权在交易所交易的公允价值是其在交易所报价的当前市场价格。对于场外期权，公允价值可以通过获得期权交易商的报价来确定。如果经销商价格报价是不可用的，一个期权的价值可以使用修改的布莱克—斯科尔斯期权定价模型进行估计。

虽然利用衍生品进行投机的行为在非金融机构中并不常见，但金融机构可能会为了投机的目的而购买衍生金融工具作为投资。

3. 衍生工具核算的基本原则

对于投机目的持有衍生工具，其各期公允价值的变化应立即确认为净收益的增加或减少。

用于套期保值的衍生工具的公允价值的变动，取决于被套期风险的性质以及衍生工具是否符合套期会计要求。

三、嵌入式衍生工具

嵌入式衍生工具是一种与非衍生主合约相结合形成单一混合工具的衍生工具。某些本身不是衍生工具（也可能不是金融工具）的合约包括"嵌入"其中的衍生工具合约。这些非衍生工具被称为主合约。

1. 主合约的例子包括：（1）租赁；（2）债务或权益工具；（3）保险合同；（4）买卖合同；（5）建筑合同。

2. 嵌入衍生工具的例子包括：

（1）五年内可赎回的债券，其中赎回价格是根据富时100指数的升幅计算。

主合同 | 债券 |——→按常规方法进行会计处理（如摊余成本）

嵌入衍生工具 | 权益选择权 |——→按衍生工具进行会计处理，如按公允价值计量且公允价值变动计入当期损益

（2）以外币标价的建筑合同。建筑合同是一种非衍生性合同，而汇率变动是一种嵌入衍生性合同。

3. 嵌入式衍生工具的会计处理。

（1）主合同为金融资产。

如果主合同是准则所规范的金融资产，企业不应将嵌入衍生工具从混合工具中分拆，而应当将该混合工具作为一个整体运用准则关于金融资产分类的相关规定进行相应的会计处理。

这与主合同是金融负债的处理不同。

（2）其他主合同。

混合合同包含的主合同不属于本准则规范的资产，且同时符合下列条件的，企业应当从混合合同中分拆嵌入衍生工具，将其作为单独存在的衍生工具处理：

嵌入衍生工具的经济特征和风险与主合同的经济特征和风险不紧密相关；

与嵌入衍生工具具有相同条款的单独工具符合衍生工具的定义；

该混合合同不是以公允价值计量且其变动计入当期损益进行会计处理。

最常见的复合工具之一是可转换债券，导致发行人主要承担金融负债的同时，授予债券持有人拥有将负债转换为发行人的权益工具（通常是普通股）的期权。在经济意义上相当于发行传统债券，外加在未来购买股票的权证。

虽然理论上可能有不同的分割方法，但一般可以使用以下方法：

第一，计算负债部分的价值。

第二，从整个合同价值中扣除这部分，得到剩余价值或权益部分。

这种方法背后的理由是：一个企业的权益是其资产总额减去所有负债后的剩余权益。分配给负债和权益的账面价值总和将始终等于归属于整个复合金融工具的账面价值。

【例 11-1】2018 年年初，本田公司发行了 2 000 份可转换债券。这些债券的期限为三年，以面值人民币 1 000 元的票面价值发行，总发行收入为人民币 2 000 000 元。利息为每年支付名义年利率 6%。每份债券在到期前可随时转换为 250 股普通股。债券发行时，没有转换选择权的同类债券的市场利率为 9%。在发行日，一股普通股的市场价格为人民币 3 元。在债券存续的 3 年内，预计每年年底的普通股股息为每股人民币 0.14 元。3 年期无风险年利率为 5%。

要求：债券中权益部分的价值是多少？

解析：首先对负债部分进行估值，然后将债券发行收入与负债公允价值之间的差额分配给权益部分。负债部分的现值按 9% 的贴现率计算，这是没有转换权的类似债券的市场利率。

本金现值：2 000 000 元，3 年到期。

（2 000 000×0.772）*　　　　1 544 000

利息现值：12 万元/年，3 年，每年末支付

（120 000×2.531）*　　　　303 720

总负债　　　　　　　　　　1 847 720

权益部分（平衡数）　　　　　152 280

债券发行收入　　　　　　　2 000 000

注：*这些数字可从贴现表和年金表中获得。

在整个复合金融工具存续期间，负债和权益部分之间的分割保持不变，即使执行期权的可能性发生了变化。这是因为预测持有者的行为并不总是可能的。在债券转换、到期或其他相关交易发生之前，发行人仍有义务支付未来的款项。

第二节 套期保值

一、套期会计的基本概念

(一) 套期

套期是指指定一种或多种套期工具,使其公允价值的变动全部或部分抵销被套期项目的公允价值或现金流量的变动。

(二) 被套期项目

被套期项目是指资产、负债、企业承诺或预期的未来交易,持有企业面临公允价值变化或未来现金流量变化的风险,并被指定为被套期项目。例如,为了避免外汇风险,可能有四个被套期项目:已确认的外币计价资产和负债;未确认的外币承诺;预期外币交易;境外经营净投资。企业可以将下列单个项目、项目组合或其组成部分指定为被套期项目:

(1) 已确认资产或负债。
(2) 尚未确认的确定承诺。确定承诺,是指在未来某特定日期或期间,以约定价格交换特定数量资源、具有法律约束力的协议。
(3) 极可能发生的预期交易。预期交易,是指尚未承诺但预期会发生的交易。
(4) 境外经营净投资。

(三) 套期工具

套期工具,是一种指定的衍生工具或(在有限情况下)另一种金融资产或负债,其公允价值或现金流量的变动预期将抵销指定被套期项目的公允价值或现金流量的变动。例如,用来对冲外汇风险的两种最常见的衍生工具是远期外汇合约和外汇期权。套期工具包括:

(1) 以公允价值计量且其变动计入当期损益的衍生工具,但签出期权除外。企业只有在对购入期权(包括嵌入在混合合同中的购入期权)进行套期时,签出期权才可以作为套期工具。嵌入在混合合同中但未分拆的衍生工具不能作为单独的套期工具。

(2) 以公允价值计量且其变动计入当期损益的非衍生金融资产或非衍生金融负债,但指定为以公允价值计量且其变动计入当期损益且其自身信用风险变动引起的公允价值变动计入其他综合收益的金融负债除外。

(3) 企业自身权益工具不属于企业的金融资产或金融负债,不能作为套期工具。

对于外汇风险套期,企业可以将非衍生金融资产(选择以公允价值计量且其变动计入其他综合收益的非交易性权益工具投资除外）或非衍生金融负债的外汇风险成分指定为套期工具。

在确立套期关系时，企业应当将符合条件的金融工具整体指定为套期工具，但下列情形除外：

对于期权，企业可以将期权的内在价值和时间价值分开，只将期权的内在价值变动指定为套期工具；

对于远期合同，企业可以将远期合同的远期要素和即期要素分开，只将即期要素的价值变动指定为套期工具；

对于金融工具，企业可以将金融工具的外汇基差单独分拆，只将排除外汇基差后的金融工具指定为套期工具；

企业可以将套期工具的一定比例指定为套期工具，但不可以将套期工具剩余期限内某一时段的公允价值变动部分指定为套期工具。

对于一项由签出期权和购入期权组成的期权（如利率上下限期权），或对于两项或两项以上金融工具（或其一定比例）的组合，其在指定日实质上相当于一项净签出期权的，不能将其指定为套期工具。只有在对购入期权（包括嵌入在混合合同中的购入期权）进行套期时，净签出期权才可以作为套期工具。

（四）套期有效性

套期有效性，是指由于被套期风险引起的被套期项目的公允价值或现金流量的变化能够由套期工具的公允价值或现金流量的变化所抵销的程度。

套期同时满足下列条件的，企业应当认定套期关系符合套期有效性要求：

（1）被套期项目和套期工具之间存在经济关系。该经济关系使套期工具和被套期项目的价值因面临相同的被套期风险而发生方向相反的变动。

（2）被套期项目和套期工具经济关系产生的价值变动中，信用风险的影响不占主导地位。

（3）套期关系的套期比率，应当等于企业实际套期的被套期项目数量与对其进行套期的套期工具实际数量之比，但不应当反映被套期项目和套期工具相对权重的失衡，这种失衡会导致套期无效，并可能产生与套期会计目标不一致的会计结果。例如，企业确定拟采用的套期比率是为了避免确认现金流量套期的套期无效部分，或是为了创造更多的被套期项目进行公允价值调整以达到增加使用公允价值会计的目的，可能会产生与套期会计目标不一致的会计结果。

企业应当在套期开始日及以后期间持续地对套期关系是否符合套期有效性要求进行评估，尤其应当分析在套期剩余期限内预期将影响套期关系的套期无效部分产生的原因。企业至少应当在资产负债表日及相关情形发生重大变化将影响套期有效性要求时对套期关系进行评估。

套期关系由于套期比率的原因而不再符合套期有效性要求，但指定该套期关系的风险管理目标没有改变，企业应当进行套期关系再平衡。

所谓套期关系再平衡，是指对已经存在的套期关系中被套期项目或套期工具的数量进行调整，以使套期比率重新符合套期有效性要求。基于其他目的对被套期项目或套期工具所指定的数量进行变动，不构成本准则所称的套期关系再平衡。

企业在套期关系再平衡时，应当首先确认套期关系调整前的套期无效部分，并更新在套期剩余期限内预期将影响套期关系的套期无效部分产生原因的分析，同时相应更新套期关系的书面文件。

(五) 套期会计方法应用的条件

在套期关系应用套期会计方法之前，必须满足下列所有条件。

(1) 套期关系只包括合格的套期工具和合格的被套期项目。

(2) 必须有正式的书面文件（包括被套期项目和套期工具的识别，被套期风险的性质和企业如何评估套期的有效性）。

(3) 该套期关系符合所有的套期有效性准则。

套期会计方法，是指企业将套期工具和被套期项目产生的利得或损失在相同会计期间计入当期损益（或其他综合收益）以反映风险管理活动影响的方法。

二、套期关系的分类

根据 IFRS9，有三种类型的套期关系。

(1) 公允价值套期，是指对已确认资产或负债、尚未确认的确定承诺，或上述项目组成部分的公允价值变动风险敞口进行的套期。该公允价值变动源于特定风险，且将影响企业的损益或其他综合收益。其中，影响其他综合收益的情形，仅限于企业对指定为以公允价值计量且其变动计入其他综合收益的非交易性权益工具投资的公允价值变动风险敞口进行的套期。

(2) 现金流量套期，是指对现金流量变动风险敞口进行的套期。该现金流量变动源于与已确认资产或负债、极可能发生的预期交易，或与上述项目组成部分有关的特定风险，且将影响企业的损益。

(3) 境外经营净投资套期，是指对境外经营净投资外汇风险敞口进行的套期。境外经营净投资，是指企业在境外经营净资产中的权益份额。

对确定承诺的外汇风险进行的套期，企业可以将其作为公允价值套期或现金流量套期处理。

三、套期会计处理

(一) 公允价值套期会计

公允价值套期满足运用套期会计方法条件的，应当按照下列规定处理：

（1）套期工具产生的利得或损失应当计入当期损益。如果套期工具是对选择以公允价值计量且其变动计入其他综合收益的非交易性权益工具投资（或其组成部分）进行套期的，套期工具产生的利得或损失应当计入其他综合收益。

（2）被套期项目因被套期风险敞口形成的利得或损失应当计入当期损益，同时调整未以公允价值计量的已确认被套期项目的账面价值。被套期项目为以公允价值计量且其变动计入其他综合收益的金融资产（或其组成部分）的，其因被套期风险敞口形成的利得或损失应当计入当期损益，其账面价值已经按公允价值计量，不需要调整；被套期项目为企业选择以公允价值计量且其变动计入其他综合收益的非交易性权益工具投资（或其组成部分）的，其因被套期风险敞口形成的利得或损失应当计入其他综合收益，其账面价值已经按公允价值计量，不需要调整。

（3）被套期项目为尚未确认的确定承诺（或其组成部分）的，其在套期关系指定后因被套期风险引起的公允价值累计变动额应当确认为一项资产或负债，相关的利得或损失应当计入各相关期间损益。当履行确定承诺而取得资产或承担负债时，应当调整该资产或负债的初始确认金额，以包括已确认的被套期项目的公允价值累计变动额。

【例 11 - 2】某公司拥有 2 万加仑的石油库存，2018 年 12 月 1 日成本为人民币 40 万元。为了对冲石油市场价格的波动，该公司签署了一份期货合同，将在 2019 年 3 月 31 日以每加仑 22 元人民币的合约价格交付 2 万加仑石油。2018 年 12 月 31 日石油市场价格为每加仑 23 元，同日 2019 年 3 月 31 日交割的期货价格为每加仑 24 元。

要求：分析以上交易对公司财务报表的影响：
（1）不采用套期会计；
（2）采用套期会计。

解析：期货合约的目的是保护公司不受油价下跌的影响（油价下跌会在最终出售石油时减少利润）。然而，石油价格实际上上涨了，因此该公司在合约上出现了亏损。

（1）不采用套期会计：
期货合约是一种衍生品，因此必须根据 IFRS 9 重新计量公允价值。期货合同的损失确认为当期损益：

借：投资收益　　　　　　　　　　　　40 000　［20 000 × (24 - 22)］
　　贷：衍生金融负债—期货合约　　　　　　　　　　　　40 000

（2）采用套期会计：
期货合同的损失同上确认为当期损益：

借：套期收益　　　　　　　　　　　　40 000　［20 000 × (24 - 22)］
　　贷：套期工具—衍生金融负债—期货合约　　　　　　　　40 000

存货重新估值为公允价值：　　　　　　　　　　　人民币

2018 年 12 月 31 日公允价值（2 万 × 23）	460 000
成本	(400 000)
利得	60 000

借：被套期项目—存货　　　　　　　　　　　　　60 000
　　贷：套期损益　　　　　　　　　　　　　　　　　　　　60 000

在采用套期会计的情况下，净收益为人民币 2 万元，对比不采用套期会计净亏损为人民币 4 万元。

【例 11-3】2019 年 6 月 1 日，P 公司获得了 1 万盎司的库存物资。每盎司 200 元，总共 200 万元。P 公司担心这些库存物资的价格会下降，所以在 2019 年 6 月 1 日，在期货市场卖出了 1 万盎司，在 2020 年 5 月 31 日交割，合约价格每盎司 210 元人民币。2019 年 6 月 1 日，套期会计的条件全部满足。截至 2019 年 12 月 31 日，P 报告期结束，库存物资的公允价值为每盎司人民币 220 元，而同日 2020 年 5 月 31 日交割的期货价格为每盎司人民币 227 元。2020 年 5 月 31 日，该交易商卖出库存物资，以当时每盎司人民币 230 元的现货价格将期货合约平仓。

要求：为上述交易编制必要的会计分录。

解析：截至 2019 年 12 月 31 日，存货公允价值增加 20 万元［1 000 ×（220 - 200）］，期货合同负债增加 17 万元［10 000 ×（227 - 210）］。假设套期会计条件已被满足，因此允许运用套期会计方法。

2019 年 12 月 31 日：

借：套期损益　　　　　　　　　　　　　　　　　170 000
　　贷：套期工具—衍生金融负债—期货合约　　　　　　　170 000
（记录期货合约的损失）

借：被套期醒目—存货　　　　　　　　　　　　　200 000
　　贷：套期损益　　　　　　　　　　　　　　　　　　　200 000
（记录存货公允价值的增加）

截至 2020 年 5 月 31 日，存货公允价值又增加了 10 万元［10 000 ×（230 - 220）］，衍生金融负债增加了 3 万元［10 000 ×（230 - 227）］。

借：套期损益　　　　　　　　　　　　　　　　　30 000
　　贷：套期工具—衍生金融负债—期货合约　　　　　　　30 000
（记录期货合约的损失）

借：被套期醒目—存货　　　　　　　　　　　　　100 000
　　贷：套期损益　　　　　　　　　　　　　　　　　　　100 000
（记录存货公允价值的增加）

借：营业成本　　　　　　　　　　　　　　　　　2 300 000
　　贷：被套期项目—存货　　　　　　　　　　　　　　　2 300 000

（记录已售出存货）

借：银行存款　　　　　　　　　　　　　　　　　　　2 300 000
　　贷：主营业务收入　　　　　　　　　　　　　　　　　　　2 300 000

（记录存货销售收入）

借：套期工具—衍生金融负债—期货合约　　　　　　　　200 000
　　贷：银行存款　　　　　　　　　　　　　　　　　　　　　200 000

（记录结算衍生金融负债的净额）

值得注意的是，由于存货的公允价值上升，P公司在出售存货时只获得了人民币10万元的利润。如果没有期货合约，利润将为人民币300 000元（2 300 000 - 2 000 000）。鉴于公允价值的上升，企业实际上可能会更早平仓，而不是等到结算日。

（二）现金流量套期会计

现金流量套期满足运用套期会计方法条件的，应当按照下列规定处理：

1. 套期工具产生的利得或损失中属于套期有效的部分，作为现金流量套期储备，应当计入其他综合收益。现金流量套期储备的金额，应当按照下列两项的绝对额中较低者确定：

（1）套期工具自套期开始的累计利得或损失；

（2）被套期项目自套期开始的预计未来现金流量现值的累计变动额。

每期计入其他综合收益的现金流量套期储备的金额应当为当期现金流量套期储备的变动额。

2. 套期工具产生的利得或损失中属于套期无效的部分（即扣除计入其他综合收益后的其他利得或损失），应当计入当期损益。

3. 现金流量套期储备的金额，应当按照下列规定处理：

（1）被套期项目为预期交易，且该预期交易使企业随后确认一项非金融资产或非金融负债的，或者非金融资产或非金融负债的预期交易形成一项适用于公允价值套期会计的确定承诺时，企业应当将原在其他综合收益中确认的现金流量套期储备金额转出，计入该资产或负债的初始确认金额。

（2）对于不属于本条（1）涉及的现金流量套期，企业应当在被套期的预期现金流量影响损益的相同期间，将原在其他综合收益中确认的现金流量套期储备金额转出，计入当期损益。

（3）如果在其他综合收益中确认的现金流量套期储备金额是一项损失，且该损失全部或部分预计在未来会计期间不能弥补的，企业应当在预计不能弥补时，将预计不能弥补的部分从其他综合收益中转出，计入当期损益。

【例11-4】K公司于2018年11月1日签署了一份合同，将于2019年11月1日购买价值6 000万里拉的一项资产。K公司以人民币为报告货币（记账本位币）。2019

年 11 月 1 日 K 公司签订一项远期合同以人民币 1∶1.5 里拉的价格购买 6 000 万里拉来进行套期保值。

即期及远期汇率如下：

	即期汇率	远期汇率（1.11.19 结算）
1 - 11 - 2018（人民币对里拉）	1∶1.45	1∶1.5
31 - 12 - 1019	1∶1.20	1∶1.24
1 - 11 - 2019	1∶1.0	1∶1.0

假设已满足套期会计条件。

要求：编制上述交易相关的会计分录。

解析：

（1）2018 年 11 月 1 日：

期货合约在初始阶段的价值为零，不需要编制分录（除了交易成本），但将进行风险披露，购买资产的合同承诺如果重要应当披露。

（2）2018 年 12 月 31 日：

计算远期合约收益：

	元
远期合约价值 31 - 12 - 2018（6 千万里拉/1.24）	48 387 096
远期合约价值为 1 - 11 - 2018（6 千万里拉/1.5）	40 000 000
远期合约收益	8 387 096

对比资产价值变动（未确认）：

资产成本增加：(60 000 000/1.20 - 60 000 000/1.45)　　8 620 690

由于资产成本的增加数更高，因此可以认为套期是完全有效的：

借：套期工具—远期合约　　8 387 096
　　贷：其他综合收益　　　　　　　8 387 096

（3）2019 年 11 月 1 日：

计算远期合约的收益

远期合约价值为 1 - 11 - 2019（60 000 000 /1.0）	60 000 000
远期合约价值 31 - 12 - 2018（60 000 000/1.24）	48 387 096
远期合约收益	11 612 904

对比资产价值变动（未确认）：

资产成本增加：(60 000 000/1.0 - 60 000 000/1.2)　　10 000 000

因此，该套期在此期间并非完全有效，但仍符合套期会计准则规定的套期有效性，可以应用套期会计方法：

借：套期工具—远期合约　　11 612 904
　　贷：其他综合收益　　　　　　　10 000 000

投资收益　　　　　　　　　　　　　　　　　　　1 612 904

按当日市场价格购买资产：

借：资产　　　　　　　　　60 000 000（60 000 000÷1.0）
　　贷：银行存款　　　　　　　　　　　　　　　60 000 000

远期合约的结算：

借：银行存款　　　　　　　　　　　　　　　　　20 000 000
　　贷：套期工具——远期合约　　　　　　　　　　20 000 000

累计其他综合收益 18 387 096 元（现金流量套期储备）必须从权益中扣除，直接计入资产的初始成本。

（三）境外经营净投资套期的会计处理

对境外经营净投资的套期，包括对作为净投资的一部分进行会计处理的货币性项目的套期，应当按照类似于现金流量套期会计的规定处理：

(1) 套期工具形成的利得或损失中属于套期有效的部分，应当计入其他综合收益。

全部或部分处置境外经营时，上述计入其他综合收益的套期工具利得或损失应当相应转出，计入当期损益。

(2) 套期工具形成的利得或损失中属于套期无效的部分，应当计入当期损益。

四、套期关系再平衡

套期关系由于套期比率的原因而不再符合套期有效性要求，但指定该套期关系的风险管理目标没有改变的，企业应当进行套期关系再平衡。

本准则所称套期关系再平衡，是指对已经存在的套期关系中被套期项目或套期工具的数量进行调整，以使套期比率重新符合套期有效性要求。基于其他目的对被套期项目或套期工具所指定的数量进行变动，不构成本准则所称的套期关系再平衡。

企业在套期关系再平衡时，应当首先确认套期关系调整前的套期无效部分，并更新在套期剩余期限内预期将影响套期关系的套期无效部分产生原因的分析，同时相应更新套期关系的书面文件。

对套期关系做出再平衡的，应当在调整套期关系之前确定套期关系的套期无效部分，并将相关利得或损失计入当期损益。

套期关系再平衡可能会导致企业增加或减少指定套期关系中被套期项目或套期工具的数量。企业增加了指定的被套期项目或套期工具的，增加部分自指定增加之日起作为套期关系的一部分进行处理；企业减少了指定的被套期项目或套期工具的，减少部分自指定减少之日起不再作为套期关系的一部分，作为套期关系终止处理。

套期保值的风险管理目标已经改变，再平衡不适用，套期关系必须终止。

五、套期会计终止应用

企业发生下列情形之一的，应当终止运用套期会计：

（1）因风险管理目标发生变化，导致套期关系不再满足风险管理目标。

（2）套期工具已到期、被出售、合同终止或已行使。

（3）被套期项目与套期工具之间不再存在经济关系，或者被套期项目和套期工具经济关系产生的价值变动中，信用风险的影响开始占主导地位。

（4）套期关系不再满足本准则所规定的运用套期会计方法的其他条件。在适用套期关系再平衡的情况下，企业应当首先考虑套期关系再平衡，然后评估套期关系是否满足本准则所规定的运用套期会计方法的条件。

终止套期会计可能会影响套期关系的整体或其中一部分，在仅影响其中一部分时，剩余未受影响的部分仍适用套期会计。

六、信用风险敞口的公允价值选择权

企业使用以公允价值计量且其变动计入当期损益的信用衍生工具管理金融工具（或其组成部分）的信用风险敞口时，可以在该金融工具（或其组成部分）初始确认时、后续计量中或尚未确认时，将其指定为以公允价值计量且其变动计入当期损益的金融工具，并同时作出书面记录，但应当同时满足下列条件：

（1）金融工具信用风险敞口的主体（如借款人或贷款承诺持有人）与信用衍生工具涉及的主体相一致；

（2）金融工具的偿付级次与根据信用衍生工具条款须交付的工具的偿付级次相一致。

上述金融工具（或其组成部分）被指定为以公允价值计量且其变动计入当期损益的金融工具的，企业应当在指定时将其账面价值（如有）与其公允价值之间的差额计入当期损益。如该金融工具根据金融工具会计准则分类为以公允价值计量且其变动计入其他综合收益的金融资产的，企业应当将之前计入其他综合收益的累计利得或损失转出，计入当期损益。

思考题

1. 复合金融工具应如何在资产负债中列报？
2. 根据 IFRS 9 如何对嵌入式衍生金融工具进行会计处理？
3. 什么是套期保值？
4. 列出国际财务报告准则 IFRS9 所确定的三种类型的套期关系。
5. 如何评估套期有效性？
6. 公允价值套期会计处理的要求？

练习题

【11-1】金瑞公司于2011年3月1日与美国的某出口企业签订了一笔金额为100 000美元的进口合同，当日即期汇率为1USD＝6.5706CNY，交易双方约定货款于2011年5月30日交货时以美元结算。为规避汇率变动可能的损失，金瑞公司在与美国出口商签约的同时，又与某银行签订了一份期限为90天的远期外汇合同，远期合同的汇率为1USD＝6.5415CNY。结算日即期汇率为1USD＝6.4856CNY。金瑞公司功能性货币为人民币。不考虑相关税费，假设公司将此项套期保值指定为公允价值套期。

要求：为金瑞公司编制远期外汇合同签订日以及进口货款结算日的会计分录。

【11-2】中国ABC公司在美国设有一全资子公司，该子公司功能性货币为美元。2010年12月1日，该子公司德国某企业进口了价值100 000欧元的商品，交易双方约定于2011年3月1日交货并以欧元结算货款。为规避汇率风险，ABC公司的子公司于交易当日与某银行签订了远期外汇合同，购入10万欧元，合同期限3个月，合同汇率为1EUR＝1.35USD。2010年年末，假设两个月远期外汇汇率为1EUR＝1.36USD。假设年利率12%，不考虑相关税费。另假设公司将此项套期保值指定为公允价值套期。有关即期汇率：

12/01/10　　1EUR＝1.30USD

12/31/10　　1EUR＝1.33USD

03/01/11　　1EUR＝1.38USD

要求：

（1）为中国ABC公司的美国子公司编制进口业务及远期外汇交易的必要会计分录。

（2）如假设公司将此项套期保值指定为现金流量套期，重新编制有关会计分录。

【11-3】2016年1月1日，A公司发行3 000份每份面值为1 000元的可转债，募集资金200万元。债券期限为3年，年息为5%，按年支付。每份债券可在发行一年后的任何时间转换为150股普通股。当A公司发行债券时，二级市场上不含转换权的同类债券的市场利率为8%。不考虑其他因素。

要求：对可转换债券进行会计处理。

【11-4】2011年12月1日，中国QIUSI国际有限公司出口一批商品到美国，价值100万美元，合同约定以美元结算，并约定3个月以后即2012年3月1日对方支付货款。假设交易日即期汇率为1USD＝6.32CNY，收款日即期汇率为1USD＝6.30CNY，2011年年末即期汇率为1USD＝6.33CNY。为规避外汇汇率风险，该出口商与中国银行某支行签订了一份远期外汇合同，卖出3个月期100万美元，假设3个月期远期汇率为1USD＝6.305CNY。2011年年末，假设两个月远期外汇美元汇率为1USD＝6.316CNY。假设年利率12%，不考虑相关税费。

要求：

（1）QIUSI公司指定此项套期保值为公允价值套期保值，对以上套期保值业务进行会计处理；

（2）QIUSI公司指定此项套期保值为现金流量套期保值，对以上套期保值业务进行会计处理。

（3）QIUSI公司改用外汇期权对外币应收款的汇率风险进行套期保值。假设2011年12月1日即出口交易日，QIUSI公司购买了一份期权合约，卖出100万USD，期权市场价格为0.009元人民币/USD，期权到期日为2012年3月1日，执行价格为1USD＝6.32元人民币。QIUSI公司指定该项套期保值为公允价值套期保值。

【11-5】假设海阳公司在 2011 年 12 月 1 日收到了一份国外的订单（确定承诺），订单为 2012 年 3 月 1 日出口一批商品价值 100 万美元，为了规避该项预计交易的外汇汇率风险，海阳公司购买了一份 3 个月期外汇期权进行套期保值，卖出 100 万 USD，期权市场价格为 0.009 元人民币/USD，期权到期日为 2012 年 3 月 1 日，执行价格为 1USD = 6.32 元人民币。海阳公司指定该项套期保值为公允价值套期保值。

要求：对以上套期保值业务进行会计处理。

第十二章 外币交易会计

【学习目标】
1. 理解外汇、外汇汇率、记账本位币及外币交易等概念；
2. 掌握记账本位币的确定方法及汇兑损益的处理原则；
3. 掌握主要外币业务的会计处理方法；
4. 掌握外汇风险套期保值的会计处理方法。

第一节 外汇、外币交易及其核算要求

一、外汇及外汇汇率

(一) 外汇

外汇（foreign exchange）是指以外币表示的用于国际结算的支付凭证。国际货币基金组织（IMF）将外汇界定为"货币当局（中央银行、货币管理机构、外汇平准基金组织以及财政部）以银行存款、国库券、长短期政府债券等形式持有的在国际收支逆差时可以使用的债权"。2008 年 8 月 1 日修订并实施的《中华人民共和国外汇管理条例》规定，外汇包括：①外国现钞，包括纸币、铸币等；②外币有价证券，包括债券、股票等；③外汇支付凭证或支付工具，包括票据、银行存款凭证和银行卡等；④特别提款权；⑤其他外汇资产。

(二) 外汇汇率

汇率（exchange rate）指一国或地区货币兑换为另一国家或地区货币的比率或以一个国家或地区的货币表示为另一国家或地区货币的价格。

1. 直接标价法和间接标价法。

直接标价法（direct quoting method）又称应付标价法，它是指每单位的外币可以兑换为本国货币金额。例如，以人民币为本国货币，美元为外币，1USD＝6.3CNY，表示 1 美元可兑换人民币 6.3 元，即采用直接标价法。

间接标价法（indirect quoting method）又称应收标价法，它是指每单位的本国货币可以兑换的本国货币金额。或者说，它是以一定单位的本国货币为标准，来计算应收若干单位的外国货币。例如，以人民币为记账本位币，美元为外币，1CNY = USD 0.159，它表示 1 元人民币可兑换 0.159 美元，即采用间接标价法。

直接标价法是国际上通行的做法。我国国家外汇管理局对外公布的外汇牌价，采用的是直接标价法。

2. 固定汇率和浮动汇率。

固定汇率（fixed rate）又称官方汇率（official rate），是指政府为了稳定外汇市场而规定的外汇汇率。在对外汇进行管制的国家，固定汇率通常表现为国家公布的外汇牌价。

浮动汇率（floating rate）又称市场汇率（market rate），是指随着外汇市场供求关系而变动的汇率。理论上，货币的价值应是货币购买力的表现。例如，某一国家通货膨胀率的上升就是货币购买力的下降，相应地，该国货币对外币的汇率也应该下降。贸易差额、利率和投机等因素也会导致汇率的浮动。

3. 买入汇率和卖出汇率。

经营外汇交易的银行一般公布外汇的买入汇率和卖出汇率。

买入汇率（bid rate）是指经营外币的银行买入外汇时的价格，又称买入价。

卖出汇率（offer rate）指经营外币的银行卖出外汇的价格，又称卖出价。

买入价与卖出价的平均数，为中间汇率。

4. 现行汇率和历史汇率。

现行汇率（current rate）是指外币业务发生时入账或编制报表时所采用的汇率，因而又可称为记账汇率。

历史汇率（historical rate）是指最初取得外币资产，或承担外币负债时所采用的汇率，因而又可称为账面汇率。例如，期初取得某项以外币表示的应收账款时，其入账汇率为现行汇率，但在期末编制财务报表时，如果汇率发生了变化，则新的汇率即现行汇率，又称期末汇率，而账面上已记录的汇率则变为历史汇率。

这里应注意，现行汇率与历史汇率是相对于资产负债表日而言的。在外币业务会计中，为了核算需要，企业还可以根据现行汇率和历史汇率来计算简单平均汇率或加权平均汇率。

5. 即期汇率和远期汇率。

外汇市场有现汇市场和期汇市场两种，相应地，其交易也就称为现汇交易和期汇交易，汇率也就有即期汇率和远期汇率之分。

即期汇率（spot rate）又称现汇汇率，是指现汇交易中即期交割的汇率。根据支付凭证的不同，现汇又可分为电汇、信汇和票汇三种，其汇率也有所不同。由于电汇交款迅速，国际上大多采用电汇方式。世界各国外汇市场公布的即期汇率指的就是电汇汇率。

远期汇率（forward rate）又称期汇汇率，是指远期交易中所采用的约定汇率。远期交易是指在外汇买卖成交后，先由买卖双方订立合同，规定外汇买卖的数量、交割期限以及汇率等条款，到合同约定日再办理交割的一种外汇交易。期汇交易的交割期限，一般为 30 天、60 天、90 天或 180 天。

二、记账本位币和外币交易

（一）记账本位币

记账本位币（功能性货币，functional currency），是指企业经营所处的的主要经济环境中的货币，是计量企业现金流量以及经营成果的统一尺度。企业一旦选定了记账本位币（功能性货币），则作为非记账本位币（非功能性货币）的外币，将承受汇率变动的风险。我国企业会计准则规定，企业选取记账本位币，应当综合考虑下列因素：(1) 该货币主要影响商品和劳务的销售价格，通常以该货币进行商品和劳务的计价和结算；(2) 该货币主要影响商品和劳务所需人工、材料和其他费用，通常以该货币进行上述费用的计价和结算；(3) 融资活动获得的货币以及保存从经营活动中收取款项所使用的货币。

我国会计法规定，企业通常应选择人民币作为记账本位币，业务收支以人民币以外的货币为主的企业，可以按选定其中一种货币作为记账本位币。但是，编报的财务报表应当折算为人民币。

（二）外币交易

外币交易，是指以外币计价或结算的交易。这里所指的外币是指企业记账本位币（功能性货币）以外的货币。常见的外币交易包括：买入或卖出以外币计价的商品或劳务；借入或借出外币资金；其他以外币计价或结算的交易。

三、折算汇率的选择和汇兑损益

（一）外币交易折算汇率的选择

企业发生的外币交易业务，会计上要求采用复币记账，即在账面上既要记录外币数额，还要将外币按照一定的汇率折算成记账本位币记账。现行会计准则规定：外币交易在初始确认时，应采用交易发生日的即期汇率将外币金额折算为记账本位币金额（逐日折算法），也可以采用按照系统合理的方法确定的、与交易发生日即期汇率近似的汇率折算（标准汇率法）。

(1) 即期汇率，通常是指中国人民银行公布的当日人民币外汇牌价的中间价。企业发生的外币兑换业务，应当按照交易实际采用的汇率折算（即银行的买入价或卖出价）。

（2）即期汇率的近似汇率，是指按照系统合理的方法确定的、与交易发生日即期汇率近似的汇率，通常采用当期平均汇率或加权平均汇率。我国企业多采用当月1日的汇率作为即期汇率的近似汇率或标准汇率。

无论是采用平均汇率还是加权平均汇率，或者是采用其他方法确定的即期汇率的近似汇率，该方法应在前后各期保持一致。但如果汇率的波动较大使采用即期汇率的近似汇率折算不适当时，应当采用交易发生日的即期汇率折算。

（二）汇兑损益

外币业务核算时要求按一定的汇率将外币折算为记账本位币记账，汇率的变动便产生了汇兑损益（exchange gains and losses）。汇兑损益是指同一外币账户由于记账时间不同和汇率变动而产生的外币折算为记账本位币的差额。

广义上，汇兑损益还包括外币报表折算损益，即，为了汇编或合并目的而对外币财务报表进行折算所形成的折算损益，报表折算损益将在下一章予以阐述。

汇兑损益可以区分为已实现汇兑损益和未实现汇兑损益两种形式。

（1）已实现的汇兑损益，或称为已结算的外币交易损益，是由于最初交易发生时的所使用的汇率与结算时所使用的汇率不同引起的。

（2）未实现的汇兑损益，或未结算的外币交易损益，是指外币交易未结算之前编制会计报表时，资产负债表日的现行汇率与交易发生时的汇率或上期资产负债日的折算汇率不同引起的差额。

现行会计准则规定，企业应在资产负债表日对外币账户的期末余额进行调整（不包括历史成本计量的外币非货币性项目），将外币余额按资产负债表日的汇率折算为记账本位币金额，并将其与调整前外币账户原记账本位币金额的差额确认为汇兑损益（或其他有关账户）。需要计提减值准备的，应当按资产负债表日的即期汇率折算后，再计提减值准备。

【例12-1】某企业以人民币为记账本位币（功能性货币），2011年9月出口产品一批价值100 000美元，出口当日汇率为1USD=CNY6.38；3个月后收款，收款日汇率为1USD=CNY6.33。该企业2011年9月记账时，按当日汇率将应收账款100 000美元折算为人民币638 000进行记录。在3个月后收到货款时，100 000美元按当日汇率兑换为人民币633 000元，比原记账金额少了5 000元，即实际发生了汇兑损失5 000元。

根据现行会计准则，企业（非金融）外币交易中发生的汇兑损益应在"财务费用"账户下设"汇兑损益"明细账户进行核算。

第二节 外币交易的会计处理

一、外币交易会计处理的基本方法

（一）单项交易观

单项交易观点（single-transanction perspective），又称为一笔业务交易观，即将销售或购货及随后的账款结算视为一笔交易的两个阶段。汇率变动的影响数应作为对原先入账的销售收入或购货成本的调整，也就是以外币标价的购销业务，只有在结算后才算完成，按记账本位币计量的销售收入和购货成本最终取决于结算日的汇率。

【例12-2】2011年12月1日，中国盛融公司以赊销出口商品一批到美国，价值100 000美元，当日汇率为1USD=6.33CNY。12月31日的即期汇率为1USD=6.30CNY。结算日为2012年1月30日，当日汇率为1USD=6.31CNY。双方约定以美元结算货款，且盛融公司选择以人民币作为记账本位币（功能性货币）。

按照单项交易观，盛融公司会计处理程序如下：

（1）2011年12月1日，赊销商品时（不考虑相关税费）：

借：应收账款（USD） CNY 633 000（USD 100 000）
　　贷：主营业务收入 CNY 633 000

（2）2011年12月31日，根据期末汇率对外币应收账款以及主营业务收入的账户本币余额进行调整：

借：主营业务收入 CNY 3 000
　　贷：应收账款（USD） CNY 3 000

（3）2012年1月30日，先按照结算日的汇率对外币应收账款以及主营业务收入进行调整：

借：应收账款（USD） CNY 1 000
　　贷：主营业务收入 CNY 1 000

在收到货款存入银行：

借：银行存款（USD） CNY 631 000（USD 100 000）
　　贷：应收账款（USD） CNY 631 000（USD 100 000）

采用单项交易观需要将汇率变动影响数调整原来入账的相关账户，手续较为复杂，工作量也较大，特别在与外币购销业务有关的债权债务结算跨年度的情况下，对原已入账的购货成本和销售收入进行追溯调整更为复杂。在实务中（包括会计准则的要求），单项交易观较少被采纳。

（二）两项交易观

两项交易观点（two-transanction perspective），又称为两笔业务交易观，是指把外币购销业务发生与相应的外币账款结算视为两笔独立的交易。从交易发生日到结算日之间，汇率变动影响数均记录为汇兑损益；购货成本或销售收入均按交易发生日的汇率对外币应收款或应付款折算予以确定下来，与以后的货款结算无关。

引用【例12-1】的资料，根据两项交易观，甲企业会计处理程序如下：

根据所产生的外币折算损益归属期间的不同，具体又可以分为两种方法：

1. 即期确认法。即在每一个资产负债表编制日确认相应的外币折算汇兑损益（未实现）。

（1）2011年12月1日，赊销商品时（不考虑相关税费）：

借：应收账款（USD）　　　　　　　　　　　CNY 633 000（USD 100 000）
　　贷：主营业务收入　　　　　　　　　　　　　　　　　　CNY 633 000

（2）2011年12月31日，根据期末汇率对外币应收账款以及主营业务收入的账户本币余额进行调整：

借：汇兑损益　　　　　　　　　　　　　　　　　　　　　　CNY 3 000
　　贷：应收账款（USD）　　　　　　　　　　　　　　　　　CNY 3 000

（3）2012年1月30日，先按照结算日的汇率对外币应收账款以及主营业务收入进行调整：

借：应收账款（USD）　　　　　　　　　　　　　　　　　　CNY 1 000
　　贷：汇兑损益　　　　　　　　　　　　　　　　　　　　CNY 1 000

在收到货款存入银行：

借：银行存款（USD）　　　　　　　　　　　CNY 631 000（USD 100 000）
　　贷：应收账款（USD）　　　　　　　　　　CNY 631 000（USD 100 000）

2. 递延法。即将资产负债表编制日的外币折算损益（未实现）递延至结算日予以确认。

（1）2011年12月1日，赊销商品时（不考虑相关税费）：

借：应收账款（USD）　　　　　　　　　　　CNY 633 000（USD 100 000）
　　贷：主营业务收入　　　　　　　　　　　　　　　　　　CNY 633 000

（2）2011年12月31日，根据期末汇率对外币应收账款以及主营业务收入的账户本币余额进行调整：

借：递延汇兑损益　　　　　　　　　　　　　　　　　　　　CNY 3 000
　　贷：应收账款（USD）　　　　　　　　　　　　　　　　　CNY 3 000

（3）2012年1月30日，先按照结算日的汇率对外币应收账款以及主营业务收入进行调整：

借:应收账款(USD) CNY 1 000
　　贷:递延汇兑损益 CNY 1 000
在收到货款存入银行:
借:银行存款(USD) CNY 631 000 (USD 100 000)
　　贷:应收账款(USD) CNY 631 000 (USD 100 000)
同时将递延汇兑损益结转为已实现的汇兑损益:
借:汇兑损益 CNY 2 000
　　贷:递延汇兑损益 CNY 2 000

由于两项交易观会计处理比较简单,并且能够较好地揭示外汇汇率变动的风险,该方法已经被包括中国在内的多数国家或地区会计准则所采纳。

二、主要外币业务交易日的会计处理

(一)外币兑换业务

外币兑换业务包括企业从银行购入外汇业务和卖出外汇业务。

企业买入外汇时,一方面要按银行的外汇卖出价折算应向银行支付的记账本位币并予以记录;另一方面要按照买入当日的市场汇率(中间价)将买入的外汇折算为记账本位币并予以记录,两者之间的差额记录为汇兑损益。

【例12-3】某企业确定的记账本位币为人民币,外币业务采用交易日的即期汇率折算。该企业2011年10月8日从中国银行购入30 000美元,并存入企业在中国银行美元现汇账户,银行当日的美元卖出价为1USD=6.39CNY,当日市场汇率1USD=6.35CNY。

借:银行存款(USD) CNY 190 500
　　财务费用—汇兑损益 CNY 1 200
　　贷:银行存款(CNY) CNY 191 700

【例12-4】某企业2011年11月8日将中国银行10 000美元存款兑换为人民币,银行当日的美元买入价为1USD=6.3270CNY,当日市场汇率1USD=6.3207CNY。

借:银行存款(CNY) CNY 63 270
　　贷:财务费用—汇兑损益 CNY 63
　　　　银行存款(USD) CNY 63 207

(二)外币购销业务

出口业务的会计处理在前面第一部分已有介绍,这里仅举例说明进口业务的会计处理。

【例12-5】某公司2011年11月9日从境外购入原材料一批,价值100 000美元,购入材料时的市场汇率为 1USD = 6.32CNY，货款尚未支付，材料已达并验收入库。该企业对外币业务的核算采用外币业务发生时的市场汇率折算。按照规定计算的进口关税为 18 000 人民币元，进口增值税为 110 500 人民币元，进口关税和增值税已通过银行存款支付。

  借：原材料   CNY 650 000
     应交税费—应交增值税（进项税额）   CNY 110 500
    贷：应付账款（USD）   CNY 632 000
     银行存款（CNY）   CNY 128 500

（三）外币借款业务

企业向银行借入以记账本位币以外的货币表示的资金时，按照借入外币时的市场汇率折算为记账本位币入账，并按照借入外币的金额登记相关的外币账户。

【例 12-6】某公司从中国银行借入 100 000 美元，借入的外币暂存企业在银行的现汇账户。借入当日的市场汇率为 1USD = 6.35CNY。企业采用业务发生日的市场汇率核算。

  借：银行存款（USD）   CNY 635 000（USD 100 000）
    贷：短期借款（USD）   CNY 635 000（USD 100 000）

还款业务按还款时的市场汇率作相反分录即可。

（四）接受外币资本投资

根据《关于外商投资的公司审批登记管理法律适用若干问题的执行意见》（工商外企字〔2006〕81 号），企业收到投资者以外币投入的资本，无论是否有合同约定汇率，均不得采用合同约定汇率和即期汇率的近似汇率折算，而应采用交易日即期汇率折算。这样，外币投入资本与相应的货币性项目的记账本位币相等，不会产生外币资本折算差额。

【例 12-7】某公司接受某外商 100 万美元现金投资，当日即期汇率为 1USD = 6.38CNY。按照投资协议，汇率为 1USD = 6.40CNY。

  借：银行存款（USD）   CNY 6 380 000（USD 1 000 000）
    贷：实收资本   CNY 6 380 000

三、资产负债表编制日的会计处理

我国 2007 年 1 月 1 日施行的《企业会计准则》规定，企业在资产负债表日，应当按照下列规定对外币货币性项目和外币非货币性项目进行处理：①外币货币性项目，采用资产负债表日即期汇率折算。因资产负债表日即期汇率与初始确认时或者前一资产负债表日即期汇率不同而产生的汇兑差额，计入当期损益。②以历史成本计量的外币非货币性项目,仍采用交易发生日的即期汇率折算,不改变其记账本位币金额。

(一) 外币货币性项目的期末调整

外币货币性项目,是指企业持有的货币和将以固定或可确定金额的货币收取的资产或者偿付的负债,可分为货币性资产项目和货币性负债项目。货币性资产包括库存现金、银行存款、应收账款和应收票据以及持有至到期投资等;货币性负债包括应付账款、其他应付款、短期借款、应付债券、长期借款、长期应付款等。

外币货币性项目期末调整汇兑损益计算公式为:

某外币账户期末汇兑损益 = 期末该外币账户的 × 外币余额期末市场汇率
－调整前该外币账户记账本位币余额

【例12-8】绿地公司以人民币为记账本位币,外币交易采用交易发生日的即期汇率折算,并按月计算汇兑损益。2011年9月30日的汇率为1USD=6.35CNY,其外币货币性项目的账户余额如表12-1所示。

表12-1　　　　　9月30日外币货币性项目的账户余额

项目	外币余额（USD）	当日即期汇率	记账本位币余额（CNY）
银行存款	300 000	6.35	1 905 000
应收账款	300 000	6.35	1 905 000
应付账款	50 000	6.35	317 500

假设不考虑增值税等相关税费,该企业2011年10月发生以下外币业务:

(1) 2011年10月16日,收到2011年9月发生的应收账款100 000美元,当日汇率1USD=人民币6.37元;

(2) 2011年10月18日,借入外币长期借款300 000美元,专门用于建造某项工程,工程已开始动工,当日的即期汇率为1USD=6.37CNY,借入的款项已存入银行;

(3) 2011年10月23日,收到某外商投入外币资本1 000 000美元,当日即期汇率为1USD=6.36CNY,款项已存入银行;

(4) 2011年10月26日,进口原材料一批,价值100 000美元材料已经验收入库,货款已经支付,当日即期汇率为1USD=6.34CNY;

(5) 2011年10月30日,以美元银行存款偿还前欠应付账款50 000美元,当日即期汇率为1USD=6.32CNY。

该企业有关外币业务会计处理如下:

(1) 10月16日。

借:银行存款（USD）　　　　　　　　CNY 637 000（USD 100 000）

贷：应收账款（USD）　　　　　　　　CNY 637 000（USD 100 000）
（2）10月18日。
　　借：银行存款（USD）　　　　　　　　CNY 1 911 000（USD 300 000）
　　　贷：长期借款（USD）　　　　　　　　CNY 1 911 000（USD 300 000）
（3）10月23日。
　　借：银行存款（USD）　　　　　　　　CNY 6 360 000（USD 1 000 000）
　　　贷：实收资本（USD）　　　　　　　　CNY 6 360 000（USD 1 000 000）
（4）10月26日。
　　借：原材料　　　　　　　　　　　　　CNY 634 000
　　　贷：银行存款（USD）　　　　　　　　CNY 634 000（USD 100 000）
（5）10月30日。
　　借：银行存款（USD）　　　　　　　　CNY 316 000（USD 50 000）
　　　贷：应付账款（USD）　　　　　　　　CNY 316 000（USD 50 000）

绿地公司外币货币性项目期末调整如表12-2所示。

表12-2　　　　　　　　绿地公司外币货币性项目期末调整

项目	期末外币余额（USD）	调整前记账本位币余额（CNY）	期末即期汇率	调整后记账本位币余额（CNY）	调整数
银行存款	1 650 000	10 495 000	6.32	10 428 000	(67 000)
应收账款	200 000	1 268 000	6.32	1 264 000	(4 000)
应付账款	0	1 500	6.32	0	(1 500)
长期借款	300 000	1 911 000	6.32	1 896 000	(15 000)

　　借：应付账款（USD）　　　　　　　　CNY 1 500
　　　长期借款（USD）　　　　　　　　　CNY 15 000
　　　财务费用——汇兑损益　　　　　　　CNY 54 500
　　　贷：应收账款（USD）　　　　　　　　CNY 67 000
　　　　银行存款（USD）　　　　　　　　CNY 4 000

（二）外币非货币性项目的期末调整

外币非货币性项目，是指货币性项目以外的项目，包括存货、长期股权投资、交易性金融资产以及固定资产、无形资产等。对于以历史成本计量的外币非货币性项目，其按交易发生日即期汇率折算的金额已构成这些项目的历史成本，因此不需要再

按资产负债日汇率重新折算。但对于以下情况,应需要对外币非货币性项目予以调整:

1. 期末以成本与可变现净值孰低法计量的外币非货币性项目。

以成本与可变现净值孰低法计量的存货,如果其可变现净值以外币确定,则在确定存货的期末价值时,应先按期末即期汇率将可变现外币净值折算为记账本位币,再与以记账本位币反映的存货成本进行比较,以确定其是否减值。

【例12-9】远茂公司以人民币为记账本位币,2011年10月8日,以每台2 000美元的价格从国外购入一批先进仪器10台,该种仪器在国内市场尚无供应,货款已经支付,购入时市场汇率1USD=6.35CNY。截至2011年12月31日,该公司已售出仪器4台,库存尚有6台,假设国内仍不能生产供应该种仪器,其在国际市场的现行价格降至每台1 800美元,当日即期汇率为1USD=6.30CNY。不考虑增值税等相关税费。

本例中,由于存货在资产负债表日采用成本与可变现净值孰低法计量,因此,在以外币购入存货并且该存货在资产负债表日的外币可变现净值低于成本时,计提存货跌价准备应考虑汇率变动的影响。有关会计处理如下:

10月8日,存货的可变现净值 = 6 × 1 800 × 6.30 = 68 040(CNY)
12月31日,存货账面成本 = 6 × 2 000 × 6.35 = 76 200(CNY)
应计提存货跌价准备 = 76 200 - 68 040 = 8 160(CNY)

借:资产减值损失　　　　　　　　　　　　　　　　　　8 160
　　贷:存货跌价准备　　　　　　　　　　　　　　　　　　8 160

2. 期末以公允价值计量的非货币性项目。

资产负债表日,对于以公允价值计量的股票、基金等非货币性项目,如果期末的公允价值以外币反映,则应当先将该外币按照公允价值确定当日的即期汇率折算为记账本位币金额,再与原记账本位币金额进行比较,其差额作为公允价值变动损益,计入当期损益。如属于可供出售外币非货币性项目的,所形成的汇兑差额应计入资本公积。

【例12-10】远茂公司以人民币为记账本位币,2011年8月3日以每股10港元的价格购入某上市公司股票10 000股作为交易性金融资产,当日汇率为1HKD=0.826CNY,款项已付。2011年12月31日,某上市公司股票市价为每股8.5港元,年末汇率为1HKD=0.811CNY。不考虑相关税费。

有关会计处理如下:
2011年8月3日。

借:交易性金融资产(HKD)(成本)　　CNY 82 600(HKD 100 000)
　　贷:银行存款(HKD)　　　　　　　　CNY 82 600(HKD 100 000)

由于该项交易性金融资产是以外币计价的,在资产负债表日,不仅应考虑A股票港元市价的变动，还需要考虑港元与人民币之间汇率变动的影响。

12月31日A股票公允价值 = 8.5 × 10 000 × 0.811 = 68 935（CNY）

公允价值变动 = 68 935 - 82 600 = -13 665（CNY）

借：公允价值变动损益　　　　　　　　　　　　　　13 665
　　贷：交易性金融资产（HKD）（公允价值变动）　　　　13 665

思考题

1. 阐述功能性货币与记账本位币的联系与区别。确定功能性货币应考虑的因素有哪些？
2. 简要说明外汇汇率的主要分类。
3. 什么是汇兑损益？
4. 比较分析外币交易会计处理"单项交易观点"与"两项交易观点"。
5. 外币货币性项目和非货币性项目应如何进行期末调整？

练习题

【12-1】练习外币交易业务的会计处理。

资料：华燕公司功能性货币为人民币，其外币业务采用当月1日的市场汇率为折算汇率，月末对外币账户余额按期末汇率调整。2011年1月1日市场汇率为1USD = 6.62CNY，1月31日市场汇率为1USD = 6.59CNY。各项外币账户的期初余额如表12-3所示。

表12-3　　　　　　　　各项外币账户的期初余额

	外币余额（万美元）	汇率	人民币余额（万元）
应收账款	400	6.62	2 648
银行存款	700	6.62	4 634
应付账款	160	6.62	1 059.2
长期借款*	500	6.62	3 310

注：*长期借款中包括为建造固定资产的外币借款300万美元。

当月该公司发生了一下外币业务：

（1）收回应收账款100万美元；

（2）销售产品给某客户，发生应收账款200万美元；

（3）以美元银行存款偿还为购建固定资产的外币借款120万美元，该项固定资产正在建设中；

（4）接受投资者投入的美元资本1 000万美元，合同约定的汇率为1USD = 6.58CNY，收到外币当日市场汇率为1USD = 6.60CNY。

要求：为华燕公司编制各项外币业务的会计分录，以及期末确认汇兑损益的调整分录。

【12-2】练习外币业务的会计处理。

资料：2010年12月1日中国甲公司出口了价值为600 000美元的商品，交易双方约定以美元结算，结算日为2011年2月10日。出口当日即期汇率为1USD=6.68CNY，2010年12月31日即期汇率1USD=6.62CNY，结算日即期汇率为1USD=6.58CNY。甲公司功能性货币为人民币。

要求：分别采用单项交易观和两项交易观为甲公司编制必要的会计分录。

第十三章　外币财务报表折算

【学习目标】

1. 理解外币财务报表折算的含义及方法；
2. 掌握我国现行准则外币财务报表的折算方法；
3. 理解外币财务报表的合并。

第一节　外币财务报表折算概述

一、外币财务报表折算的含义

为了反映跨国公司作为一个整体的财务状况、经营成果及现金流量等信息，需要编制跨国公司的合并（汇总）财务报表，以满足跨国公司股东、债权人等有关方面的决策需要。由于母公司（总公司）和境外子公司（分公司）的个别财务报表通常使用不同的货币表述，因此，在编制合并（汇总）财务报表时，基于货币统一的要求，必须先将以某种外币表述的境外子公司（分公司）财务报表折算为另一种货币表述的财务报表，然后再进行合并或汇总，这一转换过程就是外币财务报表折算。

外币财务报表折算是将境外主体原财务报表中以编报货币表示的各个项目，按一定的汇率折算为所需另一货币表示的相同项目，并据以重新编制财务报表的过程。这种货币转换不同于货币兑换，货币兑换是不同货币之间的实际兑付，即以一种货币表示的金额实际兑换成另一种货币表示的等值金额，而外币报表折算只是用另一种货币来重新表述相同项目的价值。

除了编制合并财务报表，需要进行外币财务报表折算，实务中还有另一种需要进行外币财务报表折算的情况，为了提供某种货币的财务报表，以方便有关方面的理解和使用。例如，为了向境外股东和投资者提供按便于其理解的货币编制的报表；以人民币以外的货币为记账本位币的我国企业，向有关部门报送的财务报表，需要以人民币重新编制。

二、功能性货币的选择

为合并目的对外币财务报表进行折算，必须选择某种货币为功能性货币，以便将其他货币都折算为这一功能性货币。合并财务报表的主要使用者是母公司的股东和债权人，因此通常以母公司所使用的货币（报告货币）编制合并财务报表，也即母公司所选择的功能性货币。一般情况下，母公司的功能性货币为母公司所在国的货币，因此合并财务报表主体所确定的功能性货币也就是母公司所在国的货币。

境外子公司的功能性货币，与合并财务报表主体所确定的功能性货币，即母公司的报告货币，可能相同也可能不同。

当境外主体的经营活动相对独立于母公司的经营活动，其所选择的功能性货币通常就是所在国货币（也有可能是第三国货币）。这时境外子公司的功能性货币不同于母公司报告货币，其按照功能性货币作为报告货币编制的财务报表，就必须以母公司报告货币进行折算（translation）。折算的结果应保持境外主体原有财务关系和结果不变，采取单一的期末现行汇率对所有资产和负债项目进行折算，产生的折算差额调整所有者权益，不计入当期损益。

当境外主体的经营活动并不独立，而是母公司经营活动的延伸，境外主体所选择的功能性货币就是母公司的功能性货币，即母公司报告货币。通常，境外主体的会计记录也按照母公司报告货币，这时就不存在外币财务报表的折算问题。但如果因为当地法律制度的要求等原因，境外主体必须采用当地货币对经济业务进行记录，那么境外主体的财务报表仍属于外币财务报表，需要对以当地货币表述的外币财务报表按母公司报告货币进行重新计量（remeasurement）。所谓重新计量，是指对同一报表项目，仅仅将一种货币表述改为另一种货币表述，但并不改变其计量属性。因此，在这种情况下，对不同的资产和负债项目可能使用不同的汇率进行折算，保持其计量属性不变，以至于产生的折算差额计入当期损益。

三、外币财务报表折算方法

由于汇率变化及汇率制度的差异，在外币财务报表折算的历史发展中，出现了多种不同性质的折算方法。主要的外币报表折算方法包括流动性与非流动性项目法、货币性与非货币性项目法、时态法和现行汇率法。各种方法所需要解决的问题主要有两个方面：①折算汇率的选择。通常，折算汇率主要有现行汇率、历史汇率和平均汇率三种选择。②报表折算差额的处理。基准处理办法有两种：一是计入当期损益；二是在所有者权益中单列项目反映。

（一）现行汇率法

现行汇率法（current rate method），或期末汇率法，是指外币财务报表中所有资产和负债项目都按照资产负债日的期末汇率进行折算的一种外币报表折算方法。在现行汇率法下，所有的资产和负债项目都按期末现行汇率折算；所有者权益项目中实收资本（或股本）和资本公积项目采用历史汇率折算，留存收益项目根据轧算的平衡数填列；对于利润表中收入和费用项目，理论上也应采用确认这些项目时的现行汇率折算，但由于导致收入和费用的交易是经常且大量发生的，为简便通常按平均汇率进行折算；折算产生的差异，在折算后资产负债表中所有者权益部分单列为（累计）外币财务报表折算差额，即作递延处理，或者计入当期损益（实际上还有一种方法就是折算收益予以递延，折算损失计入当期损益）。

采用现行汇率法进行外币报表折算，多数认为折算差额属于影响投资价值的未实现损益，不影响境外实体以其功能性货币表述的现金流量（该现金流量可以进行再投资或分配给投资者），从而折算差额不计入当期损益，而是在所有者权益中单列项目反映。美国财务会计准则委员会（FASB）第 52 号"财务会计准则公告"（SFAS52）及国际会计准则委员会（IASB）第 29 号准则（IAS29）都采纳了这种处理意见。我国外币报表折算准则规定，对境外经营的外币财务报表采用现行汇率法进行折算，并将折算差额在所有者权益中单列项目反映。

现行汇率法主要是以境外实体的净资产为基准来衡量其汇率变动风险，主要适用于相对独立经营境外实体的报表折算。现行汇率法的优点在于操作简便，所有外币报表资产及负债项目都乘以一个固定的常数，收入和费用项目也是如此，因此，折算前后外币报表各项目可以基本上保持原有的比例和结构关系。现行汇率法的缺点主要表现在：现行汇率法认为被折算外币报表所有资产和负债项目都将承受着汇率变动风险，但对于以历史成本计量的外币报表项目，如固定资产和无形资产等非流动性项目，以及存货等非货币性项目，不一定会受汇率变动的影响，如果采用现行汇率折算，折算结果既非历史成本，也非现行价值。

（二）流动性与非流动性项目法

流动性与非流动性项目法（current–noncurrent method）是指对于资产负债表项目，除了实收资本（或股本）和资本公积项目采用历史汇率折算，以及盈余公积和未分配利润项目根据轧算的平衡数据填列外，其他项目需要根据其流动性分别采用不同汇率进行折算。例如，对于流动资产或流动负债项目，可采用现行汇率折算；对于非流动资产或非流动负债项目，则采用历史汇率折算。对于利润表项目，其折算方法包括：①对于营业成本项目，其填列数既可根据"营业成本 = 期初存货成本 + 本期购货成本 – 期末存货成本"的公式来计算，也可以采用现行汇率或平均汇率折算；②对于与非流动资产有关的折旧和摊销等费用成本项目，可采用历史汇率折算；③其他项目可采用现行汇率或平均汇率折算。

流动性与非流动性项目法是早期普遍采用的方法。例如，1939 年，美国原会计程序委员会（CAP）在其第 4 号会计研究公报（ARB）"国外经营活动与外汇"中，就推荐采用这种方法。同时规定，基于稳健性的考虑，对于外币报表的折算净损失应计入当期损益；对于外币报表的折算净收益，应作为外币报表折算差额来处理。

流动性与非流动性项目法的优点在于，由于考虑了流动性与非流动性项目承受汇率变动风险的不同特性，并分别采用不同汇率对外币报表项目进行折算，这是对现行汇率法的一种改进。但是，这种折算方法还是存在诸多缺陷。首先，由于找不出流动性与非流动性的分类与不同汇率的选用之间存在相关性的充分证据，这种方法无法令人信服；其次，对流动性与非流动性项目进行人为分类，其客观性程度较低。例如，对于以历史成本计量的存货等流动资产，其实际遭受汇率变动的风险是很小的，但是在流动性与非流动性项目法下，其折算时需要采用现行汇率，表明其应承担较大的汇率变动风险，这与事实可能不符。

（三）货币性与非货币性项目法

货币性与非货币性项目法（monetary – nonmonetary method）是指对于资产负债表项目，除了实收资本（或股本）和资本公积项目采用历史汇率折算，以及盈余公积和未分配利润项目根据轧算的平衡数据填列外，其他项目根据其货币性特性分别采用不同汇率进行折算。例如，对于货币性资产或货币性负债项目，可采用现行汇率折算；对于非货币性资产或非货币性负债项目，则采用历史汇率进行折算。这里货币性资产是指企业所拥有或控制的货币资金，以及可以按照固定金额收取的债权，货币性负债主要是企业所承担的将于固定金额到期偿付的债务。而货币性项目之外的其他项目可称为非货币性项目。对于利润表项目，除了营业成本可采用与流动性与非流动性项目法相类似的处理办法，以及与非货币性项目有关的折旧和摊销等费用成本项目采用历史汇率折算之外，其他项目可采用现行汇率或平均汇率折算。这种方法与前述流动性和非流动性项目法的主要区别在于存货项目的折算上。例如，在流动性与非流动性项目法下，存货项目均采用现行汇率进行折算，而在货币性与非货币性项目法下，对于存货项目，则一律采用历史汇率进行折算。

货币性与非货币性项目法是由美国密执安大学赫普沃斯教授（S. R. Hepworth）于 1957 年在其题为《对国外经营活动的报告》文章中首次提出。货币性与非货币性项目法认为，外币报表折算应根据资产负债表项目的货币性特性，而不是按其流动性来分类。同时，该法主张将外币报表的折算差额（包括净收益或净损失），均列入当期损益，从而放弃了以往将折算净收益予以递延的做法。

货币性与非货币性项目法的优点是由于它将折算汇率的选择与汇率变动对企业资产、负债的影响联系在一起，其折算结果更能及时反映汇率变动的风险。但是，货币性与非货币性项目法的缺陷也是很明显的。首先，对于货币性与非货币性项目进行人为分类，其标准选择存在太多主观性因素，故其客观性程度较低；其次，对于以现行成本计量的存货,如果采用历史汇率进行折算,就将不能充分反映其承受汇率变动的风险,且不符合一致性原则。

(四)时态法

时态法(temporal method)又称时间性量度法,是针对货币性与非货币性项目法的缺点而提出来的。时态法要求资产负债表项目,除了实收资本(或股本)和资本公积项目采用历史汇率折算,以及留存收益项目根据轧算的平衡数填列外,其他项目根据其原计量属性分别采用不同汇率进行折算。对于资产负债表项目,其折算方法包括:①对于货币资金项目、应收项目以及应付项目,采用资产负债表日的现行汇率折算;②对于以历史成本计量的项目,选用历史汇率折算;③对于以现行成本计量的项目,选用现行汇率折算。例如,对于以现行成本计量的存货项目,折算时应采用现行汇率折算;对于以历史成本计量的存货,折算时应采用历史汇率折算等,这可保持折算前后外币报表各项目计量属性的一致性。在时态法下,对于利润表项目,其折算方法与前述各种方法基本一致,但对于销售成本、折旧摊销费用等应选择与对应的存货、固定资产等折算汇率相同的汇率进行折算。

时态法是由美国会计学家洛伦森(L. Lorensen)于 1972 年在其为美国注册会计师协会(AICPA)所做的"美国公司以 USD 表述的国外经营报告"中首次提出的。时态法认为,外币报表折算是一种计量转换过程,是对给定价值的重述。在该法下,外币报表折算过程中所形成的折算差额,同现行汇率法一样有若干可选处理方法,但通常多数规定计入当期损益。

时态法的主要优点在于它可保持折算前后外币报表各项目计量属性的一致性,但其缺陷在于操作较为复杂,而且往往会改变折算前后外币报表各项目的比例和结构关系,因此,它所提供的会计信息往往难于令人完全信服。

时态法主要适用于不具有相对独立经营权国外实体的财务报表折算。即当国外实体的经营活动是母公司经营活动的延伸时,通常应按时态法对国外实体的财务报表予以重新计量,以使折算后的结果与当时国外实体在业务发生时就采用记账本位币记账一样。

以上四种外币财务报表折算方法在折算汇率的选择上的差异如表 13-1 所示。

表 13-1　不同折算方法下为特定资产负债表项目所选用汇率

资产负债表项目		流动性与流动性项目法	货币性与非货币性项目法	时态法	现行汇率法
货币资金		C	C	C	C
应收账款		C	C	C	C
存货	按市价	C	H	C	C
	按成本	C	H	H	C

续表

资产负债表项目		流动性与流动性项目法	货币性与非货币性项目法	时态法	现行汇率法
长期投资	按市价	H	H	C	C
	按成本	H	H	H	C
固定资产		H	H	H	C
无形资产		H	H	H	C
短期借款		C	C	C	C
应付账款		C	C	C	C
长期借款		H	C	C	C
股本		H	H	H	H
资本公积		H	H	H	H
留存收益		BB	B	B	B

注：C 表示现行汇率，H 表示历史汇率，B 表示轧算的平衡数，其中在现行汇率法下，为利润及利润分配表折算结果，再通过轧算平衡得出累计折算调整数。

四、主要外币财务报表折算方法举例

（一）现行汇率法

【例 13-1】 假设中国坐标公司拥有一境外子公司经纬公司，经纬公司经营活动相对独立于坐标公司，以美元为功能性货币，其 2011 年度外币财务报表如表 13-2、表 13-3 所示。2011 年 1 月 1 日汇率为 1USD = 6.62CNY，2011 年 12 月 31 日汇率为 1USD = 6.30CNY，2011 年平均汇率为 1USD = 6.46 元 CNY，固定资产和无形资产取得日汇率均为 1USD = 6.65CNY，长期股权投资取得时汇率为 1USD = 6.50CNY，坐标公司对经纬公司投资时汇率为 1USD = 6.80CNY。经纬公司分配现金股利日的汇率为 1USD = 6.31CNY。

本例中，经纬公司以美元为功能性货币，其外币财务报表应选择按现行汇率法折算，折算结果见表 13-2、表 13-3。

表 13-2　　　　　　　经纬公司收益及留存收益表

2011 年度

项目	折算前金额（万美元）	折算汇率	折算后金额（万人民币）
销售收入	30 000	6.46	193 800
减：销售成本	16 800	6.46	108 528
摊销费用	1 500	6.46	9 690

续表

项目	折算前金额（万美元）	折算汇率	折算后金额（万人民币）
折旧费用	3 000	6.46	19 380
其他费用	5 000	6.46	32 300
投资收益	800	6.46	5 168
税前收益	4 500		29 070
减：所得税	1 000	6.46	6 460
净收益	3 500		22 610
加：年初留存收益	5 000		32 500
减：分配现金股利	2 000	6.31	12 620
年末留存收益	6 500		42 490

表 13-3　　　　　　　经纬公司资产负债表

2011 年 12 月 31 日

	折算前金额（万美元）	折算汇率	折算后金额（万人民币）
资产			
货币资金	3 000	6.30	18 900
应收账款	3 000	6.30	18 900
存货	5 000	6.30	31 500
长期股权投资	7 800	6.30	49 140
固定资产	30 000	6.30	189 000
无形资产	10 000	6.30	63 000
资产合计	58 800		370 440
负债及所有者权益			
流动负债	5 600	6.30	35 280
长期负债	9 200	6.30	57 960
实收资本	37 500	6.80	255 000
留存收益	6 500		42 490
外币报表折算差额	—		(20 290)（B）
负债及所有者权益合计	58 800		370 440

（二）时态法

【例 13-2】 沿用【例 13-1】的资料，假设经纬公司经营活动与坐标公司联系紧密，为坐标公司经营活动的延伸，根据功能性货币的判定条件，经纬公司的功能性货币为人民币。经纬公司以美元进行日常会计记录，编制并提供了外币（美元）财务报表。并假设存货期末按成本计量，期初存货 10 000 美元，本期购货（假设年内平均发生）为 11 800 美元，期末存货假设为年末购入。长期股权投资采用成本法核算，2011 年年末收到该项投资股利。其他资料不变。

本例中，由于经纬公司以人民币为功能性货币，但其编制的财务报表为美元报表，应按照时态法对外币财务报表进行折算。折算结果见表 13-4、表 13-5。

表 13-4　　　　　　　　　　经纬公司资产负债表
2011 年 12 月 31 日

	折算前金额（万美元）	折算汇率	折算后金额（万人民币）
资产			
货币资金	3 000	6.30	18 900
应收账款	3 000	6.30	18 900
存货	5 000	6.30	31 500
长期股权投资	7 800	6.50	50 700
固定资产	30 000	6.65	199 500
无形资产	10 000	6.65	66 500
资产合计	58 800		386 000
负债及所有者权益			
流动负债	5 600	6.30	35 280
长期负债	9 200	6.30	57 960
实收资本	37 500	6.80	255 000
留存收益	6 500		67 760（B）
负债及所有者权益合计			386 000

表 13-5　　　　　　　　　经纬公司收益及留存收益表
2011 年度

项目	折算前金额（万美元）	折算汇率	折算后金额（万人民币）
销售收入	30 000	6.46	193 800
减：销售成本	16 800		110 928*
摊销费用	1 500	6.65	9 975
折旧费用	3 000	6.65	19 950
其他费用	5 000	6.46	32 300
加：投资收益	800	6.30	5 040
税前收益	4 500		25 687
减：所得税	1 000	6.46	6 460
外币报表折算损益			(28 653)（B）
净收益	3 500		47 880
加：年初留存收益	5 000		32 500
减：分配现金股利	2 000	6.31	12 620
年末留存收益	6 500		67 760

注：*销售成本折算数 = 期初存货折算数 + 本期购货折算数 − 期末存货折算数 = 10 000 × 6.62 + 11 800 × 6.46 − 5 000 × 6.30 = 110 928（万元人民币）。

第二节　外币财务报表的折算与合并

跨国母公司需要合并境外子公司财务报表，当境外子公司提供的是不同于母公司报告货币编制的外币财务报表时，需要先将境外子公司的外币财务报表进行折算，再以折算后的报表与母公司报表进行合并。

在合并日，同样需要区分同一控制下企业合并和非同一控制下的企业合并，进行外币财务报表的折算及合并。对于同一控制下的企业合并，可直接按境外主体在合并日的资产和负债账面价值以合并日汇率进行折算；对于非同一控制下的企业合并，则应先将境外主体的账面记录调整到合并日公允价值，再按合并日汇率予以折算，对于投资成本与被并企业可辨认净资产公允价值的差额,即商誉,也应按合并日汇率进行折算。

根据我国《企业会计准则第19号——外币折算》的规定,外币财务报表应按照现行汇率法进行折算,具体包括:

(1) 资产负债表中的资产和负债项目,采用资产负债表日的即期汇率折算,所有者权益项目除"未分配利润"项目外,其他项目采用发生时的即期汇率折算;

(2) 利润表中的收入和费用项目,采用交易发生日的即期汇率折算,也可以采用按照系统合理的方法确定的、与交易发生日即期汇率近似的汇率折算;

(3) 以上两项折算产生的外币报表折算差额,在资产负债表中所有者权益项目下单独列示。

因此,合并日以后的会计期间,无论同一控制或非同一控制企业合并,我国的规定是均采用现行汇率法对境外子公司外币财务报表进行折算。但根据国际会计准则(IAS21),对于境外子公司的合并,需要先按照境外子公司功能性货币的不同,分别采用现行汇率法和时态法对境外子公司的外币财务报表进行折算,再予以合并。对于子公司可辨认资产及负债公允价值超过账面价值的差额,需要在合并日以后摊销,并以摊销后的外币数额按平均汇率或历史汇率进行折算,剩余未摊销余额如按现行汇率折算,由于汇率变动产生的差额应按照不同折算方法的要求计入外币报表折算差额或者当期损益。

以下举例说明不同折算方法下境外子公司外币财务报表的折算与合并。

一、境外子公司以所在地货币为功能性货币—现行汇率法

【例13-3】 金丰公司于2010年12月31日以500 000美元收购了美国辉煌公司全部股份,收购日辉煌公司资产负债表如表13-6所示(已按金丰公司会计政策调整)。为简化,假设辉煌公司收购日资产负债公允价值等于其账面价值。辉煌公司经营活动相对独立于金丰公司,其选择功能性货币美元作为记账本位币。2011年10月1日,金丰公司收到辉煌公司预付货款50 000美元(折合人民币317 500元);2011年12月30日,辉煌公司向金丰公司支付了30 000美元现金股利。期末经减值测试,合并商誉减值10%。有关汇率资料:

12/31/2010　　　1USD = 6.62CNY

10/1/2011　　　　1USD = 6.35CNY

12/30/2011　　　1USD = 6.30CNY

12/31/2011　　　1USD = 6.30CNY

2011年平均　　　1USD = 6.46CNY

表 13-6　　　　　　　　　　辉煌公司资产负债表

2010 年 12 月 31 日

项目	折算前余额（USD）	汇率	折算后余额（CNY）
资产：			
货币资金	110 000	6.62	728 200
应收账款	50 000	6.62	331 000
交易性金融资产	30 000	6.62	198 600
存货（成本）	150 000	6.62	993 000
固定资产（净）	100 000	6.62	662 000
无形资产	300 000	6.62	1 986 000
资产合计	740 000	6.62	4 898 800
负债及所有者权益：			
应付账款	40 000	6.62	264 800
短期借款	100 000	6.62	662 000
应付债券	180 000	6.62	1 191 600
股本	200 000	6.62	1 324 000
资本公积	150 000	6.62	993 000
留存收益	70 000	6.62	463 400
负债和所有者权益合计	740 000		4 898 800

合并日，辉煌公司折算后的资产负债表见表 13-6，辉煌公司资产负债各个项目均按合并日现行汇率折算。合并日的抵销分录为：

借：股本　　　　　　　　　　　　　　　　　　　　　　1 324 000
　　资本公积　　　　　　　　　　　　　　　　　　　　　993 000
　　留存收益　　　　　　　　　　　　　　　　　　　　　463 400
　　商誉　　　　　　　　　　　　　　　　　　　　　　　529 600
　　贷：长期股权投资　　　　　　　　　　　　　　　　　　　　3 310 000

合并日以后，2011 年年末，辉煌公司以当地货币即美元为功能性货币，应采用现行汇率法对其外币财务报表进行折算。2011 年辉煌公司折算前个别报表及折算后报表如表 13-7、表 13-8 所示。

2011 年 10 月 1 日，辉煌公司预付货款给金丰公司，金丰公司账面记录为外币货币性项目即预收账款（美元）：

借：银行存款（USD）　　　　　　　　317 500（USD 50 000）
　　贷：预收账款（USD）　　　　　　　　317 500（USD 50 000）

2011 年年末，金丰公司对预收账款（美元）项目按期末汇率进行调整：

借：预收账款（USD）　　　　　　　　　　　　2 500
　　贷：汇兑损益　　　　　　　　　　　　　　　　　　　2 500

调整后，金丰公司报表中预收账款余额将与辉煌公司折算后预付账款余额相一致。

2011 年 12 月 30 日，金丰公司收到辉煌公司支付的股利，金丰公司采用成本法核算长期股权投资，因此会计处理为：

借：银行存款（USD）　　　　　　　189 000（USD 30 000）
　　贷：投资收益　　　　　　　　　　　　　　　　　　189 000

表 13 – 7　　　　　　辉煌公司损益表及留存收益表

2011 年度

项目	折算前金额（USD）	折算汇率	折算后金额（CNY）
销售收入	600 000	6.46	3 876 000
减：销售成本	465 000	6.46	3 003 900
折旧费用	10 000	6.46	64 600
摊销费用	30 000	6.46	193 800
其他费用	30 000	6.46	193 800
税前收益	65 000		419 900
减：所得税	15 000	6.46	96 900
净收益	50 000		323 000
加：年初留存收益	70 000		463 400
减：分配现金股利	30 000	6.30	189 000
年末留存收益	90 000		597 400

表 13 – 8　　　　　　辉煌公司资产负债表

2011 年 12 月 31 日

项目	折算前余额（USD）	汇率	折算后余额（CNY）
资产：			
货币资金	100 000	6.30	630 000
应收账款	300 000	6.30	1 890 000
预付账款	50 000	6.30	315 000

续表

项目	折算前余额（USD）	汇率	折算后余额（CNY）
交易性金融资产	10 000	6.30	63 000
存货（成本）	50 000	6.30	315 000
固定资产（净）	90 000	6.30	567 000
无形资产	270 000	6.30	1 701 000
资产合计			5 481 000
负债及所有者权益：			
应付账款	100 000	6.30	630 000
短期借款	150 000	6.30	945 000
应付债券	180 000	6.30	1 134 000
股本	200 000	6.62	1 324 000
资本公积	150 000	6.62	993 000
留存收益	90 000		597 400
外币报表折算差额			(142 400)
负债和所有者权益合计			5 481 000

编制合并财务报表的抵销分录为：

（1）抵销金丰公司长期股权投资与辉煌公司期初所有者权益。

借：股本　　　　　　　　　　　　　　　　　　　　　1 324 000
　　资本公积　　　　　　　　　　　　　　　　　　　　993 000
　　留存收益　　　　　　　　　　　　　　　　　　　　597 400
　　　贷：长期股权投资　　　　　　　　　　　　　　　　　　2 914 400

（2）抵销投资收益与利润分配。

借：投资收益　　　　　　　　　　　　　　　　　　　　189 000
　　　贷：利润分配—现金股利　　　　　　　　　　　　　　　189 000

（3）确认合并商誉及其减值。本例中，合并商誉初始计量为80 000美元，2011年年末经减值测试，商誉减值了10%，即期末合并商誉价值为72 000美元。现行汇率法下，期末商誉按现行汇率折算，商誉减值假设年内平均发生按平均汇率折算，由于所选折算汇率不同产生的差额，应在合并财务报表上调整"外币报表折算差额"项目。

借：资产减值损失　　　　　　　　　　　　　　　　　　51 680*
　　外币报表折算差额　　　　　　　　　　　　　　　　24 320

    贷：商誉（计提减值准备）   76 000**

  注：*商誉减值损失＝当期资产减值额（外币）×平均汇率＝8 000×6.46＝51 680（元）

  **商誉（计提减值准备）＝商誉初始计量金额（外币）×期初汇率－商誉期末计量金额（外币）×期末汇率＝80 000×6.62－72 000×6.30＝76 000（元）。

  （4）抵销内部往来账款。

    借：预收账款   315 000

      贷：预付账款   315 000

  合并工作底稿及合并财务报表（略）。

二、境外子公司以母公司报告货币为功能性货币——时态法

  【例13－4】沿用【例13－3】的资料，假设金丰公司亦为境外公司，其选择人民币为功能性货币及报告货币。另假设根据有关条件判断，辉煌公司功能性货币亦为人民币，但辉煌公司日常会计核算使用的是美元。并假设非货币性项目均按历史成本计量，固定资产购入时汇率1USD＝6.50CNY，无形资产购入时汇率1USD＝6.60CNY，本期购货平均发生，期末存货均为年末购入。

  合并日，辉煌公司折算后的资产负债表见表13－6，辉煌公司资产负债各个项目均按合并日现行汇率折算。合并日的抵销分录为：

    借：股本   1 324 000

      资本公积   993 000

      留存收益   463 400

      商誉   529 600

      贷：长期股权投资   3 310 000

  即合并日合并财务报表，两种方法下没有区别。

  合并日以后，2011年年末，辉煌公司以人民币为功能性货币，应采用时态法对其外币财务报表进行折算。2011年年度辉煌公司折算前个别报表及折算后报表如表13－9、表13－10所示。

  2011年10月1日，辉煌公司预付货款给金丰公司，金丰公司账面记录为外币货币性项目即预收账款（美元）：

    借：银行存款（USD）   317 500（USD 50 000）

      贷：预收账款（USD）   317 500（USD 50 000）

  2011年年末，金丰公司对预收账款（美元）项目按期末汇率进行调整：

    借：预收账款（USD）   2 500

      贷：汇兑损益   2 500

  调整后，金丰公司报表中预收账款余额将与辉煌公司折算后预付账款余额相一致。

2011 年 12 月 30 日，金丰公司收到辉煌公司支付的股利，金丰公司采用成本法核算长期股权投资，因此会计处理为：

借：银行存款（USD）　　　　　　　　　189 000（USD 30 000）
　　贷：投资收益　　　　　　　　　　　　　　　　　　　189 000

表 13 – 9　　　　　　　　　辉煌公司资产负债表
2011 年 12 月 31 日

项目	折算前余额（USD）	汇率	折算后余额（CNY）
资产：			
货币资金	100 000	6.30	630 000
应收账款	300 000	6.30	1 890 000
预付账款	50 000	6.30	315 000
交易性金融资产	10 000	6.30	63 000
存货（成本）	50 000	6.30	315 000
固定资产（净）	90 000	6.50	585 000
无形资产	270 000	6.60	1 782 000
资产合计			5 580 000
负债及所有者权益：			
应付账款	100 000	6.30	630 000
短期借款	150 000	6.30	945 000
应付债券	180 000	6.30	1 134 000
股本	200 000	6.62	1 324 000
资本公积	150 000	6.62	993 000
留存收益	90 000		554 000（B）
负债和所有者权益合计			5 580 000

表 13 – 10　　　　　　　　辉煌公司损益表及留存收益表
2011 年度

项目	折算前金额（USD）	折算汇率	折算后金额（CNY）
销售收入	600 000	6.46	3 876 000
减：销售成本	465 000		3 035 900*
折旧费用	10 000	6.50	65 000
摊销费用	30 000	6.60	198 000
其他费用	30 000	6.46	193 800

续表

项目	折算前金额（USD）	折算汇率	折算后金额（CNY）
税前收益	65 000		383 300
减：所得税	15 000	6.46	96 900
外币报表折算损益			（6 800）（B）
净收益	50 000		279 600
加：年初留存收益	70 000		463 400
减：分配现金股利	30 000	6.30	189 000
年末留存收益	90 000		554 000

注：*销售成本的折算：

	折算前金额	汇率	折算后金额
期初存货	150 000	6.62	993 000
加：本期购货	365 000	6.64	2 357 900
减：期末存货	50 000	6.30	315 000
销售成本	465 000		3 035 900

编制合并财务报表的抵销分录为：

（1）抵销金丰公司长期股权投资与辉煌公司期初所有者权益。

借：股本　　　　　　　　　　　　　　　　　　　　　1 324 000
　　资本公积　　　　　　　　　　　　　　　　　　　　993 000
　　留存收益　　　　　　　　　　　　　　　　　　　　554 000
　　　贷：长期股权投资　　　　　　　　　　　　　　　2 871 000

（2）抵销投资收益与利润分配。

借：投资收益　　　　　　　　　　　　　　　　　　　　189 000
　　　贷：利润分配—现金股利　　　　　　　　　　　　189 000

（3）确认合并商誉及其减值。本例中，合并商誉初始计量为80 000美元，2011年年末经减值测试，商誉减值了10%，即期末合并商誉价值为72 000美元。时态法下，期末商誉以及商誉减值应按历史汇率（即合并日）折算。

借：资产减值损失　　　　　　　　　　　　　　　　　　52 960*
　　　贷：商誉（计提减值准备）　　　　　　　　　　　　52 960

注：*商誉减值损失＝当期资产减值额（外币）×平均汇率＝8 000×6.62＝52 960（元）。

（4）抵销内部往来账款。

借：预收账款　　　　　　　　　　　　　　　　　　　　315 000
　　　贷：预付账款　　　　　　　　　　　　　　　　　315 000

合并工作底稿及合并财务报表（略）。

三、综合案例

某集团母公司的总部设于深圳，主营业务为航空器材研发和制造。集团母公司于

2012 年 12 月 31 日收购了一家境外公司 60% 的股权，取得了控制权。2013 年年初外币对人民币汇率为 0.0072，资产负债表日的汇率为外币比人民币 0.0069，因此平均汇率为 0.00705。

以下将分别采用时态法和现行汇率法对境外子公司的个别财务报表进行折算，并分别在同一控制和非同一控制两种假设下对集团报表进行合并。母公司及子公司财务报表分别如表 13-11、表 13-12 所示。

表 13-11　　母公司财务报表

母公司资产负债表　　单位：万元

资产	期末余额	负债和所有者权益	期末余额
流动资产：		流动负债：	
货币资金	2 773	短期借款	500
应收账款	2 210	应付账款	207
预付款项	7	预收款项	2
其他应收款	203	应付职工薪酬	35
存货	89	应交税费	5
流动资产合计	5 282	其他应付款	1 118
非流动资产：		流动负债合计	1 867
长期股权投资	3 261	负债合计	1 867
固定资产	1 320	所有者权益	
减：累积折旧	706	实收资本	5 000
固定资产净值	614	盈余公积	432
开发支出	12	未分配利润	1 905
递延所得税资产	35	所有者权益合计	7 337
非流动资产合计	3 922		
资产总计	9 204	负债和所有者权益总计	9 204

母公司利润表　　单位：万元

项目	本期金额
一、营业收入	1 998
减：营业成本	241
营业税金及附加	3
销售费用	1 340
管理费用	200

续表

项目	本期金额
财务费用	-8
资产减值损失	147
投资收益	12
二、营业利润	63
加：营业外收入	6
减：营业外支出	4
三、利润总额	65
减：所得税费用	20
四、净利润	45

表 13-12　　　　　　　　　　子公司财务报表

子公司资产负债表　　　　　　　　　单位：万外币

资产	期末余额	负债和所有者权益	期末余额
流动资产：		流动负债：	
货币资金	2 627	短期借款	5 000
应收账款	-504	应付账款	243 464
其他应收款	8 770	应付职工薪酬	255
存货	175 263	应交税费	4 732
流动资产合计	186 156	其他应付款	48 230
非流动资产：		流动负债合计	301 681
长期股权投资	—	负债合计	301 681
固定资产	31 829	所有者权益：	
减：累积折旧	1 211	实收资本	125 000
固定资产净值	30 618	资本公积	—
递延所得税资产		未分配利润	-209 907
非流动资产合计	30 618	未分配利润	—
		所有者权益合计	-84 907
资产总计	216 774	负债和所有者权益总计	216 774

续表

子公司利润表及未分配利润情况　　　　　　　　单位：万外币

项目	本期金额
一、营业收入	119 392
减：营业成本	36 165
营业税金及附加	6
折旧、摊销费用	95 535
其他费用	128 432
二、营业利润	-140 746
加：营业外收入	114
减：营业外支出	25
三、利润总额	-140 657
减：所得税费用	—
四、净利润	-140 657
未分配利润（2012 年 12 月 31 日）	-69 250
未分配利润（2013 年 12 月 31 日）	-209 907

（一）运用时态法折算外币财务报表及合并

时态法下，货币资金、应收和应付项目均按现行汇率折算，其他资产负债项目按照原计量属性进行折算；对于所有者权益项目，按历史汇率折算；对于利润表项目，除了折旧费用和摊销费用按历史汇率折算外，其他项目均按平均汇率折算。外币资产负债表和利润表项目在折算过程中形成的折算损益均应确认为当期损益。

折算后的子公司资产负债表和利润表分别如表 13 - 13 和表 13 - 14 所示。

表 13 - 13　　子公司已折算利润表及未分配利润情况（时态法）　　　单位：万元

项目	本期金额
一、营业收入	842
加：折算损益	63
减：营业成本	255
营业税金及附加	0
折旧、摊销费用	674
其他费用	905
二、营业利润	-929

续表

项目	本期金额
加：营业外收入	1
减：营业外支出	0
三、利润总额	-928
减：所得税费用	-
四、净利润	-928
未分配利润（2012年12月31日）	-499
未分配利润（2013年12月31日）	-1 427

表13-14　　　　　子公司已折算资产负债表（时态法）　　　　　单位：万元

资产	期末余额	负债和所有者权益	期末余额
流动资产：		流动负债：	
货币资金	18	短期借款	36
应收账款	-3	应付账款	1 680
其他应收款	61	应付职工薪酬	2
存货	1 262	应交税费	34
流动资产合计	1 337	其他应付款	333
非流动资产：		流动负债合计	2 085
长期股权投资	—	负债合计	2 085
固定资产	229	所有者权益：	
减：累积折旧	9	实收资本	900
固定资产净值	220	资本公积	—
递延所得税资产	—	未分配利润	-1 427
非流动资产合计	220	其他综合收益	—
		所有者权益合计	-527
资产总计	1 558	负债和所有者权益总计	1 558

[情景1] 同一控制下的企业合并

假设境外子公司实收资本12.5亿外币，按投资日汇率折合人民币900万元，其中母公司以60%的股份（540万元）成为控股股东，剩下的40%（360万元）由非控股股东持有。

（1）与内部股权投资有关的抵销处理。

①将母公司股权投资由成本法调整到权益法。

根据折算后的个别报表,境外子公司 2013 年度净利润为 -928 万元,按照持股比例深圳母公司公司应分配 -557 万元,非控股股东应分配 -371 万元。

借:长期股权投资　　　　　　　　　　　　　　　-557
　　贷:投资收益　　　　　　　　　　　　　　　　-557

②抵销内部股权投资。

2013 年年末子公司资产负债表未分配利润为 -1 427 万元,按照持股比例深圳母公司应分配 -856 万元,非控股股东应分配 -571 万元。

非控股股东权益 = [900 + (-1 427)] × 40% = -211 (万元)

借:实收资本　　　　　　　　　　　　　　　　　900
　　未分配利润　　　　　　　　　　　　　　　-1 427
　　贷:长期股权投资　　　　　　　　　　　　　-316
　　　　非控股股东权益　　　　　　　　　　　　-211

(2) 与内部债权、债务有关的抵销处理。

2013 年年末,母公司应收境外子公司贷款 1 693 万元,其他应收款 120 万元。

①抵销内部应收账款。

借:应付账款　　　　　　　　　　　　　　　　1 693
　　贷:应收账款　　　　　　　　　　　　　　　1 693

②抵销内部其他应收款。

借:其他应付款　　　　　　　　　　　　　　　　120
　　贷:其他应收款　　　　　　　　　　　　　　　120

(3) 与内部资产交易有关的抵销处理。

境外子公司年初未分配利润根据上年折算数为 -499 万元,年末未分配利润折算数为 -1 427 万元。2012 年年末,子公司从母公司购买了毛利 1 093 万元的存货,2013 年年末子公司未实现销售内部存货毛利为 808 万元,母公司所得税税率为 25%。2013 年母公司向子公司销售产品 17 万元,子公司当期全部实现对外出售。

①抵销子公司未分配利润。

借:投资收益　　　　　　　　　　　　　　　　-557
　　非控股股东损益　　　　　　　　　　　　　-371
　　期初未分配利润　　　　　　　　　　　　　-499
　　贷:期末未分配利润　　　　　　　　　　　-1 427

②抵销未实现的内部利润。

借:主营业务收入　　　　　　　　　　　　　　　17
　　期初未分配利润　　　　　　　　　　　　　1 093
　　贷:主营业务成本　　　　　　　　　　　　　302
　　　　存货　　　　　　　　　　　　　　　　　808

③调整递延所得税。

年初递延所得税资产 = 1 093 × 25% = 273（万元）

借：递延所得税资产 273
  贷：期初未分配利润 273

递延所得税期末数 = 808 × 25% = 202（万元）

本年递延所得税资产 = 202 - 273 = - 71（万元）

借：递延所得税资产 - 71
  贷：所得税费用 - 71

根据上述调整、抵销分录和母子公司个别报表数据，编制集团报表工作底稿，结果如表 13 - 15 表所示。

表 13 - 15 集团财务报表工作底稿（时态法/同一控制） 单位：万元

项目	个别公司报表		调整与抵销分录		合并数
	母公司	子公司	借	贷	
资产负债表项目：					
资产各项目					
货币资金	2 773	18			2 791
应收账款	2 210	- 3		1 693	514
预付款项	7				7
其他应收款	203	61		120	144
存货	89	1 262		808	543
长期股权投资	3 261		- 557	- 316	3 020
固定资产	1 320	229			1 549
减：累积折旧	706	9			715
固定资产净值	614	220			834
开发支出	12				12
递延所得税资产	35		202		237
资产合计	9 204	1 558			8 102
负债各项目					
短期借款	500	36			536
应付账款	207	1 680	1 693		194
预收款项	2				2
应付职工薪酬	35	2			37
应交税费	5	34			39

续表

项目	个别公司报表		调整与抵销分录		合并数
	母公司	子公司	借	贷	
其他应付款	1 118	333	120		1 331
负债合计	1 867	2 085			2 139
所有者权益各项目：					
实收资本	5 000	900	900		5 000
资本公积	432				432
未分配利润	1 905	-1 427	-1 373	-1 480	371
其他综合收益					—
非控股股东权益			-371	-211	160
所有者权益合计	7 337	-527			5 963
负债和所有者权益合计	9 204	1 558			8 102
利润表项目：					
主营业务利润等	45	-928	17	231	-669
投资收益	12		-557	-557	12
净利润	57	-928	-540	-326	-657
所有者权益变动表有关项目					
未分配利润（期末）	57	-928	-540	-326	-657

［情景2］非同一控制下的企业合并

假设2012年年末，母公司出资7.5亿外币（按收购日汇率折合人民币540万元）收购境外子公司60%的股权。子公司管理用固定资产公允价值比账面价值高40万元，固定资产按直线法在5年内计提折旧。

（1）与内部股权投资有关的抵销处理。

①调整子公司有关资产的报告价值。

本年折旧 = 40 ÷ 5 = 8（万元）

应调递延所得税负债 = 32 × 25% = 8（万元）

应调所得税费用 = 8 × 25% = 2（万元）

借：固定资产 32
　　管理费用 8
　　贷：资本公积 30
　　　　递延所得税负债 8
　　　　所得税费用 2

②将母公司股权投资由成本法调整到权益法。

根据境外子公司的个别利润表,2013年度公司净利润为-928万元。

长期股权投资 = [-928-(8-2)] × 60% = -560.4(万元)

借:长期股权投资　　　　　　　　　　　　　　　　-560
　　贷:投资收益　　　　　　　　　　　　　　　　　　-560

③抵销内部股权投资。

根据子公司个别资产负债表,2013年年末子公司未分配利润 = -1 427-(8-2) = -1 433(万元)。

非控股股东权益 = (900 + 30 - 1 433) × 40% = -201(万元)

商誉 = 540 - 560 - 201 - (-1 433 + 900 + 30) = 282(万元)

借:实收资本　　　　　　　　　　　　　　　　　　900
　　资本公积　　　　　　　　　　　　　　　　　　30
　　未分配利润　　　　　　　　　　　　　　　　-1 433
　　商誉　　　　　　　　　　　　　　　　　　　　282
　　贷:长期股权投资　　　　　　　　　　　　　　　-20
　　　　非控股股东权益　　　　　　　　　　　　　-201

(2) 与内部债权、债务有关的抵销处理。

2013年年末,母公司应收境外子公司贷款1 693万元,其他应收款120万元。

①抵销内部应收账款。

借:应付账款　　　　　　　　　　　　　　　　　1 693
　　贷:应收账款　　　　　　　　　　　　　　　　1 693

②抵销内部其他应收款。

借:其他应付款　　　　　　　　　　　　　　　　120
　　贷:其他应收款　　　　　　　　　　　　　　　120

(3) 与内部资产交易有关的抵销处理。

境外子公司年初未分配利润根据上年折算数为-499万元,年末未分配利润折算数为-1 427万元。2012年年末,子公司从母公司购买了毛利1 093万元的存货,2013年年末子公司未实现销售内部存货毛利为808万元,母公司所得税税率为25%。2013年母公司向子公司销售产品17万元,子公司当期全部实现对外出售。

①抵销子公司未分配利润。

借:投资收益　　　　　　　　　　　　　　　　　-557
　　非控股股东损益　　　　　　　　　　　　　　-371
　　期初未分配利润　　　　　　　　　　　　　　-499
　　贷:期末未分配利润　　　　　　　　　　　　-1 427

②抵销未实现的内部利润。

借：主营业务收入			17	
期初未分配利润			1 093	
贷：主营业务成本				302
存货				808

③调整递延所得税。

年初递延所得税资产 = 1 093 × 25% = 273（万元）

| 借：递延所得税资产 | | | 273 | |
| 贷：期初未分配利润 | | | | 273 |

递延所得税期末数 = 808 × 25% = 202（万元）

本年递延所得税资产 = 202 - 273 = -71（万元）

| 借：递延所得税资产 | | | -71 | |
| 贷：所得税费用 | | | | -71 |

根据上述调整、抵销分录和母子公司个别报表数据，编制集团报表工作底稿，结果如表 13-16 所示。

表 13-16　集团财务报表工作底稿（时态法/非同一控制）　　　　单位：万元

项目	个别公司报表		调整与抵销分录		合并数
	母公司	子公司	借	贷	
资产负债表项目：					
资产各项目：					
货币资金	2 773	18			2 791
应收账款	2 210	-3		1 500	707
预付款项	7				7
其他应收款	203	61		120	144
存货	89	1 262		808	543
长期股权投资	3 261		-560	-560	3 261
固定资产	1 320	229	32		1 581
减：累积折旧	706	9			715
固定资产净值	614	220			866
开发支出	12				12
递延所得税资产	35		204		239
商誉					—
资产合计	9 204	1 558			8 570

续表

项目	个别公司报表		调整与抵销分录		合并数
	母公司	子公司	借	贷	
负债各项目：					
短期借款	500	36			536
应付账款	207	1 680	1 500		387
预收款项	2				2
应付职工薪酬	35	2			37
应交税费	5	34			39
其他应付款	1 118	333	120		1 331
递延所得税负债				8	8
负债合计	1 867	2 085			2 340
所有者权益各项目：					
实收资本	5 000	900	900		5 000
资本公积	432		30	34	436
未分配利润	1 905	-1 427	-1 371	-1 483	366
留存收益				245	245
非控股股东权益			-371	-188	183
所有者权益合计	7 337	-527			6 230
负债和所有者权益合计	9 204	1 558			8 570
利润表项目：					
主营业务利润等	45	-928	25	231	-677
投资收益	12		-557	-560	9
净利润	57	-928	-532	-329	-668
未分配利润（期末）	57	-928	-532	-329	-668

（二）运用现行汇率法折算外币财务报表及合并

现行汇率法下，资产负债表中所有项目均按现行汇率折算，对于收入和费用项目按平均汇率折算，对于实收资本项目按发生时的历史汇率折算。

折算后的子公司资产负债表和利润表分别如表 13-17 和表 13-18 所示。

表 13-17　子公司已折算利润表及未分配利润情况（现行汇率法）　　单位：万元

项目	本期金额
一、营业收入	842
减：营业成本	255
营业税金及附加	0
折旧、摊销费用	688
其他费用	905
二、营业利润	-1 006
加：营业外收入	1
减：营业外支出	0
三、利润总额	-1 005
减：所得税费用	—
四、净利润	-1 005
未分配利润（2012 年 12 月 31 日）	-499
未分配利润（2013 年 12 月 31 日）	-1 504

表 13-18　子公司已折算资产负债表（现行汇率法）　　单位：万元

资产	期末余额	负债和所有者权益	期末余额
流动资产		流动负债	
货币资金	18	短期借款	35
应收账款	-3	应付账款	1 680
其他应收款	61	应付职工薪酬	2
存货	1 209	应交税费	33
流动资产合计	1 284	其他应付款	333
非流动资产：		流动负债合计	2 082
长期股权投资	—	负债合计	2 082
固定资产	220	所有者权益	
减：累积折旧	8	实收资本	900
固定资产净值	211	资本公积	—
递延所得税资产	—	未分配利润	-1 504
非流动资产合计	211	其他综合收益	18
		所有者权益合计	-586
资产总计	1 496	负债和所有者权益总计	1 496

[情景1] 同一控制下的企业合并

假设境外公司实收资本12.5亿外币，按投资日汇率折合人民币900万元，其中母公司以60%的股份（540万元）成为控股股东，剩下的40%（360万元）由非控股股东持有。

（1）与内部股权投资有关的抵销处理。

①将母公司股权投资由成本法调整到权益法。

根据折算后的个别报表，境外子公司2013年度净利润为–1 005万元，按照持股比例深圳母公司应分配–603万元，非控股股东应分配–402万元。

借：长期股权投资　　　　　　　　　　　　　　　　　–603
　　贷：投资收益　　　　　　　　　　　　　　　　　　–603

②抵销内部股权投资。

2013年年末子公司资产负债表未分配利润为–1 504万元，按照持股比例深圳母公司应分配–902万元，非控股股东应分配–602万元。

非控股股东权益=[900+（–1 504）]×40%=–242（万元）

借：实收资本　　　　　　　　　　　　　　　　　　　900
　　未分配利润　　　　　　　　　　　　　　　　　–1 504
　　贷：长期股权投资　　　　　　　　　　　　　　　–362
　　　　非控股股东权益　　　　　　　　　　　　　　–242

（2）与内部债权、债务有关的抵销处理。

2013年年末，母公司应收境外子公司贷款1 693万元，其他应收款120万元。

①抵销内部应收账款。

借：应付账款　　　　　　　　　　　　　　　　　　1 693
　　贷：应收账款　　　　　　　　　　　　　　　　　1 693

②抵销内部其他应收款。

借：其他应付款　　　　　　　　　　　　　　　　　　120
　　贷：其他应收款　　　　　　　　　　　　　　　　　120

（3）与内部资产交易有关的抵销处理。

境外子公司年初未分配利润根据上年折算数为–499万元，年末未分配利润折算数为–1 504万元。2012年年末，子公司从母公司购买了价值1 093万元的存货2013年年末子公司未实现销售的存货价值为808万元，母公司所得税税率为25%。2013年母公司向子公司销售产品17万元。

①抵销子公司未分配利润。

借：投资收益　　　　　　　　　　　　　　　　　　–603
　　非控股股东损益　　　　　　　　　　　　　　　–402
　　期初未分配利润　　　　　　　　　　　　　　　–499

贷：期末未分配利润　　　　　　　　　　　　　　　　　　−1 504

②抵销未实现的内部利润。

借：主营业务收入　　　　　　　　　　　　　　　　　　　17
　　期初未分配利润　　　　　　　　　　　　　　　　　　1 093
　　　贷：主营业务成本　　　　　　　　　　　　　　　　302
　　　　　存货　　　　　　　　　　　　　　　　　　　　808

③调整递延所得税。

年初递延所得税资产 = 1 093 × 25% = 273（万元）

借：递延所得税资产　　　　　　　　　　　　　　　　　273
　　　贷：期初未分配利润　　　　　　　　　　　　　　　273

递延所得税期末数 = 808 × 25% = 202（万元）

本年递延所得税资产 = 202 − 273 = −71（万元）

借：递延所得税资产　　　　　　　　　　　　　　　　　−71
　　　贷：所得税费用　　　　　　　　　　　　　　　　　−71

根据上述调整、抵销分录和母子公司个别报表数据，编制集团报表工作底稿，结果如表 13 − 19 所示。

表 13 − 19　　集团财务报表工作底稿（同一/现行汇率法）　　　　单位：万元

项目	个别公司报表		调整与抵销分录		合并数
	母公司	子公司	借	贷	
资产负债表项目：					
资产各项目					
货币资金	2 773	18			2 791
应收账款	2 210	−3		1 693	514
预付款项	7				7
其他应收款	203	61		120	144
存货	89	1 209		808	490
长期股权投资	3 261	—	−603	−362	3 020
固定资产	1 320	220			1 540
减：累积折旧	706	8			714
固定资产净值	614	212			826
开发支出	12				12
递延所得税资产	35		202		237
资产合计	9 204	1 497			8 041

续表

项目	个别公司报表		调整与抵销分录		合并数
	母公司	子公司	借	贷	
负债各项目					
短期借款	500	35			535
应付账款	207	1 680	1 693		194
预收款项	2				2
应付职工薪酬	35	2			37
应交税费	5	33			38
其他应付款	1 118	333	120		1 331
递延所得税负债					
负债合计	1 867	2 083			2 137
所有者权益各项目:					
实收资本	5 000	900	900		5 000
资本公积	432				432
未分配利润	1 905	-1 504	-1 496	-1 603	294
其他综合收益		18			18
非控股股东权益			-402	-242	160
所有者权益合计	7 337	-586			5 904
负债和所有者权益合计	9 204	1 497			8 041
利润表项目:					
主营业务利润等	45	-1 005	17	231	-746
投资收益	12		-603	-603	12
净利润	57	-1 005	-586	-372	-734
所有者权益变动表有关项目					
未分配利润（期末）	57	-1 005	-586	-372	-734

[情景2] 非同一控制下的企业合并

假设 2012 年年末，深圳公司出资 7.5 亿外币（按收购日汇率折合港币 540 万元）收购了由另一家独立公司控制的境外子公司 60% 的股权。子公司管理用固定资产公允价值比账面价值高 40 万元，固定资产按直线法在 5 年内计提折旧。

（1）与内部股权投资有关的抵销处理。

①调整子公司有关资产的报告价值。

本年折旧 = 40÷5 = 8（万元）

应调递延所得税负债 = 32 × 25% = 8（万元）

应调所得税费用 = 8 × 25% = 2（万元）

借：固定资产　　　　　　　　　　　　　　　32

　　管理费用　　　　　　　　　　　　　　　 8

　　贷：资本公积　　　　　　　　　　　　　　30

　　　　递延所得税负债　　　　　　　　　　　 8

　　　　所得税费用　　　　　　　　　　　　　 2

②将母公司股权投资由成本法调整到权益法。

根据境外子公司的个别利润表，2013 年度公司净利润为 -1 005 万元。

长期股权投资 = [-1 005 - (8-2)] × 60% = -607（万元）

借：长期股权投资　　　　　　　　　　　　-607

　　贷：投资收益　　　　　　　　　　　　　-607

③抵销内部股权投资。

根据子公司个别资产负债表，2013 年年末子公司未分配利润 = -1 504 - (8-2) = -1 510（万元）

非控股股东权益 = (900 + 30 - 1 510) × 40% = -232（万元）

商誉 = 540 - 607 - 232 - (-1 510 + 900 + 30) = 390（万元）

借：实收资本　　　　　　　　　　　　　　900

　　资本公积　　　　　　　　　　　　　　 30

　　未分配利润　　　　　　　　　　　　-1 510

　　商誉　　　　　　　　　　　　　　　 281

　　贷：长期股权投资　　　　　　　　　　　-67

　　　　非控股股东权益　　　　　　　　　-232

（2）与内部债权、债务有关的抵销处理。

2013 年年末，母公司应收境外子公司贷款 1 693 万元，其他应收款 120 万元。

①抵销内部应收账款。

借：应付账款　　　　　　　　　　　　　1 693

　　贷：应收账款　　　　　　　　　　　　1 693

②抵销内部其他应收款。

借：其他应付款　　　　　　　　　　　　　120

　　贷：其他应收款　　　　　　　　　　　　120

（3）与内部资产交易有关的抵销处理。

境外子公司年初未分配利润根据上年折算数为 -499 万元，年末未分配利润折算数为 -1 504 万元。2012 年年末，子公司从母公司购买了价值 1 093 万元的存货 2013 年年末子公司未实现销售的存货价值为 808 万元，母公司所得税税率为 25%。2013 年母公司向子公司销售产品 17 万元。

①抵销子公司未分配利润。

借：投资收益	-603
非控股股东损益	-402
期初未分配利润	-499
贷：期末未分配利润	-1 504

②抵销未实现的内部利润。

借：主营业务收入	17
期初未分配利润	1 093
贷：主营业务成本	302
存货	808

③调整递延所得税。

年初递延所得税资产 = 1 093 × 25% = 273（万元）

借：递延所得税资产	273
贷：期初未分配利润	273

递延所得税期末数 = 808 × 25% = 202（万元）

本年递延所得税资产 = 202 - 273 = -71（万元）

借：递延所得税资产	-71
贷：所得税费用	-71

根据上述调整、抵销分录和母子公司个别报表数据，编制集团报表工作底稿如表 13-20 所示。

表 13-20　集团财务报表工作底稿（现行汇率法/同一控制）　　　　单位：万元

项目	个别公司报表		调整与抵销分录		合并数
	母公司	子公司	借	贷	
资产负债表项目：					
资产各项目：					
货币资金	2 773	18			2 791
应收账款	2 210	-3		1 500	707
预付款项	7	—			7
其他应收款	203	61		120	144
存货	89	1 209		808	490
长期股权投资	3 261	—	-598	-560	3 223
固定资产	1 320	220	32		1 572

续表

项目	个别公司报表		调整与抵销分录		合并数
	母公司	子公司	借	贷	
减：累积折旧	706	8			714
固定资产净值	614	212			858
开发支出	12	—			12
递延所得税资产	35	—	204		239
资产合计	9 204	1 497			8 471
负债各项目：					
短期借款	500	35			535
应付账款	207	1 680	1 500		387
预收款项	2	—			2
应付职工薪酬	35	2			37
应交税费	5	33			38
其他应付款	1 118	333	120		1 331
递延所得税负债				8	
负债合计	1 867	2 083			2 330
所有者权益各项目：					
实收资本	5 000	900	900		5 000
资本公积	432	—	30	34	436
未分配利润	1 905	-1 504	-1 480	-1 584	297
留存收益	—	18		220	238
非控股股东权益			-396	-226	170
所有者权益合计	7 337	-586			6 141
负债和所有者权益合计	9 204	1 497			8 471
利润表项目：			8		
主营业务利润等	45	-991	17	231	-732
投资收益	12	—	-595	-598	9
净利润	57	-991	-578	-367	-723
所有者权益变动表有关项目	—	—	—	—	—
未分配利润（期末）	57	-991	-578	-367	-723

根据以上各工种底稿编制集团财务报表（略）。

思考题

1. 外币兑换和外币折算有何区别?
2. 外币报表折算有哪些主要方法?各自有哪些特点?
3. 阐述我国会计准则对外币财务报表折算的规定。

练习题

【13-1】练习外币财务报表的折算。

资料:富强公司拥有一境外子公司,该子公司功能性货币为美元。假设期初汇率为 1USD = 6.66CNY,期末汇率为 1USD = 6.60CNY,实收资本的历史汇率为 1USD = 8CNY。子公司上期外币财务报表中实收资本为 500 万美元,折算后为人民币 4 000 万元;盈余公积为 50 万美元,折算后为人民币 405 万元;未分配利润为 120 万美元,折算后为人民币 972 万元。该境外子公司本期折算前利润表、权益变动表(部分)及资产负债表如表 13-21 和表 13-22 所示。

表 13-21 利润表

项目	折算前金额(美元)	折算汇率	折算后金额(人民币元)
一、营业收入	2 000		
减:营业成本	1 500		
营业税金及附加	40		
管理费用	70		
财务费用	10		
销售费用	30		
加:投资收益	30		
二、营业利润	350		
加:营业外收入	40		
减:营业外支出	20		
三、利润总额	400		
减:所得税费用	120		
四、净利润	280		
加:年初未分配利润	120		
减:提取盈余公积	70		
应付利润	200		
五、年末未分配利润	130		

表 13 – 22　　　　　　　　　　资产负债表

资产	折算前金额（美元）	折算汇率	折算后金额（人民币）	权益	折算前金额（美元）	折算汇率	折算后金额（人民币）
货币资金	90			短期借款	50		
应收账款	160			应付账款	285		
存货	240			其他流动负债	105		
预付款项	50			长期借款	140		
其他应收款	30			应付债券	170		
其他流动资产	100			实收资本	500		
长期股权投资	120			盈余公积	120		
固定资产（净）	550			未分配利润	130		
无形资产	160						
资产合计	1 500			权益合计	1 500		

要求：采用现行汇率法对上述外币财务报表进行折算。

参考文献

1. 中华人民共和国财政部：《企业会计准则》，经济科学出版社 2019 年版。
2. 中华人民共和国财政部：《企业会计准则—应用指南》，经济科学出版社 2019 年版。
3. 王松年：《国际会计前沿》，上海财经大学出版社 2001 年版。
4. 陈信元等：《高级财务会计》（第三版），上海财经大学出版社 2018 年版。
5. 汤湘希：《高级财务会计》（第三版），经济科学出版社 2017 年版。
6. 《企业会计准则案例讲解》，立信会计出版社 2016 年版。
7. 宋夏云等：《高级财务会计》，上海财经大学出版社 2009 年版。
8. 刘永泽、傅荣：《高级财务会计》（第 6 版），东北财经大学出版社 2018 年版。
9. 裴仁斯：《国际财务报告准则》（第三版），上海财经大学出版社 2019 年版。
10. 李玉环：《国际财务报告准则导读》，经济科学出版社 2016 年版。
11. 陈庆保：《高级财务会计》，经济科学出版社 2012 年版。
12. 中华人民共和国财政部：《企业会计准则解释（第 1 号至第 13 号）》。
13. 中华人民共和国财政部：《国际财务报告—财务报告概念框架》，中国财政经济出版社 2019 年版。
14. IASB. International Financial Reporting Standards NO. 3—Business Combinations [S]. 2008.
15. IASB. International Financial Reporting Standards NO. 10—Consolidated Financial Statements [S]. 2011.
16. IASB. International Financial Reporting Standards NO. 16—Leases [S]. 2016.
17. IASB. International Financial Reporting Standards NO. 19—Employee Benefits [S]. 2011.